山东大学法律评论

（2018）

田　立　主编

山东大学出版社

图书在版编目(CIP)数据

山东大学法律评论. 2018 / 田立主编. —济南：
山东大学出版社，2020.6
ISBN 978-7-5607-6625-6

Ⅰ. ①山… Ⅱ. ①田… Ⅲ. ①法学－文集
Ⅳ. ①D90-53

中国版本图书馆 CIP 数据核字(2020)第 082827 号

责任编辑：陈佳意
封面设计：张　荔

出版发行：山东大学出版社
社　址　山东省济南市山大南路 20 号
邮　编　250100
电　话　市场部(0531)88363008
经　销：新华书店
印　刷：济南新科印务有限公司
规　格：720 毫米×1000 毫米　1/16
18.75 印张　360 千字
版　次：2020 年 6 月第 1 版
印　次：2020 年 6 月第 1 次印刷
定　价：60.00 元

《山东大学法律评论》(2018)

编 委 会

目　录

理论纵横

域外研究

各科专论

前沿探讨

理论纵横

论少数民族环境权保护

古丽阿扎提·吐尔逊*

摘要 少数民族地区生态环境是保障少数民族环境权利的突出短板之一。从环境权利在国际法得到确认之日起,我国就特别重视环境权利的保护。为保障少数民族的环境权利,我国法律从多个层面构建了少数民族地区生态环境保护的法律保障机制,努力改善少数民族地区的生态环境,打下了少数民族环境权利得到全面保障的法律基础。但是,生态环境保护法制建设的一些缺失也影响着少数民族地区生态环境保护工作,阻碍了少数民族环境权利的全面保障。因此,完善整个生态环境法制体系,加强国家和地方生态环境法律的有机联系性和可操作性,应该成为我们保护少数民族环境权利的基本工作路径。

关键词 少数民族环境权利;生态环境;法制建设

我国是一个统一的多民族国家,少数民族主要居住在边疆各省。少数民族聚居地区地大物博,自然资源储备丰富,种类齐全,在全国资源地理格

* 古丽阿扎提·吐尔逊,女,维吾尔族,新疆喀什人,法学博士,四川大学中国西部边疆安全与发展协同创新研究中心教授,博士生导师。

局中占有非常重要的地位,是我国可持续发展的自然资源基础。但是,我国民族地区大多地处生态环境脆弱带,生态环境具有稳定性差、抗干扰能力弱、恢复机会少等特点。同时,少数民族地区又是我国经济发展的资源和能源基地。长期以来,我国少数民族聚居地向发达地区输出了大量的自然资源,却承担了生态破坏的成本。由于如此的负外部性没有得到及时矫正,因此少数民族聚居地区持续地承受着大规模开发自然资源带来的环境问题,导致其本来就脆弱的生态环境状况不断恶化。[①] 2015 年,在全国 2591 个县域中,生态环境质量“较差”(702 个)和“差”(267 个)的县域主要分布在内蒙古西部、甘肃西北部、青藏高原北部和新疆大部。[②] 2016 年,内蒙古 89 个县域中生态环境“较差”(10 个)和“差”(3 个)的县域的面积占全区面积的 34.34%。[③] 新疆空气污染重度及以上天数超过 30 天。[④] 由于生态环境状况持续恶化,少数民族地区的社会经济发展受到了一定的影响,少数民族的环境权利得不到足够的保障。党的十九大报告指出,我们要建设的现代化是人与自然和谐共处的现代化,既要创造更多物质财富和精神财富以满足人民日益增长的美好生活需要,也要提供更多优质生态产品以满足人民日益增长的优美生态环境需要。习近平总书记在 2018 年 5 月召开的全国生态环境保护大会上提出,要用最严格制度、最严密法治保护生态环境。因此,我们必须用法律手段保护少数民族地区的生态环境,改善少数民族地区整个环境条件,进而为保障少数民族的环境权利打下基础。本研究以十九大提出的生态环境保护严格法治作为少数民族环境权利保护的总指导,根据国际人权公约和我国有关环境权方面的法律法规,对少数民族环境权利保护进行定性研究,从而发现影响我国保护少数民族环境权的主次因素,进一步提出完善我国少数民族环境权保护的具体建议。

---

① 参见吴贤静:《论我国少数民族环境权》,《云南社会科学》2009 年第 1 期。

② 参见中华人民共和国环境保护部:《2016 中国环境状况公报》,2017 年 6 月 5 日,http://www.zhb.gov.cn/gkml/hbb/qt/201706/W02017060581224309 0317.pdf。

③ 参见内蒙古自治区环保厅:《2016 年内蒙古自治区环境状况公报》,2017 年 6 月 2 日,http://www.nmgepb.gov.cn/hjfw/hjzk/csgb/201709/P0201709 07394233911885.pdf。

④ 参见中华人民共和国环境保护部:《2016 中国环境状况公报》,2017 年 6 月 5 日,http://www.zhb.gov.cn/gkml/hbb/qt/201706/W020170605812243090317.pdf。

一、少数民族环境权的国际法定义

环境权是由德意志联邦共和国的一位医生在1960年首先提出来的。当时他是针对有人往北海倾倒放射性废物而向“欧洲人权委员会”提出控告，认为这种行为违反了《欧洲人权条约》中关于保障清洁卫生环境的规定，从而引发了该不该把环境权追加为欧洲人权的讨论。1969年，美国密歇根州立大学的萨克斯教授以“公共信托理论”为依据，提出了公民享有环境权的理论。他认为，空气、水、阳光等人类生活所必需的环境要素，在受到严重污染和破坏以致威胁到人类正常生活的情况下，不应再视为“自由财产”而成为所有权的客体，环境资源就其自然属性和对人类社会的极端重要性来说，它应该是全体国民的“公共财产”，任何人不能任意对其进行占有、支配和损害。为了合理支配和保护这种“共有财产”，共有人委托国家来管理。国家对环境的管理是受共有人的委托行使管理权的，因而不能滥用委托权。于是，有人便在“公共财产论”和“公共委托论”的基础上提出了环境权的观点，认为每一个公民都有在良好环境下生活的权利，公民的环境权是公民最基本的权利之一，应该在法律上得到确认和保护。① 同年美国公布的《国家环境政策法》和日本的《东京都防止公害条例》都明确规定了环境权。1970年在日本东京举行了有13个国家参加的“公害问题国际座谈会”，会后发表的《东京宣言》指出：“我们请求，把每个人享有其健康和福利等要素不受侵害的环境权利和当代人传给后代的遗产应是一种富有自然美的自然资源的权利，作为一种基本人权，在法律体系中确定下来。”在同年召开的日本律师联合会第13届人权拥护大会上，仁藤一、池尾隆两位律师作了题为《“环境权”的法理》的报告，明确提出了环境权的主张。他们认为，任何人都可以依照日本宪法第25条规定的基本权利享受良好的环境和排除环境污染，主张清洁的空气和水以及没有噪音、安静的环境是每一个在该地区居住的公民的共有财产。② 随后，环境权在国际法中也得到体现。1972年，联合国在瑞典首都斯德哥尔摩召开的“人类环境会议”上通过的《联合国人类环境会议宣言》提出了“人人有在尊严和幸福

---

① 参见陈泉生：《环境法原理》，法律出版社1997年版，第101～102页。

② 参见杨春福：《人权法学》，科学出版社2010年版，第176页。

的优良环境里享受自由、平等和适当生活条件的基本权利”,进而把环境权作为一项主要的人权在国际法上确定下来。1973年,在维也纳召开的欧洲环境部长会议上制定的《欧洲自然资源人权草案》将环境权作为一项新的人权加以肯定,同时还认为应将其作为《世界人权宣言》的补充。从此,环境权作为一项基本人权得到了国际社会的认可。

少数民族作为一个特殊群体,不仅享受国际法和国内法规定的政治权利、经济权利、文化权利、语言权利和宗教权利等普遍性权利,而且也有权享受发展权、环境权等全人类共同追求和享有的普遍权利。根据少数民族的特性和权利性质,我们认为少数民族的环境权是指少数民族个人或群体在良好、健康和清洁的自然环境中生活、从事生产活动的权利,以及知情、参与和诉讼的权利。少数民族环境权具有以下几个方面的特征。

首先,少数民族环境权是集体人权。集体人权或者连带权利,是指由个人组成的群体或社团所享有或应该享有的人权,由于不是一个人而是一群人所享有的权利,因此又被称为“人民的权利”。① 20世纪70年代,随着非殖民化运动的高涨,在摆脱殖民统治和压迫、争取民族独立的过程中,许多新独立国家提出自决权、发展权、环境权等集体人权。这些人权观念通过国际组织的宣言、决议等国际文件和国际公约,对传统的人权观念提出了挑战,丰富了现代人权的内容。少数民族的环境权作为一项集体权利,一般是指少数民族作为一个群体来享受环境资源的权利。少数民族以群体形式对环境资源行使基本的利用和享受权利。

其次,少数民族环境权是普遍性和特殊性的统一。人权的普遍性是指人作为人,不论其种族、肤色、性别、语言、宗教、证件、财产、教育等状况如何,都应当享有其应当享有的权利。1993年6月召开的联合国第二次世界人权大会通过的《维也纳宣言和行动纲领》规定,世界人权会议重申所有国家庄严承诺依照《联合国宪章》、有关人权的其他国际文书和国际法履行其促进普遍尊重、遵守和保护所有人的一切人权和基本自由的义务。这些权利和自由的普遍性是不容置疑的。在国家级和国际级促进、保护人权和基本自由应当是普遍性的。② 国际人权法包含了一系列的国际法应保护

---

① 参见李步云:《人权法学》,高等教育出版社2005年版,第325页。

② 参见《维也纳宣言和行动纲领》第二部分,第五段。

和保障的权利。国内法规定了相应的内容。少数民族作为一个主权国的公民，根据国际法和国内有关法律有权享有一切其他民族拥有的包括环境的权利。少数民族环境权也具有特殊性。《维也纳宣言和行动纲领》在强调人权普遍性时指出，应考虑到民族特征和地域特征的意义，以及不同的历史、文化和宗教背景。少数民族因其文化和地缘特征，对一些环境资源有很强的依赖感。国家在保护和保障少数民族其他权利的同时，为了充分体现自己对少数民族的关心和关怀，要保障少数民族享有与自己生活有关的环境资源利用的权利。在价值问题上，人权的普遍性是第一位的，而在人权实践的途径上，人权的特殊性则需予以考虑。[①] 我们在保护少数民族普遍意义的环境权的同时，对特许需要的环境权利要给予适当考虑。

最后，国家环境权的主导性和少数民族环境权的从属性。少数民族有享有生活舒适、健康的环境的权利。但是，少数民族环境权的实现要求国家发挥在环境保护方面的作用。为此，国家可通过制定、规范和执行环境保护方面的法律法规，为包括少数民族在内的各民族人民创造舒适、干净、健康的生活和生产环境。如果国家不能保障环境的清洁和健康，那少数民族也不能享有自己所希望和追求的舒适的生态环境。因此，少数民族环境权对国家的环境权利来说是从属的权利。

二、我国法律对少数民族环境权的保护

生态环境是人类社会赖以生存和发展的物质基础和基本条件，它的健康和安全与人类的生存和发展有密切的关系。生态环境保护是实现人权和保障人权的基本要求。因此，我国特别重视生态环境的保护。我国通过各种政策和规定禁止环境污染，保护生态环境。与此同时，我国把国际环境法和国际人权法的内容贯彻在国内法律中，禁止破坏各种生态因素的危害行为，保障我国各民族的环境权利。

为了有效保护少数民族的环境权，我国目前已经形成了五个层次的生态环境保护法律体系：第一个层次是《中华人民共和国宪法》（以下简称《宪法》）中的有关生态资源方面的规定；第二个层次是环境保护法律；第三个

---

① 参见白桂梅：《人权法学》，北京大学出版社 2011 年版，第 27 页。

层次是生态环境保护方面的单行法律及其条例;第四个层次是部门法中的环境权方面的规定;第五个层次是少数民族地区的地方环境保护条例。这五个层面的法律法规形成了保护少数民族环境权利的基本体系。根据这些法律法规制定主体的不同,我们将五个层面的法律归结为两大类:国家层面保护少数民族环境权的法律和少数民族地区地方政府的地方法规。

(一)我国主要法律对少数民族环境权的保护

宪法是我国的根本大法,是国家活动的总章程,是最重要的主导法律部门,它规定国家和社会生活的根本问题。[①] 宪法通过规定生态资源的归属权问题来解决环境权保护议题。《宪法》第 9 条第一款规定:"矿藏、水流、森林、山岭、草原、荒地、滩涂等生态环境,都属于国家所有,即全民所有;有法律规定属于集体所有的森林和山岭、草原、荒地、滩涂除外。""国家保障自然资源的合理利用,保护珍贵的动物和植物。禁止任何组织或者个人用任何手段侵占或者破坏自然资源。"第 22 条规定:"国家保护名胜古迹、珍惜文物和其他重要历史文化遗产。"根据宪法的规定,生态资源属于国家。因此,国家在生态环境开发和利用中起到主导作用。相应地,国家还承担保护生态环境的责任。《宪法》第 26 条规定,"国家保护和改善生活环境和生态环境,防治污染和其他公害","国家组织和鼓励植树造林,保护林木"。这些条款指出了生态环境保护的主要主体是国家,从而确立了国家环境保护立法的总方针,表明我国对环境与资源问题的高度重视和对少数民族环境权的保护义务。

《中华人民共和国环境保护法》(以下简称《环境保护法》)是我国环境保护方面的综合性基本法律。该法在界定环境定义的同时,确立了该法的目的和任务为保护和改善环境、防治污染和其他公害、保障公众健康、推进生态文明建设、促进经济社会可持续发展。该法第 4 条规定,"环境保护是国家的基本国策","国家采取有利于节约和循环利用资源、保护和改善环境、促进人与自然和谐的经济、技术政策和措施,使经济社会发展与环境保护相协调"。该法提出了"保护优先、预防为主、综合治理、公众参与、损害担责"的环境保护原则,并在此基础上规定了国家、社会、企业和个人的环

① 参见张文显:《法理学》,高等教育出版社 2003 年版,第 104 页。

境保护和污染防治义务，环境保护过程中的知情权，公民、法人和其他组织获取环境信息的权利、参与和监督环境保护的权利。环境法的这些内容比较全面地反映了少数民族环境权利的基本内涵和实现方式，使少数民族的环境权利具有比较具体的内容和体系。

我国到目前为止颁布的各种生态资源管理方面的法律法规中也不乏少数民族环境权的规定。我国已经通过的资源保护类的法律、法规涵盖了以下几个方面。在土地资源方面，现行的法律主要包括《中华人民共和国土地管理法》及其实施条例、《中华人民共和国水土保持法》及其实施条例，以及《中华人民共和国草原法》《基本农田保护条例》《国家建设征用土地条例》《中华人民共和国城镇国有土地使用权出让和转让暂行条例》《村镇建设用地管理条例》《土地复垦规定》《中共中央、国务院关于进一步加强土地管理切实保障耕地的通知》。《中华人民共和国土地管理法》在第一章总则中就提出了本法的目的是“为了加强土地管理，维护土地的社会主义公有制，保护、开发土地资源，合理利用土地，切实保护耕地，促进社会经济的可持续发展”，强调国家通过保护土地资源，保护各民族的土地资源环境的权利。《中华人民共和国水土保持法》第 1 条规定，本法的目的是“为了预防和治理水土流失，保护和合理利用水土资源，减轻水、旱、风沙灾害，改善生态环境，保障经济社会可持续发展”，明确提出了本法通过治理水土流失，保护各民族环境权利的坚决立场。

水是生命之源，是生命存在与经济发展的必要条件。水的污染影响饮用水源，影响景区景观，因此保护水资源是保护少数民族环境权的基础。《中华人民共和国水法》第四章专门规定了水资源、水域和水工程的保护。该法第 31 条规定：“从事水资源开发、利用、节约、保护和防治水害等水事活动，应当遵守经批准的规划；因违反规划造成江河和湖泊水域使用功能降低、地下水超采、地面沉降、水体污染的，应当承担治理责任。”“因疏干排水导致地下水水位下降、水源枯竭或者地面塌陷的，采矿单位或者建设单位应当采取补救措施；对他人生活和生产造成损失的，依法给予补偿。”这体现了环境权的主要内容之一——受害获得赔偿权利。《中华人民共和国防洪法》提出“开发利用和保护水资源，应当服从防洪总体安排，实行兴利与除害相结合的原则”，强调了防洪是实现环境权保护的途径之一。国务院和水务管理部门也先后颁布了《水利产业政策》《取水许可制度实施办法》《城市供水条例》《中华人民共和国防汛条例》和《水库大坝安全管理条例》等，强调水资源的开发利用过程中要重视环境权的保护。

少数民族地区的矿产资源特别丰富，是中国矿产资源重要的战略储备基地。矿产资源开发是推动我国少数民族地区发展的一个重要组成部分。但是矿产资源的开发往往带来环境的污染和生态的破坏。为了保护少数民族地区的生态环境和防止矿产资源开发过程中的污染问题，我国颁布了一系列的法律法规。已经制定的法律法规包括《中华人民共和国矿产资源法》及其实施细则以及《矿产资源勘察区块等级管理办法》《矿产资源开采登记管理办法》《探矿权、采矿权转让登记管理办法》《矿产资源监督管理暂行办法》《矿产资源征收管理规定》，还有《中华人民共和国煤炭法》《煤炭行政处罚办法》《开办煤矿企业审批办法》《乡镇煤矿管理条例》《煤炭生产许可证管理办法》。这些法律法规特别强调在矿产资源开发利用过程中的环境保护和防止破坏性矿产资源开发。森林是大自然的装饰美化师、生命的资源。少数民族地区森林资源贫乏，滥伐森林资源行为造成了西北地区森林资源的严重失衡。为了保护森林资源，我国加强森林保护法律法规的出台和完善。1984 年通过的《中华人民共和国森林法》第 8 条提出了国家保护森林资源的五种措施，包括对森林实行限额采伐，鼓励植树造林、封山育林，扩大森林覆盖面积；根据国家和地方人民政府有关规定，对集体和个人造林、育林给予经济扶持或者长期贷款；提倡木材综合利用和节约使用木材，鼓励开发、利用木材代用品；征收育林费，专门用于造林育林；煤炭、造纸等部门，按照煤炭和木浆纸张等产品的产量提取一定数额的资金，专门用于营造坑木、造纸等用材林。同时该法还规定建立林业基金，用于提供生态效益的防护林和特种用途林的森林资源、林木的营造、抚育、保护和管理。这些物质和制度保障通过保护森林资源，保障了少数民族的环境权。

生物资源是自然资源的有机组成部分，是指生物圈中对人类具有一定经济价值的动物、植物、微生物有机体以及由它们所组成的生物群落。生物资源包括动物资源、植物资源和微生物资源三大类。它对人类具有一定的现实和潜在价值，它们是地球上生物多样性的物质体现。由于少数民族地区人们的不当开发利用，生物资源的种类和品种不断下降和灭绝。我国特别重视生物资源的保护，从 20 世纪 80 年代开始，我国先后颁布了《中华人民共和国动物防疫法》《中华人民共和国野生动物保护法》《中华人民共和国野生植物保护条例》《中华人民共和国陆生野生动物保护实施条例》《中华人民共和国水生野生动物保护实施条例》《中华人民共和国自然保护区条例》《中华人民共和国水生动植物自然保护区管理办法》《中华人民共和国渔业法》《水产资源繁殖保护条例》《植物检疫条例》等法律法规。这些法律法规从生物资源对环境和人类生存的价值出发，强调生物资源保护的必要性，规定各种生物资源保护的具体措施和原则，进而将生物资源与人权有机地联系起来。

保护少数民族环境权要求防止自然环境受到污染和破坏。因此，在保护中规定防治污染是我国法律体系的主要内容。我国为了防治各种污染颁布了一系列的法律法规。它们包括《中华人民共和国水污染防治法》《中华人民共和国大气污染防治法》《中华人民共和国固体废物污染环境防治法》《中华人民共和国环境噪声污染防治法》《中华人民共和国环境噪声污染防治条例》《放射性同位素与射线装置放射防护条例》《中华人民共和国防治陆源污染物污染损害海洋环境管理条例》《中华人民共和国防治海岸工程建设项目污染损害海洋环境管理条例》等。此外，国家环保局等五部门发布了《废物进口环境保护管理暂行规定》和《电磁辐射环境保护管理办法》。这些法律法规通过禁止各种污染的来源，防止噪声、辐射、固体和液体废物、项目污染和陆源污染成为污染生态环境的主要污染主体，保障我国各族人民免于污染的权利。为了更好地保护少数民族的环境权，我国的《行政诉讼法》《民事诉讼法》《刑事诉讼法》《行政复议条例》等法律法规制定了环境诉讼的基本程序和诉讼机制，进而把实体法中抽象的环境权利转化为现实可操作的权利，实现了环境权的全面保护。

由于环境是人类生存和发展的基本条件，因此环境法律关系存在于人类生活的各个方面，不可能完全由专门的环境法来调整，其他传统的部门法中也涉及对环境法律关系的调整。这些部门法中有关调整环境法律关系的规范，是环境法律体系的一个重要组成部分。值得注意的是，民法、行政法和刑法也对少数民族环境权的保护做出了不少的贡献。如《民法通则》第 73 条关于国家财产神圣不可侵犯，禁止任何组织或者个人侵占、破坏的规定。第73条关于集体所有的森林、土地、山岭、草原、荒地、滩涂、水库等,禁止任何组织或者个人侵占、破坏的规定。第83条关于不动产相邻各方应当正确处理截水、排水、通风、采光等方面的相邻关系,造成妨碍或者损失的,应当停止侵害、排除妨碍、赔偿损失的规定。第123条关于从事易燃、剧毒、放射性、高速运输工具等对环境有高度危险的作业造成他人损害应当承担民事责任的规定。第124条关于违反国家保护环境防止污染的规定,污染环境造成他人损害的,应当承担民事责任的规定。又如《中华人民共和国治安管理处罚法》第25条和第30条显然都是与环境法律关系相关的规定。这些条款规定了违反国家规定制造、买卖、储存、运输、邮寄、携带、使用、提供、处置爆炸性、毒害性、放射性、腐蚀性物质或者传染病病原体等危险物质的人的责任,进而禁止任何污染环境的行为。此外,《对外合作开采海洋石油资源条例》《技术引进合同管理条例》《中外合资经营企业法实施条例》《全民所有制工业企业法》等法律、法规也规定了企业在经济活动中的环境保护责任,进而把环境权利贯彻到整个法律体系。

"环境刑法"是环境犯罪的产物。[①]《中华人民共和国刑法》第228条、第339～345条专门对破坏各种环境资源的行为加以规范。

(二)少数民族地区的地方法制是保护少数民族环境权的主要途径

由于少数民族地区的生态环境比较脆弱,少数民族地区的地方人大和地方人民政府结合本地区的实际情况,在法律授权的范围内制定和颁布了600多项环境保护的地方性法规,保护各种生态资源环境,为民族地区的生态环境保护做出了贡献。下面就具体介绍五个省的地方环境保护立法情况。

1.宁夏

宁夏回族自治区处在黄河拐弯处,是我国回族最集中的地区之一。宁夏环境复杂多样,境内山地迭起,平原错落,丘陵连绵不断,沙丘沙地散布。宁夏的气候资源、水资源、土地资源、野生生物资源、草场资源和林地资源都是较为丰富的。但是,由于自然和人为等因素,宁夏的生态资源环境受到严重破坏。为了保护本区的生态环境,宁夏回族自治区根据本地区的具

---

① 参见郭建安、张桂荣:《环境犯罪与环境刑法》,群众出版社2006年版,第282页。

体情况，制定了一系列的保护生态环境的地方性法规。它们主要包括《宁夏回族自治区环境保护条例》《农业环境保护条例》《草原管理条例》《矿产资源管理条例》《城市绿化管理条例》《甘草资源保护管理办法》《天然林区保护暂行办法》《林地管理办法》《西夏陵区文物保护管理办法》《查处环境违法行为程序规定》《基本农田保护条例》等。《宁夏回族自治区环境保护条例》规范了环境保护的各种制度，它们分别是环境影响评价制度，建设项目需要配套建设的环境保护设施应当与主体工程同时设计、同时施工、同时投产使用的制度，主要污染物排放总量控制制度，排污申报、许可、审核和收费制度，限期治理制度。这些环境保护措施对宁夏少数民族环境权的保护有不可忽视的作用。宁夏是全国第一个制定《农业环境保护条例》的自治区。《农业环境保护条例》从宏观上界定农业环境为农业用地环境、农业用水环境及大气环境，突出了环境保护在整个环境保护中的作用。同时，该条例还规定宁夏各民族对农业环境的监督和控诉制度，保障了少数民族的各种环境权利。

2. 新疆

新疆维吾尔自治区地大物博、自然资源储量丰富，品种齐全，在全国资源地理格局中占有非常重要的地位。新疆的光热资源丰富，日照时间长。因远离海洋，海洋湿气不易进入，形成温带大陆性气候，创造了各种农作物和果树生长的十分有利的条件。据统计，新疆农作物品种达到10000多个，优良果树品种超过300个，一年四季干鲜瓜果不绝于市。新疆的面积约166万平方公里，约占全国面积的1/6，适合农业生产的耕地面积约6160.6万亩，人均占有耕地3.12亩，为全国人均数的2.1倍。最近几年，新疆优势特色农业发展迅猛，其已成为我国最大的优质棉、啤酒花、番茄酱生产基地。新疆也是全国五大牧区之一，牧草地面积7.7亿亩，仅次于内蒙古和西藏。牧草种数达2930种，占植物种数的89.6%。新疆特有的牧草资源不仅为畜牧提供良好的饲用品，而且也为育种、引种提供了珍贵的资源。新疆的矿产资源也很丰富，目前发现的矿产有138种，其中9种储量居全国首位。新疆的石油资源量占全国石油资源量的30%，天然气资源量占全国陆上天然气资源量的34%，新疆油气勘探开发潜力巨大。新疆的旅游资源居全国之冠，有我国68种旅游资源类型中的56种。

相对于上述资源优势,新疆在水资源和森林资源方面处于明显的劣势地位。由于新疆处于亚欧大陆腹地,干旱少雨,蒸发强烈,水资源受季节因素影响,时空分布也很不平衡。新疆水资源的缺乏也影响了该区的绿化工作,全疆森林覆盖率远远低于全国平均水平。新疆地处生态环境脆弱带,生态环境稳定性较差,抗干扰能力弱,自然生态系统平衡易遭破坏,而且破坏后难以恢复。如果对其没有采取行之有效的保护措施,新疆生态环境将会继续恶化。政府正确认识到新疆的这种特殊生态环境,因此在跨越式发展战略中树立尊重自然、顺应自然和保护自然的理念,全面贯彻国家保护生态环境的政策和法律法规的同时,制定地方特色的生态环境保护政策和法规,努力推进新疆的生态文明建设。

为了有效保护新疆的生态环境,自治区在国家有关生态环境保护法律的基础上,制定和颁布了一套比较全面的自治区生态环境保护法律体系,严厉打击生态环境违法行为。2012 年,自治区颁布了《新疆维吾尔自治区环境保护条例》,界定了环境的概念和破坏环境的行为。根据该条例,环境包括大气、水、土壤、矿藏、森林、草原、冰川、湿地、野生生物、自然遗迹、人文遗迹、自然保护区、风景名胜区、城市和乡村等天然的和经过人工改造的自然因素的总体。它是人类生存的主要保障。为了有效保护环境,该条例还专门规定了政府的环境保护责任、环境保护政策和环境保护中的政府和个人义务,从而把环境保护融入政府工作和公民生活之中。与此同时,该条例对从事电磁辐射活动的单位、个人和产生放射性固体废物的单位提出严格的环境监督管理机制要求,禁止辐射成为城市主要的污染物。生态资源开发利用会造成环境破坏。该条例的第三章提出建立生态补偿机制,防止生态环境破坏和生态功能退化。目前,自治区初步形成了草原生态补偿机制,并拨出专款改善草原生态系统。

新疆是矿产资源大省。矿产资源的非理性开发利用会造成土地、水体的破坏和污染。为了加强对石油勘探开发环境的监督管理,严格控制新的污染,保护生态环境,1995 年,自治区人民政府颁布了《新疆维吾尔自治区石油勘探开发环境管理办法》。本办法明确提出,严厉禁止石油勘探开发过程中的生态环境破坏问题,要求有关部门提高石油勘探开发技术、改善管理和操作能力,避免生态环境的破坏。随着新疆的煤炭和天然气勘探开发工作的快速发展，自治区政府认识到目前新疆的能源管理法制跟不上新疆社会发展这一现实，2012年把《新疆维吾尔自治区煤炭石油天然气开发利用环境保护条例》列入五年立法规划，加强对煤炭和天然气的管理工作，禁止煤炭和天然气开发利用过程中的生态环境破坏问题。根据我国《固体废物污染环境防治法》和《危险废物经营许可证管理办法》，2010年，自治区颁布了《新疆维吾尔自治区危险废物污染环境防治办法》，规定收集、贮存、运输、利用、处置危险废物污染环境的防治和监督，并提出责任单位处置危险废物的具体措施和义务。《新疆维吾尔自治区自然保护区管理条例》是新疆在保护旅游景点和自然风景区方面的重要措施之一。本条例要求对依法划出一定面积予以特殊保护和管理的区域内的有代表性的自然生态系统、珍稀濒危野生动植物物种的天然集中分布区、有特殊的自然遗迹等保护对象所在的地域或者水体给予特殊保护。通过这些地方法律法规，新疆表达了保护生态环境，建立环境友好型社会的强烈愿望。

除了通过上述环境保护法规对新疆生态环境进行全面保护以外，新疆地方政府制定具体的生态资源管理法规，并发挥这些法规的作用，防止在生态资源开发利用过程中的环境违法行为，保护新疆的生态环境。《新疆维吾尔自治区水利工程管理和保护办法》《新疆维吾尔自治区地下水资源管理条例》《新疆维吾尔自治区塔里木河流域水资源管理条例》等水务管理方面的地方规章制度通过对水源污染活动的禁止，防止水文生态环境污染。森林是地球之肺，是生态平衡的支柱。在干旱地区涵养水源，防止水土流失要求保护森林。为了禁止肆意砍伐森林，破坏植被，新疆先后制定公布了《新疆维吾尔自治区义务植树条例》《新疆维吾尔自治区平原天然森林保护条例》《新疆维吾尔自治区实施〈中华人民共和国森林法〉办法》等条例和办法，禁止滥砍树木和破坏天然森林的行为，保障现有森林资源不受破坏。《新疆维吾尔自治区湿地保护条例》《新疆维吾尔自治区自然保护区管理条例》和《新疆维吾尔自治区野生植物保护条例》着力于通过禁止对湿地、自然保护区和野生植物进行破坏的行为，并规定了责任承担方式，加强保护湿地、自然保护区和野生植物。这些地方法规构成了一张新疆生态环境的保护网，在保护新疆各民族的环境权利方面起了举足轻重的作用。

3.西藏

西藏自治区位于中国的西南边疆,青藏高原的西南部。西藏自然资源丰富,环境污染较轻。但是西藏86.1%的地区在海拔4000米以上,自然条件受“高”“寒”的影响,生态环境十分脆弱,一旦破坏难以恢复。因此,环境保护工作更不容小觑。西藏自治区政府一贯重视贯彻合理开发和利用生态环境、保护生态环境这一基本政策,并认真执行经济建设、城乡建设和环境建设同步规划、同步实施、同步发展的方针。近年来,西藏自治区人大常委会和自治区政府还陆续发布了《西藏自治区环境保护条例》《西藏自治区森林保护条例》《西藏自治区草原管理暂行规定》《西藏自治区人民政府关于保护水资源的布告》《西藏自治区建设项目环境保护管理办法》等一批地方法规和行政规章,扩大了自治区生态环境保护内容,包括森林、野生动物、物种保护、生态农牧业、水源地、自然和人文遗迹、风景名胜、有价值的地质地貌、山峰保护等。1975年,西藏自治区政府设立了西藏的环境保护机构,1990年成立了环境保护委员会。为了规范虫草采集秩序,维护、改善草原生态环境,2006年4月,西藏颁布实施了《西藏自治区冬虫夏草采集管理暂行办法》。该暂行办法禁止各种形式的无证采集或者在禁采区采集虫草,还对当地政府官员和有关部门负责人的行为作了严格要求。为了保护西藏自治区旅游景区的生态环境,防止旅游产生的环境污染和破坏,2008年,西藏自治区政府下发了《关于加强旅游生态环境保护工作的意见》。该意见对加强西藏自治区旅游生态环境保护工作提出了以下意见:在旅游开发中,牢固树立旅游业可持续发展的思想;旅游规划要坚持统筹安排、合理开发的原则;建立健全有效目标责任制,加强对旅游景区的生态保护工作的综合协调和管理;加强旅游景区的生态环境管理;加强宣传教育,提高环保意识;加强旅游生态环境保护工作的管理。该意见的出台有助于防止西藏自治区因旅游活动而产生环境污染和生态破坏,对保护好西藏自治区旅游景区的生态环境起到监督防范作用。

4.广西

广西地处云贵高原东南,地势西北高东南低,最高海拔为2141米。广西是多民族聚居地区,有壮、汉、瑶、苗、侗、仫佬、毛南、回、京等多个世居民族。广西也是资源比较丰富的省份之一。但是广西壮族自治区生态环境形势比较严峻，存在自然灾害频繁、森林质量下降、生物多样性受到破坏、水土流失和石漠化较严重、粗放的经济增长方式对环境压力较大等一系列生态环境问题，生态安全面临着威胁。目前，广西壮族自治区颁布实施多项民族自治法规、规章，包括自治条例、单行条例、地方法规、规范性文件、实施办法等，初步形成了广西地方民族法规体系的框架。这些条例和规章制度通过禁止各种危害和破坏环境的行为，突出环境保护在资源开发利用中的地位，保障广西人民享有健康、舒适的环境。

5. 内蒙古

内蒙古自治区地跨“三北”，是黄河在祖国北疆的主要生态屏障。然而，由于所处特殊的地理位置，内蒙古形成了稀疏的植被、大面积的沙质地面、强劲的风力和少而集中的降雨等脆弱自然生态环境。[①] 为了避免脆弱的生态环境再受损害和污染，内蒙古地方政府通过制定保护生态资源环境方面的规章制度，加强内蒙古的环境保护。20 世纪 90 年代，内蒙古先后颁布了《内蒙古自治区农业环境保护条例》《内蒙古自治区环境保护条例》《内蒙古自治区西辽河流域水污染防治条例》。从 2004 年开始又制定颁布了《内蒙古自治区境内黄河流域水污染防治条例》《内蒙古自治区锡林郭勒草原国家级自然保护区管理条例》《内蒙古自治区第八届人民代表大会常务委员会关于重视和加强环境与资源保护工作的决议》《内蒙古自治区实施〈中华人民共和国环境影响评价法〉办法》等。这些条例规定政府、企业和个人的环境保护责任及其环境监督可控诉机制，保障内蒙古各民族的环境权。与此同时，内蒙古的呼和浩特、包头、鄂温克族自治旗、鄂伦春自治旗也出台了大气污染防治、环境保护等方面的具有地方和民族特色的环境保护条例，禁止任何形式的危害和破坏环境的行为，保障内蒙古自治区各民族的环境权利。

通过这些法律法规，我国已经基本上形成了以宪法为核心，以环境保护法为基本法，以环境与资源保护的有关法律、法规、规章为主要内容的较为完备的环境与资源法律体系。但是，我们同时也不无遗憾地看到，尽管这些法律法规对保障我国少数民族群体的环境权起到一定的作用，但是环境资源保护机制中的环境权利保护规则的缺乏和执行问题与盲目的经济

---

① 参见李纯英、白彤：《内蒙古生态环境现状及其发展战略》，《内蒙古林业科技》2000 年第 4 期。

发展目标影响了少数民族环境权得到真正保障。

三、影响少数民族环境权实现的主要因素

少数民族环境权的保护需要建立良好的生态文明，而生态文明由生态环境保护制度来支撑。习近平总书记在全国生态环境保护会议上强调建设生态文明，必须建立系统完整的生态文明制度体制，用制度保护生态环境。为此，要健全自然资源资产产权制度和用途管理制度，划定生态保护红线，实行资源有偿使用制度和生态补偿制度，改革生态环境保护管理体制。这就说明建设生态文明要完善管理机制，健全规则的作用，发挥生态环境保护管理和规则在生态文明建设中的功能。少数民族地区虽然资源丰富，但是由于气候和自然条件的影响，其生态系统相对脆弱。另外，由于受信息闭塞、交通不便、人口受教育程度较低、基础设施落后等客观因素的影响，生态资源开发利用技术手段落后，土地沙漠化、草原退化和水土流失严重，这些情况严重影响少数民族的环境权。虽然最近几年少数民族地区的地方政府通过加大生态环境保护的投入，加强生态环境保护，但由于少数民族地区的自然资源开发利用管理体制，监督和执行规则，生态资源保护、恢复、修复的制度化的不足以及全民参与机制的缺陷等，造成了少数民族地区生态环境及资源的严重破坏和污染。生态资源管理职能的模糊，审批和监督、评估权力的重叠，造成生态环境保护工作的腐败。缺乏一整套行之有效的可定量评价现行生态文明制度体系的标准，使得现行生态资源保护、保障和保持机制受到限制。总之，目前影响少数民族环境权的因素主要体现在如下几个方面：

第一，少数民族生活上的贫困导致的恶性循环。

一般来说，越是贫困的地区，其对生态环境的依赖度越高。世界上最贫困的人们往往直接依赖生态环境以获取他们必需的食物、能源、水和收入。对压力和冲击的低恢复能力意味着任何外部事件，例如气候变化的发生都可能促使贫困者采取使环境进一步退化的行动。[①] 例如，面对农作物产量下降所导致的实际可支配收入的减少，贫困者通常会寻求更多生态环

---

① 参见刘燕华、李秀彬:《脆弱的生态环境》，商务印书馆2001年版，第79页。

境资源的开发利用，结果就是生态环境的进一步退化和贫困的进一步加剧。贫困又剥夺了其作出反应并采取行动的能力，导致其采取短视的行动，并因此造成生态环境的严重破坏。

我国少数民族地区的贫困问题比较突出。通过政府实行的各种扶贫措施，一部分少数民族群众已经走出贫困、奔上小康之路。但从总体来看，少数民族地区的脱贫速度依然较其他地区缓慢。2011 年少数民族地区农村贫困检测结果与全国农村贫困检测结果对比显示，少数民族地区农村贫困人口占全国 32%，广西、贵州、云南等少数民族人口相对集中的三省区有农村扶贫对象 3113 万人。[①] 这些少数民族地区的贫困是与不良的生态环境相伴而生的。生态环境恶劣，生态资源贫乏，人们为满足对资源的需要而过度地甚至是无节制地开发森林、草地等生态资源，造成资源的枯竭和生态环境的退化，从而导致少数民族环境权得不到足够的保护。

第二，生态环境保护的管理机制比较落后，没能及时解决经济发展中出现的生态环境遭受破坏的问题。

管理是指一定组织中的管理者，通过实施计划、组织、领导、创新等职能来优化配置，协调人、财、物、信息等资源，以有效地实现既定目标的过程。管理目的的实现依靠管理部门的合理设置、管理职能的有效分配和管理权利义务的明确规定。生态资源一方面跟经济发展有密切关系，另一方面也与人民群众的身体健康和生命安全有着直接关系。这就要求我们拥有健全和完善的生态保护管理制度。但是，我国目前少数民族地区的生态保护立法中对管理体制的规定已经远远落后于社会和经济发展的要求，对统一监督管理部门与分管部门之间的职责权限划分不够明确，缺乏对生态保护执法机构的专门规定。这就使得少数民族地区的生态保护执法部门之间争相执法，重复执法，而对某些违法行为，相关部门可能相互推诿，无人执法，使本应自成体系的生态环境执法显得混乱不堪，不利于少数民族环境权利的保护。

第三，生态资源保护法律和环境保护法律中的相互冲突规定和地方环境法制建设的薄弱影响了少数民族环境权的有效保护。

---

① 参见《2011 年少数民族地区农村贫困人口检测结果》，2012 年 11 月 28 日，http://www.gov.cn/gzdt/2012-11/28/content_2277545.html。

国家现行的环境法律之间存在着许多矛盾的规定。如《中华人民共和国森林法》与《中华人民共和国草原法》之间关于林区的草山、草地的规定就存在着不一致的规定。又如,《中华人民共和国水污染防治法》规定,超过排放标准的要征收超标排污费,没有超过排放标准的也要征收排污费,《中华人民共和国大气污染防治法》却只规定了征收超标排污费。《中华人民共和国标准化法》规定,国家制定的强制性标准必须执行,对于违反者应该罚款甚至要追究刑事责任,但是《环境保护法》只要求对于超标排污者收取排污费即可。再如,《环境保护法》规定,国家环境保护局和地方环境保护局是环境保护主管部门,统管全国和地方的生态环境保护工作和防治污染控制工作,但是在各生态环境的法律、法规中只规定了各生态环境专管部门的职责和权限,未规定环保主管部门的权限。这种立法显然把环保专管部门列于生态环境保护专管部门之外,明显与《环境保护法》的规定相冲突,从而造成了部门之间权责不清。这些问题都造成了理论和实际工作中的混乱,使生态环境保护存在弊端。

现有的环境保护立法实体内容上也存在很多空白。如有毒化学品的环境管理、放射性环境管理等方面尚缺乏全面系统的法律规定。在自然资源和生态环境保护方面的法律空白更多,如沙漠化防治、生物多样性保护、气候变化等方面还没有制定出国家法律,程序上也有空白。我国现行的环境资源法以实体法为主,程序性法律规范很少且多分散于各实体法中。目前除了环境行政复议程序较为明确外,环境行政处罚、环境行政调解等方面尚缺乏程序上法律规定,这势必影响到环境行政执法的规范性。[①]

此外,少数民族地区的地方环境立法数量相对较少。例如,广东省的立法数量是各省、市、自治区平均数的三倍,而重庆、西藏、山西、甘肃、青海、宁夏和新疆等西部省、市、自治区的环境立法数量都在各省平均数的一般以下。[②] 根据少数民族地区的生态环境特点和现状,其环境立法数量应当远远高于、至少是不能低于各省平均数。最近几年随着国家对环境保护要求的不断严格,少数民族地区的环境立法工作有了一定进展,但是依然

---

① 参见胡晓红:《西北民族地区环境资源法律制度创新研究》,民族出版社 2006 年版,第 137 页。

② 参见李广兵:《可持续发展与地方立法》,吕忠梅、徐祥民主编:《环境资源法论丛》第 3 卷,法律出版社 2003 年,第 121 页。

缺乏与当地资源环境特点相适应的地方环境法规。

少数民族地区环境立法的地方特色也不明显，没有充分发挥地方环境立法有针对性的优势和特点。各地环境保护与生态环境立法涉及面极其广泛，但这些立法内容比较粗糙，大部分没有明显的地方特色，一些立法很多条文照抄、照搬国家有关立法。同时，少数民族地区环境立法的操作性较差。目前，少数民族地区的一些地方立法机关的立法动机不端正，很多立法是为了应付完成上级下达的立法任务，甚至是敷衍了事。这种立法动机下所制定的环境保护立法难以保护少数民族的环境权利。

第四，少数民族地区生态环境保护执法质量影响了少数民族的环境权。

生态保护执法，也被称作“环境执法”，是整个国家执法活动的一个有机组成部分，是有关国家机关按照法定权限和程序将生态保护法规中的抽象的权利义务变成环境法主体的具体权利义务的过程。少数民族地区的环境执法能力不强，这不仅损害了环保部门的执法形象，而且还在很大程度上放纵了环境违法行为。尽管《环境保护法》颁布至今已有30年，并且又相继颁布了一系列相关法规，但这些法规没有起到应有的实效。一个重要的原因是环境保护机构执法的依法行政力度不强，执法主动性不够。在环境执法中，环境保护行政主管部门和各生态环境保护专管部门显得各行其是，使得环境与资源保护执法效果大打折扣。不少环保部门的领导和工作人员不同程度地存在“重技术，轻法制”“重收费，轻执法”“重审批，轻监督”等问题，存在着以言代法、以罚代法、人情执法等现象。少数民族地区环保部门的机构不健全、执法工作人员素质不高，也导致他们在履行法定职责时不依法执法，甚至违法执法，降低了少数民族地区生态保护执法的效率。例如，《新疆维吾尔自治区石油勘探开发管理办法》规定，石油勘探开发单位排放污染物超过国家或者自治区规定的污染物排放标准，由环境保护行政主管部门依法征收排污费。于是就出现了基层的一些环境执法部门对造成环境污染的企业以罚代法，允许他们交完罚款后继续污染的怪象。况且，法律规定的罚款是“排放或者倾倒含有汞、镉、铅、铬、砷、氰化物、黄磷等有毒有害物质的泥浆、岩屑或者其他废弃物的，每立方米每月征收排污费0.5元至1元”。可以预见，如此低的罚款额度对一些高利润的企业来说简直就是九牛一毛,根本起不到应有的警示作用,这样在实践中就出现了前脚刚刚交完罚款后脚继续排污的怪事。这极大损害了法律的尊严,更加助长了破坏自然资源的行为。除此之外,现阶段少数民族地区环境执法的民主性和透明度不够,环境执法公开是保障环保行政机关公正执法的重要环节。环境执法的民主性和透明度不够,既不利于实现环境执法的公正性,同时也损害了环保部门依法行政的形象,更不利于有效保护少数民族的环境权利。

法律监督是使法治在各个阶段得到有力保证的重要法律措施。目前,少数民族地区基本形成地方特色的生态环境保护法律机制,但是还没有形成严厉的生态环境违法行为监督处罚机制,对于环境违法行为有法不依、执法不严、查处不力的现象比较普遍。虽然各级有关部门对生态资源进行多头管理,组建自己的行政监察队伍,打击破坏生态资源的违法行为,开展针对生态资源的执法工作,但是由于各部门职责权限不明确,行政监督和处罚无法完全落实,处理违规问题缺乏法律支撑,使得有关政策法规失去了应有的权威性和威慑性。此外,少数民族地区民众中普遍存在着对于环境问题缺乏认识、环境意识和知识水平较低的问题。大部分人往往对自己和他人各种污染和破坏环境行为放任自流,也不会对环境违法行为进行积极阻止。公众对环境保护的消极响应,使少数民族地区的生态环境保护执法工作受到很大阻碍,进而使少数民族环境权的保障大打折扣。

四、有效保护少数民族环境权的几点建议

我国少数民族人口只占全国人口的不到10%,但分布地区却占全国面积的约60%。少数民族地区的主要特点是:地广人稀,人口密度小,且多数位于边疆地区。中国漫长的2.1万公里的陆地边境线,几乎都居住着少数民族。[①] 少数民族地区不仅地域辽阔,而且自然地理环境复杂,生态系统丰富多样,是保护物种多样性和遗传多样性的重要自然地区。因此,少数民族地区的环境保护工作对少数民族环境权的实现至关重要。同时,这些地区生态环境脆弱的突出特征决定了如果不采取有效措施加以保护,

---

① 参见吴忠军:《中国民族民俗》,东北财经大学出版社2002年版,第14页。

生态破坏将无法控制。为了有效保护少数民族的环境权，笔者认为采取以下措施是必要的。

第一，充分发挥少数民族的传统生态环境理念来推动少数民族环境权利的保护。

我国少数民族在尊重大自然、保护生态环境方面有悠久的历史。长期以来，我国少数民族在脆弱的生态环境中，通过宗教信仰等方式，形成了各种各样的尊重大自然的生态理念，这些理念对各少数民族的生存和发展起到了不可估量的作用。在生态环境严重破坏的今天，唤醒少数民族的传统生态理念，对挽救我们生存的环境，进而保护少数民族的环境权利将有非常重要的意义。为此，我们要充分发挥少数民族的地方生态知识在保护生态环境中的作用。

以藏族为例，藏传佛教生态伦理道德的基础是“缘起”论与“无我”观。“缘起”是指“此有故彼有，此生故彼生，此无故彼无，此灭故彼灭”[①]。藏族传统宗教神话所描绘的天堂，是人与其他生物共居的和谐欢乐之地。动物与人都同处一起，和睦相处。藏民很尊重生灵，正月初八为藏族放生节，藏民们经常有选择性地将牛、羊、马放生，经过放生的动物不准宰杀，而是任其寿尽而死。[②] 而且若是公牦牛，老时不再驮运，对此类放生牲畜，必须给予特殊照顾。[③] 驱赶马时绝不能打马的头部，驱牛也不能打击犄角；不要轻易走到深山、泉水处，惊动动物。如果牛羊在短期内迅速发展，数量猛增，一时造成草场的压力过大，牧草不够吃的情况，藏族牧民们为避免草原被大量牛羊践踏、过食以及之后的永久性破坏，不得不通过一种宗教祭神、祭山、祭湖的方式，宰杀大量牛羊作供品，从而使大量宰杀牛羊成为神的旨意。藏族在历史上有各种禁忌习俗存在，甚至一部分禁忌习俗至今都被人们所认可和遵守。无论是藏族牧民还是农民都不会随意杀生，包括大型动物和小型昆虫，凡是有生命的动物皆忌讳伤害。藏族还有一大禁忌，就是禁忌砍伐神山上的草木以及在神山上挖掘、打猎、喧闹。因为他们认为这些花草树木、飞禽走兽都有灵气，是不可触犯的。这些禁忌无疑保护了藏民族赖

---

① 《大正藏》第 2 册，新文丰出版公司 1976 年版，第 67 页。

② 参见才让：《藏传佛教信仰与民俗》，民族出版社 1999 年版，第 235 页。

③ 参见南卡诺布：《川康牧区行》，索郎希译，四川民族出版社 1988 年版，第 56 页。

以生存的生态环境,维持了高原的生态平衡,协调了人类在适应和改造自然的过程中的人与自然的关系。同时,这些禁忌还使得高原上大片的神山、圣湖等少受人为活动的影响,保持了原生的自然生态系统。此外,这些禁忌也使大量的珍贵动植物能够在高原上生存,保护了高原生物的多样性。

蒙古族是典型的游牧民族,自古以来,蒙古族禁止在草原上挖坑、挖草根,即便是迫不得已挖了坑,也要马上填平,以免破坏牧场。对于蒙古族这样古老的北方游牧民族来说,水是生命之源,是人、畜、草都不可或缺的。在“逐水草而居”这一游动性意识形态中包含了许多关于防止水面污染和水源干涸的宗教观念和禁忌规范。古代蒙古人忌讳春夏两季在河中洗手,他们认为水是极为纯洁的,严禁以任何方式污染它。蒙古族人民对树木的崇拜和供祭,《蒙古秘史》等典籍以及萨满的祭仪中均有表现与记载。如供独棵树、繁茂树、“萨满树”、落叶松等习俗的产生,从根源上说,无不与树木图腾观念有关。这种树木崇拜观念在蒙古族中至今仍有影响,对树木起到了保护作用。尽管蒙古族自古以来就以狩猎为生,但蒙古族在狩猎过程中遵循动物的生长规律,维持动物的繁衍生息。比如蒙古族在具体狩猎方面约定打大放小、打公放母、放生等习惯。这些约定俗成的规范在保护动物方面都发挥了一定的作用。此外,维吾尔族、哈萨克族等民族的保护水资源和草原资源的习惯也为少数民族地区的生态环境保护发挥了不可忽视的作用。它们的生态观念在保护大自然的和谐进而保障自己环境权的实现方面起了很大的作用。在少数民族地区推动生态文明建设过程中,我们要挖掘少数民族的这些传统生态环境保护理念,防止任何形式的生态资源浪费和污染,保障少数民族的环境权。

第二,健全少数民族地区环境保护部门的管理职能,切实保护少数民族的环境权利,全面调整管理部门的职能、权利和义务,形成国家、社会和公众共同管理生态的宏观环境。

目前,我国环境部门、生态资源管理部门和有利益关系的部门对生态资源进行管理和监督工作。这种不合理的资源、环境和生态管理部门职能分工,造就了中国分散的管理模式,其弊端不少。[①] 例如,以新疆的水务管

① 参见张春华:《中国生态文明建设路径分析——基于马克思主义生态思想的制度维度》,《当代世界与社会主义》2013 年第 2 期。

理为例，新疆水利厅除了统一管理水资源外，还负责保护水资源，由于管理职能的重复，造成水务管理工作效率的下降。保护少数民族地区的生态环境，建设生态文明，我们必须对现有的管理制度进行相应的改革，实行统管与分管相结合的多层次管理体制，最大限度地统一环境管理主体。以《环境保护法》为基本原则，确立环境管理部门的地位、机构组成、各部门承担的管理职能以及各部门间相互协调、配合和监督的程序。进一步明确环境管理部门的职能和具体的权利义务，弱化资源部门干涉环境部门的环境监督工作职能，加强环境部门的环境综合管理职能。与此同时，建立或者设置环境部门和资源部门的职能协调机构，在遇到环境问题时，该机构积极向环境保护部门报告情况或者传达必要的信息，促进环境部门和资源部门之间的交流和协调。拓宽环境部门的职务范围，将其职务扩展到事前保护、事中监督和事后惩罚。生态环境保护工作需要各部门和社会的共同参与，通过制度安排加强社会保护力度，鼓励社会力量加入到生态环境保护工作当中来，建立生态环境保护的社会保险制度、社会监督制度，保障良好的生态环境。通过打开全民参与环境保护和环境污染的监督通道，发动公众参与环境保护。

第三，完善环境保护立法，以制度来保障少数民族的环境权利。

国家为保障少数民族的合法权益，维护发展各民族的平等、团结、互助关系，依法对民族自治地方的立法工作作出了规定。我国宪法规定，民族自治地方的人民代表大会有权依照当地民族的政治、经济和文化特点，制定自治条例和单行条例。这一规定为民族自治地方的环境立法创造了有利条件。同时，为了合理解决在开发利用民族自治地方生态环境问题上的种种矛盾，宪法规定了一条重要原则，即“国家在民族自治地方开发资源、建设企业的时候，应当照顾民族自治地方的利益”。根据宪法的规定，民族区域自治法围绕资源问题作了一些规定。这些规定为少数民族自治地区的环境立法奠定了基础。各民族自治地方的自治机关可以应用宪法赋予的立法权，从决策源头入手，从生态平衡和可持续发展角度制定生态环境保护的地方性法规，尽快完善地方性生态环境法律体系，以保障少数民族地区生态建设顺利进行，促进民族地区生态建设与经济建设协调发展。

第四,加强生态环境保护法律法规的执行,提高环境法的执行力度。

完善的环境立法只有通过切实有效的执行过程,才能落到实处,从而使人们开发、利用、保护和改善环境的活动符合环境法的要求,实现可持续发展的战略目标。因此,环境法的执行在整个环境法制建设中起着至关重要的作用。[①] 执法人员在整个执法活动中起关键作用。要达到更好实施生态环境保护的目的,提高执法人员的整体素质是十分必要的。为此,我们需要从环境执法人员的录用、选拔入手,把那些不懂法、乱执法、执法水平和执法能力比较低下的人员从执法队伍之中清除出去。同时,定期邀请相关领域的专家,对现有的环境执法人员进行职业培训,提高他们的职业素质和执法能力。国家环保部门已经意识到少数民族地区环境执法力量薄弱这一问题的严重性,在《关于加强全国环境保护系统人才队伍建设的若干意见》中,专门提出"大力支持西部环境保护人才资源开发",并详细规定了具体措施。

加强环境监督工作,形成统一的环境监督队伍,监督企业、个人甚至国家机关的环境违法行为和环境执法部门的执法行为。环境监督部门对那些以罚代法、以罚代刑、人情执法的执法人员,及时进行教育和警告,防止罚款成为一些企业追求经济利益的便捷手段。坚持保护优先、预防为主的原则,加大依法保护生态建设的力度,严肃查处滥垦、滥牧、滥伐、滥挖药材等破坏林草植被的不法行为,加强对经济开发活动的生态环境管理。特别是在农、林、牧、水等与自然生态环境保护密切相关的项目开发建设中,严格执行环境影响评价制度,把生态环境破坏程度降到最低,做到开发到哪里,生态建设工作就做到哪里。农牧区逐步推行生态退牧、退耕还林、还草、恢复植被,同时积极发展绿色产业和沙产业,以开发促治理,最终改善生态环境,并达到经济效益、社会效益、生态效益的统一。

我国刑法对环境犯罪的处罚作了具体、明确的规定。凡违反国家规定和有关法律法规,排放污染物污染环境,造成严重危害的行为;破坏水环境、土地、森林、矿产资源的行为等;非法猎捕、杀害国家重点保护动物的行为等,均按情节轻重,处以有期徒刑和罚金。环境与资源监督管理部门应

① 参见杨树明:《生态环境保护法制研究——兼论重庆市生态法制建设》,西南师范大学出版社2006年版,第228页。

当将构成环境犯罪的案件及时移交司法机关，追究相关责任人的刑事责任，避免以罚代刑的情况出现。一些破坏环境资源的犯罪之所以未受到应有的刑事制裁，一个很重要的原因就是环境与资源行政监督管理部门在执法中往往以罚代刑，应向公安、检察机关移送的案件不移送，而以行政处罚代之。解决以罚代刑的关键在于，要严格执行《行政处罚法》的规定，即行政机关为牟取本单位的私利，对依法应当移交司法机关追究刑事责任的不移交，以行政处罚代替刑罚，由上级行政机关或者有关部门责令纠正；拒不纠正的，对直接负责的主管人员给予行政处分。环境与资源行政监督管理部门的行政执法人员徇私舞弊，对依法应当移交司法机关追究刑事责任的案件不移交，其情节严重的，应当切实依照刑法的规定追究其刑事责任。各级公安机关、检察机关应当依法对污染破坏环境与资源的犯罪行为及时立案侦查和起诉。

第五，提高少数民族的环境保护意识。

少数民族地区的生态环境问题与当地的自然条件差、生活能源缺乏、经济结构和收入来源单一、生产手段落后、人口增长快、整体人口素质偏低等诸多因素密切相关。保护生态环境除了努力消除贫困根源以外，还必须加强生态环境法律教育，使更多的人懂得保护生态环境与人类生存、发展息息相关。通过介绍当地生态破坏对经济社会发展的影响，使人们从少数民族地区的人口、资源环境与经济协调发展的角度对待环境与发展问题。在不断提高广大干部、群众环境意识的基础上，进行环境法制宣传教育，大力普及环境法律知识，使人们知法、懂法、守法。运用通俗易懂、生动形象的方式方法，将家庭、学校、单位教育和大众社会舆论结合起来，在社会形成“保护环境，人人有责”的群众监督氛围。同时要通过典型示范教育群众，如建立生态农业示范村（点），引导农民发展生态农业。开展对农民的技术培训，努力提高少数民族地区农民掌握和运用科学技术的能力，依靠科学技术发展工农业生产，从而减少破坏生态环境的经济活动。

中庸法律思想的义理建构

——以宋明之际儒学礼法观为考察视角

韩尚宜*

摘要 中庸是儒家哲学理论的核心观点，是实现“修齐治平”人格理想的指导。随着中国古代法律儒家化进程的深入，宋代理学以中庸思想为渊源，创立了以“天理”为本体的法学理论。同时融入“慎独”“中和”“参赞化育”等中庸思想精髓，将其纳入法律运行的各环节，提出“明刑弼教”的法律政策。在本体论、认识论和方法论三个方面实现了中国封建社会法律思想的思辨化和体系化。

关键词 中庸；法律思想；理学；礼法

中庸，作为儒家思想最经典的哲学范畴，在两千年的嬗变中，形成了义理精深、包罗万象的理论体系。汉武帝“罢黜百家、独尊儒术”后，儒学成为主宰思想界的官方意识形态，中庸理论融入国家法律治理中，深刻影响了中华法系在法学理论层面的发展进程。随着宋代程朱理学的兴起，用“天道”“天理”等形而上学概念诠释儒家典籍，更使得中庸法律思想展现出独特的哲学思辨品质。

---

* 韩尚宜，山东大学法学院2015级本科生，主要从事法学理论研究。

所谓“中庸”，按郑玄《十三经注疏》解释：“名曰中庸者，以其记中和之为用，庸，用也。”“庸，常也。用中为常道也。”[①]中庸即是“用中”，就是用中间方式调和地思考问题。这种观点为汉代经学派普遍认同，在其后一千年的学术发展史中基本占据主流地位。及至宋代，理学家对汉代经学进行了大规模的扬弃革新，形成了以“天理”为核心的客观唯心主义中庸思想。程颢认为：“不偏谓之中，不易谓之庸。中者，天下之正道；庸者，天下之正理。”[②]朱熹在《中庸章句》中说：“中庸者，不偏不倚，无过不及，而平常之理，乃天命所当然，精微之极致也。”[③]

程朱理学从天道与天理的本体论出发，认为中庸就是天地之道，是天、地、人三者内在统一的基本生存法则，中庸应当被置于天理的框架内考察。宋代理学以此为逻辑起点，推演出宏大的社会哲学体系。中庸法律思想，正是处于上述学术范式下，即在理学精神客观化过程中的实践环节，直接影响国家的法制建设和政治治理，带有浓厚的伦理思辨色彩和法律哲学特点。

一、“理一分殊”的法律本体论

在宋代理学语境下，“理”是置于一切事物之上的绝对精神和存在依据，有“理”方有“气”，“有是理，方有这事物”。“理一分殊”，是朱熹用来阐明“理”的哲学特性时使用的概念，即万物皆自有道理，但万物同时又有一个更抽象的更高位阶的总道理。这个总道理就是万物的本源，就是法的哲学本体。

（一）从“天命”到“天理”

《中庸·天命章》开篇即阐明：“天命之谓性，率性之谓道，修道之谓教。”[④]事物的天赋禀性称为性，法律的渊源存在于天命之中，只有按照事物本来面目办事，才算是遵循礼法，以礼法使人修习道的本旨就是教化。传统儒学“究理尽性以至于命”，将“天命”作为本性之源，顺乎天命之性，即

---

① （唐）孔颖达：《礼记正义》，上海古籍出版社 2008 年版，第 1988～1990 页。

② （宋）程颐、程颢：《二程集》，上海古籍出版社 1981 年版，第 1182 页。

③ （宋）朱熹：《四书章句集注·中庸章句》，中华书局 1983 年版，第 18 页。

④ （宋）朱熹：《四书章句集注·中庸章句》，中华书局 1983 年版，第 17 页。

达中庸之境。“天道创生,性出于天。”[①]法律礼教皆本于天命之道,以天命为本体,重在遵循事物存在的客观规律,这体现出原始的中庸法律思想在自然法上的哲学本体倾向。

朱熹在继承汉儒“天命”思想的基础上进一步指出“道者,天理之当然,中而已矣”[②],即中庸之道乃天理使然,要到达政治治理“中”的境界,法律就必须本于天理,天理就是既定存在的、亘古不变的纲常伦理,就是以“君为臣纲,父为子纲,夫为妻纲”为代表的礼教观念。天理具有本原性和实体性,存在于万事万物之中,是人世间物态的普遍品质。法律亦需本诸天理,才能契合万物特性,才能彰显教化功能,从而维护统治,达到平稳中和的大同境界。

宋代理学摒弃了以“天命”为本体的法律思想,以“天理”取而代之,将其上升为法律本源。这彰显了中庸思想在法哲学的本体论中,由自然法向社会法演进的趋势,由“天命”的天赋秉性到“天理”的人伦义理,法律本体论最终实现了社会化,扩大了现世生活的实践基础。

(二)“性道一体”与法律本体构筑

朱熹认为,人性与天理同构,要从天命道体说性,即“率性之谓道”。这里的“道”就是天道,而天道就是人道,就是人所据以成为人的道理。人不能违反天道天理,人应该格物致知,正心诚意,以修身来遵从教化礼法,达到天人合一、内圣外王的君子境界。这种理论把天理与人性的联系打通,将哲学本体的“理”演化成人生社会的“法”,守“法”即是遵“理”,法从思辨的形而上哲理外化成现实的形而下制度,实现了理气虚实双层次的逻辑飞越,“理”最终上升成统治管理的制度依据。

人性禀赋于天理,“天命之性”为人共有,“气质之性”则人人具有差异。因为“理一分殊”,人性之本是理,而人欲却特异于理,是必须剔除的对象,所以要“存天理,灭人欲”。无欲无求,不偏不倚,过犹不及,在“理”的秩序下寻求中和,达到中庸。以禁欲而遵从法度,以求符合天理标准。在“天理”本体论的演绎下,法贯彻到人性的个体层面用来规范统治秩序。在中庸“性道一体”的思想中,宋代理学将天理与人性有机结合,把法从哲学本

---

① 杨泽波:《从以天论德看儒家道德的宗教作用》,《中国社会科学》2006 年第 3 期。

② 邱汉生:《朱熹〈四书集注〉的天理论和性论》,《中国史研究》1979 年第 2 期。

体层面融会贯通于人性道德中，又从人性道德自我完善的角度，将法提升到遵循天理的高度，最终在一个有始有终、有虚有实的自我循环的逻辑论证体系下，完成了法律本体的构筑。法本诸天理，作用于人性，又同归天理，以此实现等级有序、中庸和谐的政治治理。

二、“致中和”的法律秩序观

“中也者，天下之大本也；和也者，天下之达道也。”①中庸思想将“中”看作万物存在的根据，将“和”看作万物必须遵循的共同原则。“致中和”则“天地位焉，万物育焉”，推崇“中和”，则天地各得其位，各司其职，万物就会自然生长发育。宋代理学与这种不悖乎天道的传统儒学原则一脉相承，突出强调了在天理本体论下，万事万物应有的节制规律和各居其所的存在状态；在法律思想方面，则集中表现为守法、执法、普法等法律运行环节的秩序构建和对“中庸和谐”法治理念的追求。

（一）慎独与守法

“君子戒慎乎其所不睹，恐惧乎其所不闻”，“天理”作为事物本源的绝对精神，其内在规律深微而不可测，难以凭感觉认知。“莫见乎隐，莫显乎微”，所以君子即便在隐蔽细微之处，也要“慎其独也”。

慎独，就是谨慎小心，是人探求天理、遵守法度所必需的态度。人性本于天理，要求人们激浊扬清，摒弃人欲，在守法中恪守恭谨，不逾规矩。“喜怒哀乐之未发，谓之中；发而皆中节，谓之和。”②对于喜怒哀乐的表达，道德高尚的人总是在激发前保持性之本然状态，如果激发出来也能恰如其分，没有过无不及。这种“中和”思想，正是在个人遵守法律中应当达到的自我修炼。“发乎情而止乎礼”③，自尊自爱，沉着持重，在中庸的调和状态下谨言慎行，格物致知，不悖法度，最终契合天理。

宋代理学认为人性本善，但同时也指出人有清浊之分。人性中的清正者，即是天理；污浊者，即是人欲。只有抵制私欲才能发现本心，才能正确

---

① （宋）朱熹：《四书章句集注·中庸章句》，中华书局1983年版，第18页。

② （宋）朱熹：《四书章句集注·中庸章句》，中华书局1983年版，第18页。

③ 发乎情，即人的情感在男女之间产生；止乎礼，就是受礼节的约束。《诗经》首篇《关雎》，描写一位青年男子因思慕一位女子而睡不着觉的情状。孔子的学生子复作传曰“发乎情止乎礼义”，也就是孔子主张的“乐而不淫”。

把握事物固有的本质属性。在抵制贪欲方面,“慎独”要求“君子素其位而行,不愿乎其外”,人要按照平常所处的地位,去做自己分内的事,不要羡慕本分以外的名利。安于本分,执中克欲,是个人修身的基本准则。身修则家齐,家齐则国治,国治则天下平。人人各得其所,则法令得以贯彻,统治得以稳固,政治秩序得以构建。

“慎独”的守法思想,将天理与人伦有机结合,体现了个人在国家治理中的重要作用。人人“养浩然之正气”,“焉位而行”,一方面利于君子道德修养,一方面也实现了法律的社会约束效力。

(二)“用其中于民”的执法逻辑

子曰:“执其两端,用其中于民。”[①]这意味着在执法中既要严格把握事物的两头,防止逾越和不及,也要全面分析正反两方面的道理,不偏执一方。在情与理、礼与法的协调均衡中,实现中庸的法律治理秩序。

这种执法逻辑,是宋代“情法”观念的渊源。所谓“情法”,就是“人情法意”,即协调情法间的不一致,避免情重法轻,情轻法重,力求做到情法允当。基于天理与人性为一体的一元论唯心主义哲学,以朱熹为代表的理学家主张“明谨用刑而不留狱”,要求司法慎重,做到平和,不偏激,提高断案质量。执法人员应心存对天理的至高敬畏,“问是非善恶”,“考其情实,轻重厚薄付之当然可也”[②],即法律判决要依据客观证据,不能有主观成见,力求公平。还要以“义理”决狱,时刻坚持宗法等级观念的根本立场,以“中和”调节人伦关系,使天理、国法、人情都尽量达到完满,最终实现法令教化上达天听,下达民视的包容状态。以“执其两端”的执法逻辑,“用其中于民”,平息严刑苛政,使人居其所居,法得其所法,在中庸哲学的指引下,最终建立起极具伦理色彩的执法体系。

(三)“诚”的法律精神教化

正心诚意,是《大学》中“三纲八目”的重要理论基础,亦是儒家“修齐治平”理想的根本依据。宋代理学家认为“诚者,真实无妄之谓,天理之本然

---

① 尧、舜、禹都把“允执厥中”作为世代相传的治国方法,就是要求实事求是地坚持中道来治理国家。孔子在全面继承中道的基础上,又以托古的方式把虞舜的治国方法概括总结为“执其两端,用其中于民”。避免“过”与“不及”两种倾向,才能恪守中道。

② 参见徐祥民主编:《中国法律思想史》,北京大学出版社2004年版,第218～228页。

也”。“诚”就是天道自然的根本属性，就是天理。“诚则明矣，明则诚矣”，达到了诚，才可明白善德，明白了善德，也就达到了诚。可见，诚是是非曲直的度量标准，是法律内在的品质属性。如何使天理、法令之“诚”彰显本质，则体现了普及法律、施行教化过程中理学的价值观和方法论导向。

《中庸·诚明章》指出：“自诚明，谓之性；自明诚，谓之教。”朱熹《四书章句集注·中庸章句》中对此有精辟注解，他认为，达到律令教化的普及，有自觉和不自觉两种方式。第一种，是以自己的至诚为起点，逐步认识自己的本性和本心，使本性和本心不受任何蒙蔽，自然达到与天理合一，由此上升为自知、知人的新境界，此即“至诚尽性”，这是由内而外只有圣人才具备的方式。第二种，是从明白事理起步，通过格物致知、学习感悟而达到至诚的境界，从而认识本性和本心，此即“致曲有诚”，这是由外而内常人的方式。

“诚”是一种修行，是一种精神教化，是一种由外而内和由内而外双向构建的礼法治理模式。常人在平时的学习实践中自觉以“诚”为本，遵守法度，发现本心和天理并将其内化为自我的精神品质，同时以这种精神品质自内而外教化他人，最终实现礼法在全社会的普及。

（四）“参赞化育”与法律秩序的和谐

中庸的目标，就是要让“人能尽人之性，物能尽物之性”，从而达到“赞天地之化育”“与天地参”的至高人格境界。

宋代理学以天理为终极目标，锤炼人格之至诚，从而发挥人的天赋本性，激发万物本性，帮助天地化生并养育万物，以此达到人与天地相并立，视天、地、人为“三材”的最高人格精神归宿。法的品质这时也从社会关系的调节工具，上升为统一宇宙万物的和谐秩序。

在理学家眼中，法的初级效用就是整顿人伦纲常以区分亲疏贵贱等级，使人各得其所，安定统治。所谓“君子四道”即“子以事父”“臣以事君”“弟以事兄”“朋友先施之”，就是要人遵守法律教化的道德操守，以“夫子君臣长幼之道”界定人伦等级，达到“忠恕”，形成人际社会和谐的交往氛围。

法的高级效用，是建立在初级效用的基础上，将人伦秩序上升为自然宇宙的存在法则。“致中和，天地位焉，万物育焉”[①]，以中和统率天地运行

---

① 王文锦：《大学中庸译注》，中华书局2013年版，第19页。

的规律,将个人修炼的“诚”与“天之道”融合为一,形成“至诚无息”“高明配天,悠久无疆”的永恒存在。“天地之道,乃至诚之道”[①],法令在维护井然秩序的同时,促使万物不失其性而能彼此和谐统一,最终实现“万物并育而不相害,道并行而不相悖”[②]的理想治理模式。

“参赞化育”是儒家礼法思想的终极追求目标,亦是宋代理学充分发挥个人主观能动性、探求“至诚”的实践归宿。法从形而上的天理外化为社会治理制度,又从社会治理制度升华为自然宇宙的根本遵循。理学视角下的中庸法律思想,在纵向上完成了理论推演的否定之否定环节,形成了以“天理”为核心的法学理论。在横向上,从守法、执法、普法等多个角度中,融入“中和”“慎独”等思想,最终构建起具有思辨特点的“致中和”的儒家礼法治理秩序。

三、“明刑弼教”的法律政策

(一)“为政在人”的贤人政治

“君子中庸,小人反中庸。”[③]宋代理学认为,能阐明天理者固为君子,被人欲蒙蔽者则是小人。君子方能至诚,方能化育天下,君子才是现实道德的主体。小人本性往往被禁锢,唯有君子能做到人格道德自觉和道德践履。朱熹坚持“贤者行之过,既以道为不足知,不肖者不及行,又不求所以知”[④]的贤人政治观点,认为贤圣之人上禀天理,遵循天道,本性至诚,以其感化万民,方能使礼法施行。

《中庸章句》对此注解到:“为政在人,取人以身,故不可以不修身。”[⑤]法律的运行在于人的执行,执行者的贤能与否直接影响法的效力。所以执政者要修身,要贤能,要努力处于“为政以德,譬如北辰,居其所而众星拱之”[⑥]的崇高地位。

宋代理学突显天理,强调人格修为,这进一步提升了治国理政中对贤

① (宋)朱熹:《四书章句集注·中庸章句》,中华书局1983年版,第31页。
② 王文锦:《大学中庸译注》,中华书局2013年版,第43页。
③ (宋)朱熹:《四书章句集注·中庸章句》,中华书局1983年版,第18页。
④ (宋)朱熹:《四书章句集注·中庸章句》,中华书局1983年版,第19页。
⑤ (宋)朱熹:《四书章句集注·中庸章句》,中华书局1983年版,第28页。
⑥ (宋)朱熹:《四书章句集注·论语章句》,中华书局1983年版,第53页。

德才能的重视程度，有利于法律平稳有序地执行运转，宋代也因此产生了诸多杰出的政治家。

(二)“九经”与治理互动

《中庸·第二十章》指出：“国家有九经，日修身也，尊贤也，亲亲也，敬大臣也，体群臣也，子庶民也，来百工也，柔远人也，怀诸侯也。”这是指统治者要加强自己的修养，尊敬贤能，亲爱子族，敬重人臣，关怀群臣，爱民如子，招引工匠，怀柔边民，关心诸侯。这较为完整地体现了儒家的政治理想。进一步分析“九经”，其本旨是在治国理政实际运行中都需以“诚”作为基础。“诚”要求统治者施行仁政，内心无欺，待民宽和。当人民发现统治者不“诚”时，人民将不会以“诚”回应，最终导致人民对国家政治失去信心，以致政权倾覆。

中庸“九经”体现了君民以“诚”互动的治理模式，是对贤人政治的进一步发展。在天理秩序的架构下，本性的“诚”是彰显天道本源的表达形态，只有君以诚待民，民以诚待君，天理昭彰于上下两端，法令实行才会畅通无阻，统治方能持续。

(三)“德主刑辅”的新诠释

“德主刑辅”是西汉时期董仲舒提出的法治思想，随着中国古代法律儒家化进程的深入，逐步成为封建正统法律思想观念。它将德与刑同时提升为政治的两项基本要素，认为德是政治治理的主要方面，刑起辅助作用。这一理论的思想渊源是儒家的“民本思想”，体现了引礼入法的发展趋势。[①]

宋代以来，伴随着佛教、道教在意识形态领域的冲击挑战，儒家德与刑二元治理的政治模式显现出极大不足，尤其是在对造反群众的镇压上，刑的制裁作用需要通过理论革新得以释放。正是在这种历史背景下，理学方法论作出了重要突破。

基于礼法本源于“天理”的一元本体论哲学，朱熹整合了传统德主刑辅的二元学说，提出“刑一人而天下之人耸然不敢肆意为恶，则是乃所以正直辅冀至若其有常之性也”[②]的理论。刑罚的功能从受道德制约的辅助作

① 参见赵晓耕主编：《中国法制史》，中国人民大学出版社2016年版，第116页。

② (宋)朱熹：《朱熹集·卷十四》，四川教育出版社1996年版，第532页。

用,转化成为道德辩护的护卫作用,刑从政治治理二元论两极中附庸于“德”的一端松绑,成为强制推行“天理”的暴力工具。“德主刑辅”变为“明刑弼教”,这与“中庸”“至诚”为核心的一元论修身模式相辅相成,共同突出“天理”的本体价值。刑是手段,德为归宿。为达天理,主张重刑。

“明刑弼教”,将理学的本体价值与工具价值有机结合,体现了中庸思想在国家治理层面的自我革新,易于统治者操作,维护统治秩序。

四、结　论

中庸法律思想是本体论、认识论、方法论三者的有机统一。法的本体是自上而下,贯穿人性、普及万物的绝对精神——天理。天理作为法律体系构建的本源,通过“慎独”“致中和”“诚”的中庸实践理论,分别外化为守法、执法、普法等法律运行层面的制度遵循。在这些制度的引导下,个人正心诚意,格物致知,砥砺德行,将深藏于人性中的天理发挥到极致,以此达到内圣外王、化育天下的至高理想境界。

基于礼法构建的本体学说,中庸法律思想注重人的道德修炼,提倡贤人政治,在执法过程中以“诚”与民众互动,巩固法的执行力,同时将刑罚的工具效能充分发挥,维护天理至上的一元统治秩序,在实践维度上提出了有效的治理模式,从而将中庸内化为中国封建社会末期法治治理的理念遵循,深刻影响了中国古代法律儒家化在法学理论层面的发展方向,彰显了中华民族独具特色的深厚法律文化。

《国际刑事法院罗马规约》语境下侵略罪被害人的界定

梁　卓*

摘要　被害人在国际刑事法院的诉讼程序中占据着重要的地位。然而，哪些实体可以成为以及如何在个案中成为《罗马规约》中侵略罪被害人的问题目前尚无定论。本文分别考察了个人、国家和国际社会是否在国际法上已被承认为侵略罪的被害人，是否应当以及如何成为国际刑事法院侵略罪被害人。本文认为，国际法长期以来认可国家作为侵略行为与侵略罪的被害人，而缺乏对个人和国际社会被害人地位的关注。然而从国际刑事法院的角度看，与实在法恰恰相反，它应当承认个人和国际社会的侵略罪被害人地位并完善有关法律制度，尤其包括损害与侵略罪间因果关系的建立标准、个体被害人范围的划定及国际社会的代表权等问题，但目前还不应当承认国家的被害人地位。这是由国际刑事法院作为一个国际刑事法庭的基本职能和目的所决定的。

关键词　国际刑事法院；侵略罪；被害人

---

*　梁卓，男，陕西安康人，日内瓦国际关系与发展研究高等学院博士研究生，研究方向为国际人道法与国际刑法。本文得到国家留学基金资助，基金编号：留金发[2018]3101。

被害人(victim)在国际刑事法院的诉讼程序中占据着重要的地位。根据《国际刑事法院罗马规约》(以下简称《罗马规约》),被害人享有获得保护、参与诉讼和获取赔偿的权利。[①] 国际刑事法院现行《程序和证据规则》给出了"被害人"的如下定义:

> (a)"被害人"是指任何本法院管辖权内的犯罪的受害自然人;
>
> (b)"被害人"可以包括其专用于宗教、教育、艺术、科学或慈善事业的目的财产,其历史纪念物、医院和其他用于人道主义目的的地方和物体受到直接损害的组织或机构。[②]

此定义看似简单明晰,但将其与侵略罪结合起来就不难发现,它对于侵略罪的适用可能存在困难。一方面,自从被通过以来,《程序和证据规则》从未被适用于侵略罪,因为根据《罗马规约》缔约国大会的决定,国际刑事法院直到 2018 年 7 月才可以对侵略罪行使管辖权[③],而截至本文写作之日尚无一例侵略罪诉讼被提上日程。另一方面,与国际刑事法院管辖权内的其他犯罪相比,侵略罪具有数个独一无二的特征。尤其是:侵略罪是一国领导人才可能实施的犯罪,它的构成以一国的侵略行为为基础,它的犯罪对象是一个国家,它涉及国际法上的使用武力。[④] 因此,界定侵略罪的被害人是一个需要特别讨论的问题:在《罗马规约》语境下,侵略罪的被害人理论上可以包括哪几类实体?对这些实体而言,要在具体个案中成为侵略罪的被害人应当具备哪些条件?鉴于国际刑事法院对侵略罪的管辖即将付诸实践,回答这一理论问题显得尤为必要和紧迫。

本文旨在分别考察个人、国家和国际社会是否在国际法上已被承认为侵略罪的被害人,是否应当以及如何成为国际刑事法院的侵略罪被害人。之所以选择这三个实体作为研究对象,是因为初步来看,它们是侵略这类违反"使用武力法"(jus ad bellum)的行为最有可能影响到的对象;本文将

---

① 参见《罗马规约》第 68 条、第 75 条。

② 参见《程序和证据规则》规则 85。

③ Resolution ICC-ASP/16/Res. 5, adopted at the 13th plenary meeting, on 14 December 2017.

④ 对侵略罪特征的系统分析参见 Astrid Reisinger Coracini & Pål Wrange, "The Specificity of the Crime of Aggression", in Claus Kreß & Stefan Barriga (eds.), *The Crime of Aggression: A Commentary*, Cambridge: Cambridge University Press, 2017, pp. 307-350.

不讨论这之外的其他实体，例如准国家(quasi-states)[①]或国际组织。“victim”一词在中文中既可被译为“被害人”，也可译作“受害者”。虽然将国家和国际社会在中文中表述为受害者可能更合适，但是鉴于《罗马规约》及其他法庭文件的中文译本均使用的是“被害人”一词，故本文尽可能保留这一用语，但同时强调这两种译法在本文中可相互替代使用。

在分析每一实体时，本文将首先考虑这一实体在国际法上是否已被承认为侵略罪的被害人。由于缺乏相关条约规范，习惯国际法将成为讨论的重点。但是应当强调的是，无论习惯国际法如何规定，它在国际刑事法院的适用也仅仅是次要的和补缺性的(secondary and complementary)。[②] 国际刑事法院首先应当适用的是《罗马规约》《犯罪要件》和《程序和证据规则》。[③] 因此，法院可以在参考习惯国际法的基础上，通过对《程序和证据规则》的解释甚至修正，自由裁量侵略罪的被害人类型和标准。在考察相关的实体法规范后，本文将讨论国际刑事法院应当如何应对承认这一实体的侵略罪被害人地位带来的潜在挑战。

一、个人作为侵略罪的被害人

(一)国际法对个人的侵略罪被害人地位的一般性漠视

个人毫无疑问可以成为灭绝种族罪、危害人类罪和战争罪等大多数国际犯罪的被害人。但是，对于侵略罪，个人在国际法上的被害人地位却是不清楚的。

首先，国际司法判例均尚未承认个人的侵略罪被害人地位。二战后建立的纽伦堡国际军事法庭和远东国际军事法庭都对破坏和平罪具有管辖权[④]，当时对破坏和平罪的审判是侵略罪国际管辖的唯一先例。然而，“纽

---

① 关于准国家在侵略罪中的地位，参见 Alexander G. Wills, “The Crime of Aggression and the Resort to Force against Entities in Statu Nascendi”, *Journal of International Criminal Justice*, vol. 10, no. 1 (March 2012), pp. 83-110.

② Larissa van den Herik, “The Decline of Customary International Law as a Source of International Criminal Law”, in Curtis A. Bradley (ed.), *Custom's Future: International Law in a Changing World*, New York: Cambridge University Press, 2016, p. 244.

③ 参见《罗马规约》第 21 条第 1 款第 1 项。

④ 参见《欧洲国际军事法庭宪章》第 6 条 a 款、《远东国际军事法庭宪章》第 5 条 a 款和《管制委员会第十号法令》第 2 条第 1 款 a 项。

伦堡国际军事法庭是透过其管辖权下的其他犯罪而不是破坏和平罪来处理个人遭受的损害的"[①];东京审判以及《管制委员会第十号法令》下举行的审判同样如此。自那之后,对破坏和平罪的国际审判再也没有进行过。[②] 有学者就此断言,"犯罪的历史发展表明个人从未被考虑为破坏和平罪的被害人"[③]。

各国实践同样显示出使用武力法对个人权利漠不关心。2010年《罗马规约》侵略罪修正案的准备资料[④]表明,个人作为侵略罪被害人的可能性在起草和协商过程中并未得到任何讨论。联合国赔偿委员会(United Nations Compensation Commission)和厄立特里亚-埃塞俄比亚求偿委员会(Eritrea-Ethiopia Claims Commission)两大机构的运作进一步地暴露了这一问题。1991年,联合国安理会通过其第687号决议重申,"伊拉克按照国际法,应负责赔偿因其非法入侵和占领科威特而对外国政府、国民和公司造成的任何直接损失、损害和伤害"[⑤]。随后,落实这一赔偿事宜的联合国赔偿委员会授权政府和国际组织提交索赔要求。与国际组织不同的是,政府不仅可以代表自身,也可以代表个人提交索赔要求。[⑥] 至于厄立特里亚-埃塞俄比亚求偿委员会,其使命是基于发生于两国间的武装冲突,"通过有拘束力的仲裁来决定所有关于一个政府对另一个政府,或一方国民对另一方政府或另一方占有或控制的实体造成的损失、损害和伤害的索

---

① Erin Pobjie, "Victims of the Crime of Aggression", in Claus Kreß & Stefan Barriga (eds.), *The Crime of Aggression: A Commentary*, Cambridge: Cambridge University Press, 2017, p. 822.

② Ellen S. Podgor & Roger S. Clark, *Understanding International Criminal Law*, Newark: LexisNexis, 2nd edn., 2008, p. 160; Beth Van Schaack, "*Par in Parem Imperium Non Habet*: Complementarity and the Crime of Aggression", *Journal of International Criminal Justice*, vol. 10, no. 1 (March 2012), p. 144.

③ Erin Pobjie, "Victims of the Crime of Aggression", in Claus Kreß & Stefan Barriga (eds.), *The Crime of Aggression: A Commentary*, Cambridge: Cambridge University Press, 2017, p. 822.

④ Stefan Barriga & Claus Kreß (eds.), *The Travaux Préparatoires of the Crime of Aggression*, New York: Cambridge University Press, 2012.

⑤ UN Doc. S/RES/687 (1991), 8 April 1991, para. 16.

⑥ Provisional Rules for Claims Procedure, annex to UN Doc. S/AC. 26/1992/10, 26 June 1992, Article 5(1).

赔要求”[①]。它规定,“索赔要求应当由各方以自己名义和以其国民名义提交给委员会”[②]。可以看出,无论联合国赔偿委员会还是厄立特里亚-埃塞俄比亚求偿委员会都允许的是国家代表个人提交索赔要求,而未授予个人在违反使用武力法的求偿方面以法律地位。

在学术界,“个人因违反使用武力法而要求赔偿的权利仍旧被学者们广泛拒绝”[③]。当考察侵略罪的法律后果时,绝大多数学者未提及或讨论个人成为此罪被害人的可能性。而且正如下一节所述,一些学者甚至明确否定国家以外的任何实体成为侵略罪被害人的可能。

关于国际法一般性地不重视个人在使用武力法中的被害人地位,也存在少量相反的国家实践。例如,1918 年 11 月 11 日,英国首相劳合·乔治(Lloyd George)在纽卡斯尔发表演讲,称德皇威廉二世应当“为这场带走欧洲上百万最好的年轻人的生命的战争负责任”[④]。很明显,这里他所说的“最好的年轻人”主要是指一战中欧洲各交战国的军人。由于在武装冲突中杀死战斗员通常并不构成战争罪,因此对德皇在这方面“负责任”一个合理的解释就是,英国首相将他们视为由德国挑起的世界大战的受害者。再如,1955 年 3 月,中共中央政治局讨论通过的《中共中央关于对日政策和对日活动的方针和计划》指出,日本发动侵略战争的责任不在广大日本人民,责任应由发动和指挥侵略战争的少数军国主义分子来负,日本人民包括普通士兵也是受害者。[⑤] 这一立场之后得到了中国政府一以贯之的确认和重申。[⑥]

学术界仅有一少部分学者接受个人成为侵略罪被害人的可能性。例

---

① Agreement between the Government of the Federal Democratic Republic of Ethiopia and the Government of the State of Eritrea, 12 December 2000, Article 5(1).

② Agreement between the Government of the Federal Democratic Republic of Ethiopia and the Government of the State of Eritrea, 12 December 2000, Article 5(8).

③ Friedrich Rosenfeld, “Individual Civil Responsibility for the Crime of Aggression”, *Journal of International Criminal Justice*, vol. 10, no. 1 (March 2012), p. 261.

④ Kirsten Sellars, “Delegitimizing Aggression: First Steps and False Starts after the First World War”, *Journal of International Criminal Justice*, vol. 10, no. 1 (March 2012), pp. 7-8.

⑤ 参见宋志勇、田庆立:《日本近现代对华关系史》,世界知识出版社 2010 年版,第 195 页。

⑥ 例如,在 2015 年 5 月 23 日的中日友好交流大会上,习近平主席重申了这一立场。参见《习近平在中日友好交流大会上的讲话》,2015 年 5 月 23 日,http://www.xinhuanet.com/politics/2015-05/23/c_1115384379.htm。

如,凯斯滕鲍姆(Kestenbaum)在其一篇关于侵略罪的论文中使用了“被害人的国家”和“被害人的国籍”等用语。[①]梅(May)指出:“侵略战争的恐怖就在于许多无辜的平民将成为这些战争的受害者。”[②]按照罗森菲尔德(Rosenfeld)的观点,没有任何迹象表明使个人从中受益的《罗马规约》第75条的赔偿制度不能适用于侵略罪。[③]克拉西尼(Coracini)和弗兰格(Wrange)则提出:“结果上讲,侵略罪的主要受害者是作为国际法主体的国家。而作为一个集合体,其个体成员也同样是受害的。”[④]

总而言之,目前关于这一问题的习惯国际法状态是:“并没有‘相当多的相关实践’或法律确信承认个人是违反使用武力法的受害者。”[⑤]由于国际法的一般性漠视,个人作为一个整体的侵略罪被害人地位迟迟未得到确立。不过,习惯国际法承认个人作为侵略罪被害人的大门并未完全封闭,因为这种实践和看法在一定程度上仍存在。

(二)在《罗马规约》语境下个人的侵略罪被害人地位的确立

如前文所述,国际刑事法院对于是否承认个人作为侵略罪的被害人享有完全的自由裁量权,习惯国际法对此只具有参考和补缺作用。笔者认为,无论是基于法律还是政策考量,法院都应当在将来的侵略罪审判中承

---

① Jocelyn Getgen Kestenbaum, “Closing Impunity Gaps for the Crime of Aggression”, *Chicago Journal of International Law*, vol. 17, no. 1 (2016), p. 69.

② Larry May, *Aggression and Crimes against Peace*, New York: Cambridge University Press, 2008, p. 20.

③ Friedrich Rosenfeld, “Individual Civil Responsibility for the Crime of Aggression”, *Journal of International Criminal Justice*, vol. 10, no. 1 (March 2012), p. 263

④ Astrid Reisinger Coracini & Pål Wrange, “The Specificity of the Crime of Aggression”, in Claus Kreß & Stefan Barriga (eds.), *The Crime of Aggression: A Commentary*, Cambridge: Cambridge University Press, 2017, p. 319; Astrid Reisinger Coracini, “Evaluating Domestic Legislation on the Customary Crime of Aggression under the Rome Statute's Complementarity Regime”, in Carsten Stahn & Göran Sluiter (eds.), *The Emerging Practice of the International Criminal Court*, Leiden/Boston: Martinus Nijhoff Publishers, 2009, p. 750.

⑤ Erin Pobjie, “Victims of the Crime of Aggression”, in Claus Kreß & Stefan Barriga (eds.), *The Crime of Aggression: A Commentary*, Cambridge: Cambridge University Press, 2017, p. 826.

认个人的被害人地位，这“将是一个国际法上理论和法律的创新”[①]。

一方面，将个人作为侵略罪的被害人在《罗马规约》体系下不存在法律障碍。《程序和证据规则》规则85(a)承认“自然人”为被害人。国际刑事法院将这一术语解释为“人类(human being)”[②]，显然将所有的个人包含在内。更重要的是，《罗马规约》《犯罪要件》和《程序和证据规则》中与被害人有关的规则，无论是涉及被害人保护、参与诉讼还是获取赔偿，均是以个人作为被害人为基础设计的。国际刑事法院承认个人作为侵略罪的被害人不仅符合这些条款的含义，也有助于维护法律的稳定性。

另一方面，二战以来个人国际法律地位的提升与国际人权法的蓬勃发展也要求国际刑事法院将个人承认为侵略罪的被害人。正如国际刑事法院前副庭长考尔(Kaul)法官所言：“对人权的最佳保护就是不存在暴力、武装冲突和制造战争(war-making)。”[③]典型的，作为基本人权的生命权为个人作为受害者回应国家非法使用武力提供了一定法律基础。联合国人权委员会(UN Human Rights Council)在1982年通过的第一版对生命权的一般性意见中指出，各国“为防止战争危险，特别是核战争，以及加强国际和平与安全所作的任何努力，都是维护生命权最重要的条件和保障”[④]。联合国经社理事会下设的促进与保护人权委员会于1996年和1997年连续通过决议，指出“国际和平与安全是享受人权，尤其是生命权的必要条件”[⑤]。联合国人权委员会在2017年准备的《公民权利与政治权利国际公

---

① Marissa R. Brodney, “Accounting for Victim Constituencies and the Crime of Aggression: New Questions Facing the International Criminal Court”, *Harvard International Law Journal: Online Journal*, vol. 58 (Spring 2017), p. 40.

② ICC, *Situation in the Democratic Republic of the Congo*, Decision on the Applications for Participation in the Proceedings of VPRS 1, VPRS 2, VPRS 3, VPRS 4, VPRS 5 and VPRS 6 (Public Redacted Version), ICC-01/04-101-tEN-Corr, Pre-Trial Chamber I, 19 January 2006, para. 80.

③ Hans-Peter Kaul, “Victims' Rights and Peace”, in Christoph Safferling & Thorsten Bonacker (eds.), *Victims of International Crimes: An Interdisciplinary Discourse*, The Hague: T. M. C. Asser Press, 2013, p. 227.

④ Human Rights Committee, General Comment 6, Article 6, 16th Session (1982), UN Doc. HRI/GEN/1/Rev. 6, 12 May 2003, p. 127, para. 2; General Comment 14, Article 6, 23rd Session (1984), UN Doc. HRI/GEN/1/Rev. 6, 12 May 2003, p. 139, para. 2.

⑤ UN Doc. E/CN. 4/SUB. 2/RES/1996/16, 25 November 1996; UN Doc. E/CN. 4/Sub. 2/RES/1997/36, 28 August 1997.

约第16条生命权一般性意见草案》中也指出,缔约各国在国际争端解决中若不能避免诉诸武力,则没有充分遵守他们保障生命权的积极义务。[①]除生命权外,和平权(right to peace)[②]的保障和维护也要求国家避免从事侵略行为。当然从理论上讲,对于从事侵略的一国来说,对于其领土以外的人权违反,应当以解决人权法的域外适用问题为先决条件。但是无论如何,尽管侵略罪直接侵害的仍是被侵略国的国家主权和领土完整,但在当代,"主权的概念已有所改变……个人权利成为主权一个必不可少的方面。因此,有充分理由可以论证个人可以进入使用武力法的保护范围内"[③]。由于个人在使用武力法上的地位在70年前与在当代已不可同日而语,二战后破坏和平罪审判对破坏和平罪个体被害人的忽视在此方面的先例作用也已经不再明显。

1.损害及其与犯罪间因果关系的确立

如果国际刑事法院承认个人是侵略罪被害人的一种类型,那么接下来问题就是哪些个人能够在具体的侵略罪案件中取得被害人资格。根据《程序和证据规则》规则85(a),判定具体个人的被害人资格适用两个标准:(1)受到损害;(2)损害是由法院管辖权内的犯罪所导致的。[④]

假设规则85(a)能够不加修正地适用于侵略罪的个体被害人,那么首先应当确立的是侵略罪下个人受到的损害。《罗马规约》和《程序和证据规则》均未对规则85(a)中的"损害(harm)"一词作出界定。在司法实践中,国际刑事法院对该术语采取较为宽泛的界定。它判定,根据国际上承认的人权理念,"身体上的痛苦""情感上的痛苦"以及"经济损失"均构成《程序和证据规则》规则85意义上的损害。[⑤]在卢班加案(*Lubanga case*)中,国际

---

① General Comment No. 36 on Article 6 of the International Covenant on Civil and Political Rights, on the Right to Life, https://www.ohchr.org/Documents/HRBodies/CCPR/GCArticle6/GCArticle6_EN.pdf.

② UN Doc. A/RES/39/11, 12 November 1984; UN Doc. A/RES/63/189, 18 March 2009; Douglas Roche, *The Human Right to Peace*, Toronto: Novalis, 2003.

③ Friedrich Rosenfeld, "Individual Civil Responsibility for the Crime of Aggression", *Journal of International Criminal Justice*, vol. 10, no. 1 (March 2012), p. 265.

④ 参见《程序和证据规则》规则85(a)。

⑤ ICC, *Situation in the Democratic Republic of the Congo*, Decision on the Applications for Participation in the Proceedings of VPRS 1, VPRS 2, VPRS 3, VPRS 4, VPRS 5 and VPRS 6 (Public Redacted Version), ICC-01/04-101-tEN-Corr, Pre-Trial Chamber I, 19 January 2006, paras. 116, 147.

刑事法院进一步确认,"物质的、身体的和心理上的损害都是规则范畴内损害的形式,只要它们是被害人亲身遭受的"[①]。鉴于国际刑事法院将有形的与无形的损害都吸收进了损害的定义里,在侵略罪发生后为界定此罪的被害人而确立损害显得并不困难,死亡、致伤、精神折磨或经济损失等形式均可能被界定为个人受到的损害。

其次需要建立的是这种损害与犯罪之间存在有因果关系。国际刑事法院在判例中对于根据《程序和证据规则》规则85(a)将损害归因于犯罪的标准尚无系统阐释,而且法院多次承认构建出一套认定因果关系的具体方法存在的困难:"决定指控犯罪与附随损害间的因果关系是刑法上最复杂的理论问题之一。"[②]"无论《罗马规约》还是《程序和证据规则》都没有为赔偿之目的界定犯罪与相关损害间的因果关系的精确要求。而且,国际法上关于因果关系的界定方法也没有已经确定的观点。"[③]相应地,国际刑事法院迄今为止在处理因果关系时基本上依赖于个案分析。正如它在卢班加案中所说的那样,"一个人是否因法院管辖权内的犯罪发生而受到损害并因此成为法院的被害人将不得不根据特定环境来决定"[④]。法院将这一方法解释为"一个实用主义的、严格依据事实的方法,由此,当损害出现时与事件发生时的空间与时间环境看上去有重叠,或至少可共存且不明显相悖时,声称的损害将被认为是由声称的事件所'导致'"[⑤]。

如果根据国际刑事法院现有的司法实践确立损害与灭绝种族罪、危害

---

① ICC, *The Prosecutor v. Thomas Lubanga Dyilo*, Judgment on the Appeals of The Prosecutor and The Defence against Trial Chamber I's Decision on Victims' Participation of 18 January 2008, ICC-01/04-01/06-1432, Appeals Chamber, 11 July 2008, para. 1.

② ICC, *Situation in Uganda*, Public Redacted Version Decision on Victims' Applications for Participation a/0010/06, a/0064/06 to a/0070/06, a/0081/06 to a/0104/06 and a/0111/06 to a/0127/06, ICC-02/04-101, Pre-Trial Chamber II, 10 August 2007, para. 14.

③ ICC, *The Prosecutor v. Thomas Lubanga Dyilo*, Decision Establishing the Principles and Procedures to be Applied to Reparations, ICC-01/04-01/06-2904, Trial Chamber I, 7 August 2012, para. 248.

④ ICC, *The Prosecutor v. Thomas Lubanga Dyilo*, Judgment on the Appeals of The Prosecutor and The Defence against Trial Chamber I's Decision on Victims' Participation of 18 January 2008, ICC-01/04-01/06-1432, Appeals Chamber, 11 July 2008, para. 32.

⑤ ICC, *Situation in Uganda*, Public Redacted Version Decision on Victims' Applications for Participation a/0010/06, a/0064/06 to a/0070/06, a/0081/06 to a/0104/06 and a/0111/06 to a/0127/06, ICC-02/04-101, Pre-Trial Chamber II, 10 August 2007, para. 14.

人类罪和战争罪间的因果关系都尚显困难,那么对于侵略罪来说这一过程更是充满挑战。这是因为侵略罪与其他三罪相比有一个很大的区别:该罪的所有犯罪行为——“策划、准备、发动或实施一项侵略行为”[①]都不直接针对个人。有学者甚至断言,个人在违反使用武力法方面不存在受影响的法律利益。[②] 侵略罪的这种外在表象使得损害与犯罪间因果关系变得更加模糊。目前,对于个人应当如何证明其受到的损害与侵略罪存在因果关系在学术界远无定论。

2.侵略罪个体被害人的范围

由于国际刑事法院倾向于根据个案选择认定因果关系的具体标准,抽象地划定侵略罪个体被害人的范围并非易事。不过,法院在过去司法实践中采用的标准仍具有借鉴意义。在卢班加案中,法院在权衡了被害人和被告的利益和权利后指出:“法院至少必须确信犯罪与损害之间存在一种‘若非(but/for)’关系,且此外卢班加先生被定之罪是赔偿指向的损害的‘近因(proximate cause)’。”[③]法院这里采用的“若非”和“近因”标准是英美刑法中判断因果关系的一种常见做法。根据英美刑法的通说,“刑法中的因果关系应分为两个层次解决,一是事实上的因果关系,二是法律上的因果关系”[④]。陈兴良教授指出:“事实原因这一观念建立在直观基础上,由‘but-for’公式来表达,即如果没有A(B、C…)就没有Z,则A(B、C…)就是已发生的事实原因。”[⑤]而对于法律因果关系的标准,又存在近因说、预见说和刑罚功能说等多种观点。[⑥] 国际刑事法院在卢班加案中采取的就是

---

① 《罗马规约》第8条之二第1款。

② Erin Pobjie, “Victims of the Crime of Aggression”, in Claus Kreß & Stefan Barriga (eds.), *The Crime of Aggression: A Commentary*, Cambridge: Cambridge University Press, 2017, p. 818; Erin Creegan, “Justified Uses of Force and the Crime of Aggression”, *Journal of International Criminal Justice*, vol. 10, no. 1 (March 2012), p. 68. 相反意见参见 Friedrich Rosenfeld, “Individual Civil Responsibility for the Crime of Aggression”, *Journal of International Criminal Justice*, vol. 10, no. 1 (March 2012), pp. 264-265.

③ ICC, *The Prosecutor v. Thomas Lubanga Dyilo*, Decision Establishing the Principles and Procedures to be Applied to Reparations, ICC-01/04-01/06-2904, Trial Chamber I, 7 August 2012, para. 250.

④ 张绍谦:《刑法因果关系研究》,中国检察出版社2004年版,第4～5页。

⑤ 陈兴良:《刑法因果关系研究》,《现代法学》1999年第5期。

⑥ 参见陈兴良:《刑法因果关系研究》,《现代法学》1999年第5期。

近因说。所谓“近因”，就是指“没有被介入因素打破因果链条的、当然地或者盖然地引起危害结果的事实原因”①。

虽然国际刑事法院未必会在未来的每一个侵略罪案件中都适用“若非”加“近因”的标准来建立因果关系，但是这一标准基于其基础性和普遍适用性，对于初步理解侵略罪被害人的范围仍具有重要意义。按照这一标准，损害与侵略罪间因果关系的建立须满足：(1)若侵略罪发生，则损害必然或可能发生；(2)若侵略罪未发生，则损害必定不会发生；(3)不存在介入因素打破这种因果链条。据此，笔者认为，侵略罪的直接和间接被害人可能包括但不限于以下几类人员：在武装冲突中根据国际人道法被合法杀死或致伤的战斗员②及他们的亲属，在武装冲突中根据国际人道法受附带损害(collateral damage)而被合法杀死、致伤或遭受财产损失的平民及他们的亲属，除需为发动侵略负责的个人以外的承担侵略战争经济成本的冲突各国国民。这些人员遭受的损害有一个共同的特点，即侵略罪的发生产生了相应的损害，且假设侵略罪不发生，则“物质的、身体的和心理上的损害”都是可以避免的；更重要的是，不存在介入因素打破这一链条。

此处颇有争议的问题是，如果个人在侵略罪的大背景下同时受到了来自其他非法行为的损害，那么他还能否成为侵略罪的被害人？例如在战争中，在集中营遭受折磨的战俘、从家乡被强制迁移的平民或被阻止生育的民族团体成员根据《罗马规约》分别是战争罪、危害人类罪和灭绝种族罪的被害人，他们能否同时被当作侵略罪的被害人呢？换言之，个人在随后武装冲突中受到的由任何一方所犯的更进一步的犯罪——也就是战争罪、危害人类罪或灭绝种族罪——仍然可以归因于侵略罪吗？③ 学者们对于这一问题有着不同的见解。罗森菲尔德似乎接受侵略罪的被害人与其他国

---

① 储槐植：《美国刑法》，北京大学出版社1987年版，第61页。

② 由众多国际法专家撰写的《批准与实施〈国际刑事法院罗马规约〉坎帕拉修正案手册》认为，《罗马规约》侵略罪的实施能够填补冲突各国士兵生命权的保护无法可依的漏洞。*Handbook—Ratification and Implementation of the Kampala Amendments to the Rome Statute of the ICC*, Liechtenstein Institute on Self-Determination, p. 4, https://crimeofaggression.info/documents/1/handbook.pdf.

③ Erin Pobjie, "Victims of the Crime of Aggression", in Claus Kreß & Stefan Barriga (eds.), *The Crime of Aggression: A Commentary*, Cambridge: Cambridge University Press, 2017, p. 836.

际犯罪的被害人存在潜在重合的可能性，指出："当他们受害或被杀、或他们的财产被毁坏时——其发生是因为侵略行为还是因为违反国际人道法，对于被害人而言并无区别。"[①]而否定这种重合的观点则如珀布杰(Pobjie)所言，"决定使用武力的合法性与侵略罪是否发生是独立于人权违反的问题。受到随后犯罪损害的个人是那些犯罪而不是侵略罪的被害人"[②]。在笔者看来，基于以下三个原因，在侵略罪持续过程中遭受侵略罪以外的其他非法行为所致损害的个人不应当被当成侵略罪的被害人。

其一，根据刑法上的"若非"加"近因"标准，这部分个人所受损害与侵略罪的因果关系无法建立。诚然，侵略战争所引发的社会失序，往往是其他国际犯罪甚至普通犯罪的催化剂。纽伦堡军事法庭将破坏和平罪——侵略罪的前身描述为"最大的(supreme)国际犯罪"，表明"战争的非正义性引发了大量战争罪和危害人类罪"[③]。但是必须认识到，侵略罪引发其他非法行为只是一种可能而非必然的结果。虽然侵略的存在可能助长了其他非法行为发生的可能性，但是不能得出"假设侵略不发生，则其他非法行为及其造成的损害就不会发生"的结论。因此，建立因果关系的"若非"加"近因"标准无法得到满足。其实，在此类情形中，其他非法行为已经作为介入因素中断了个人所受损害和侵略罪之间的因果关系。

其二，如果说"若非"加"近因"标准未必适用于每一个个案，还不足以说明受到其他非法行为损害的个人必然不能成为侵略罪被害人的话，那么国际刑事法院的司法实践可以提供进一步说明。在卢班加案中，国际刑事法院审判分庭认定："《程序和证据规则》规则85(a)仅仅提及'本法院管辖权内的犯罪'发生所导致的损害，附加提议的额外要件——它们必须是被告被指控的犯罪——因此将引入一个在法院规章框架下哪里都无法找到

---

① Friedrich Rosenfeld, "Individual Civil Responsibility for the Crime of Aggression", *Journal of International Criminal Justice*, vol. 10, no. 1 (March 2012), p. 265.

② Erin Pobjie, "Victims of the Crime of Aggression", in Claus Kreß & Stefan Barriga (eds.), *The Crime of Aggression: A Commentary*, Cambridge: Cambridge University Press, 2017, p. 825.

③ Hans-Peter Kaul, "Victims' Rights and Peace", in Christoph Safferling & Thorsten Bonacker (eds.), *Victims of International Crimes: An Interdisciplinary Discourse*, The Hague: T. M. C. Asser Press, 2013, p. 228.

的限制。”[①]根据这一解释,某一犯罪的被害人不一定需要受到该犯罪的损害,个人也可能基于其他“本法院管辖权内的犯罪”的损害而成为侵略罪案件的被害人。然而,审判分庭的这一论断在上诉阶段遭到了推翻。经过对《程序和证据规则》规则 85 的法律解释,上诉分庭得出结论:“为了参与审判程序,被害人声称受到的伤害……必须与已确认的对被告的指控存在联系。”[②]虽然上诉分庭所处理的问题是哪些个人有权参与诉讼程序,但是其建立在对规则 85 中要素解释上的这一结论也可作为一般性结论使用。如此一来,个人若要成为侵略罪的被害人,其所受的损害必须是由侵略罪本身引发的,而不能是其他国际刑事法院管辖权内的犯罪甚至普通犯罪或其他违法行为导致的。这一点也得到了远东国际军事法庭实践的印证。在东京审判中,检方在起诉书里将杀害被侵略国武装部队成员和平民的行为以“杀人罪”加以起诉。[③] 法庭认为,检方的意见旨在于表达“只要这个战争被认为是非法的,那么随之而发生的杀害行为……就都是非法的”[④]。法庭拒绝了这一罪名与看法,认为非法杀害这一主张的基础并不清楚,可能与破坏和平罪或战争罪的指控相重复。[⑤] 因此,尽管法庭并未承认战斗员的被害人地位,但却暗示他们的法益可以由破坏和平罪来保护,而平民的法益则由战争罪来保护。这说明了作为战争罪受害者的平民将不能被纳入侵略罪的被害人范畴。

其三,政策层面上,从司法经济的角度讲,受到其他非法行为损害的个人也不应当被当成侵略罪的被害人。如果承认这部分个人同时是侵略罪和另一法院管辖权内犯罪的被害人,则侵略罪被害人的范围和数目将变得极为宽泛和巨大,这将大大拖累法庭程序的效率并且使《罗马规约》被害人参与制度的实施难度倍增。国际刑事法院的已有经验表明,“仅几百份参

---

① ICC, *The Prosecutor v. Thomas Lubanga Dyilo*, Decision on Victims' Participation, ICC-01/04-01/06-1119, Trial Chamber I, 21 January 2008, para. 93.

② ICC, *The Prosecutor v. Thomas Lubanga Dyilo*, Judgment on the Appeals of The Prosecutor and The Defence against Trial Chamber I's Decision on Victims' Participation of 18 January 2008, ICC-01/04-01/06-1432, Appeals Chamber, 11 July 2008, para. 54.

③ 起诉书中所列罪状的第 37～52 项为“杀人罪”。参见梅汝璈:《远东国际军事法庭》,法律出版社 1988 年版,第 192～196 页。值得注意的是,纽伦堡军事法庭的起诉书中并未包含此罪名。

④ 《远东国际军事法庭判决书》,张效林译,群众出版社 1986 年版,第 21 页。

⑤ 参见《远东国际军事法庭判决书》,张效林译,群众出版社 1986 年版,第 21～22 页。

加国际刑事法院诉讼的申请归档就已经让参与制度负担过重”[①]。因此有学者早已提出警告:“被害人参与制度这一创新,如果得不到很好的界定或管理,将压垮起诉和审判暴行的作恶者的核心使命。”[②]同时,被害人过多地参与诉讼也可能使《罗马规约》起草者平衡被告人与被害人权利的努力付诸东流。[③] 此外,由过量的侵略罪被害人所引发的法院超负荷运转也将明显违背缔约国大会“以确保其可持续性、有效性和效率为着眼点重新审查被害人参与制度”[④]的意愿,进而引起法院行政与管理层面的争端。

二、国家作为侵略罪的被害人

(一)国际法对国家的侵略罪被害人地位的传统性认可

与关于个体侵略罪被害人的实在法正好相反,国际法理论与实践长期认可国家作为非法使用武力的被害人。其背后的原因直截了当:传统上,使用武力法规范的是一国对他国使用武力的行为,而侵略罪与侵略行为是对这一规范的违反,它们“被广泛理解为根植于‘对一国犯下的’一种道德上的错误”[⑤]。

国际司法实践一贯认可国家在使用武力法范畴内的重要地位。虽然根据当时的历史环境,纽伦堡和远东军事法庭无须也没有详细识别二战的被害人身份,但是它们的判决无一例外地“将侵略罪描述为对别的‘国家(countries)’或‘民族(nations)’发动‘侵略战争’”[⑥]。在 1986 年的尼加拉

① Christine H. Chung, “Victim's Participation at the International Criminal Court: Are Concessions if the Court Clouding Promise”, *Northwestern Journal of International Human Rights*, vol. 6, no. 3 (Summer 2008), p. 497.

② Christine H. Chung, “Victim's Participation at the International Criminal Court: Are Concessions if the Court Clouding Promise”, *Northwestern Journal of International Human Rights*, vol. 6, no. 3 (Summer 2008), p. 461.

③ 参见凌岩:《〈国际刑事法院罗马规约〉框架下的被害人及其可以参加的诉讼》,《国际法研究》2017 年第 2 期。

④ Resolution ICC-ASP/10/Res. 5, adopted at the 9th plenary meeting, on 21 December 2011, by consensus.

⑤ Tom Dannenbaum, “Why Have We Criminalized Aggressive War”, *The Yale Law Journal*, vol. 126, no. 5 (March 2017), pp. 1245-1246.

⑥ Tom Dannenbaum, “Why Have We Criminalized Aggressive War”, *The Yale Law Journal*, vol. 126, no. 5 (March 2017), p. 1255.

瓜案中，国际法院也同样认为国家是“武力攻击的受害者”。[①]

1974 年联合国大会的第 3314 号决议附件“侵略定义”将“侵略”界定为“一个国家使用武力侵犯另一个国家的主权、领土完整或政治独立，或以本《定义》所宣示的与联合国宪章不符的任何其他方式使用武力”[②]。其所列举的七种特定的侵略行为均指向一国对另一国使用武力的行为[③]，典型的如“一个国家的武装部队侵入或攻击另一国家的领土”“一个国家的武装部队封锁另一国家的港口或海岸”等。这一决议影响深远，2010 年通过的《罗马规约》侵略罪修正案就完全照搬了联合国大会对侵略的定义以及所列举的具体行为。[④] 侵略定义的这一发展沿革表明，相当一部分国家对于“国家是侵略罪自然而然的被害人”持有法律确信。

学术界的主流观点也都承认国家是侵略罪的被害人。在学者们的著述中，学者通常会在论及侵略的灾难性后果时使用“受害国（victim states）”一词[⑤]或更加明确的措辞[⑥]来肯定国家的被害人地位，而不提及其

---

① *Militarv and Puramilitary Activities in und aguinst Nicaragua* (*Nicaragua v. United States of America*), Merits, Judgment, I. C. J. Reports 1986, pp. 232-233.

② UN Doc. A/RES/29/3314(XXIX), 14 December 1974, Annex, Article 1.

③ UN Doc. A/RES/29/3314(XXIX), 14 December 1974, Annex, Article 3.

④ 参见《罗马规约》第 8 条之二第 2 款。

⑤ Donald M. Ferencz, "Bringing the Crime of Aggression within the Active Jurisdiction of the ICC", *Case Western Reserve Journal of International Law*, vol. 42, no. 1 (2009), pp. 539-540; Claus Kreß & Leonie von Holtzendorff, "The Kampala Compromise on the Crime of Aggression", *Journal of International Criminal Justice*, vol. 8, no. 5 (November 2010), p. 1197; Beth Van Schaack, "*Par in Parem Imperium Non Habet*: Complementarity and the Crime of Aggression", *Journal of International Criminal Justice*, vol. 10, no. 1 (March 2012), p. 136; Kevin Jon Heller, "The Uncertain Legal Status of the Aggression Understandings", *Journal of International Criminal Justice*, vol. 10, no. 1 (March 2012), p. 246; Mauro Politi, "The ICC and the Crime of Aggression: A Dream that Came through and the Reality Ahead", *Journal of International Criminal Justice*, vol. 10, no. 1 (March 2012), p. 280.

⑥ Michael J. Glennont, "The Blank-Prose Crime of Aggression", *Yale Journal of International Law*, vol. 35, no. 1 (2010), p. 111; Astrid Reisinger Coracini, "The International Criminal Court's Exercise of Jurisdiction over the Crime of Aggression-At Last... in Reach... over Some", *Göttingen Journal of International Law*, vol. 2, no. 2 (August 2010), p. 776; Pål Wrange, "The Crime of Aggression and Complementarity", in Roberto Bellelli (ed.), *International Criminal Justice Law and Practice from the Rome Statute to Its Review*, Farnham, Burlington: Ashgate, 2010, p. 599; Yoram Dinstein, *War, Aggression and Self-Defence*, Cambridge/New York: Cambridge University Press, 5th edn., 2011, p. 40.

他实体。一部分学者甚至明确提出国家是侵略行为唯一的被害人实体。例如,克里根(Creegan)认为,"对于侵略来说,被害人总是国家"[①];吉勒特(Gillett)指出,联合国大会第3314号决议和《罗马规约》第8条之二第2款给出的侵略定义使得非国家实体不具有成为侵略罪被害人的可能[②]。

如同沙巴斯(Schabas)所言:"侵略本质上是一个以国家为中心的概念,使一个实体对违反其对另一实体的义务负责。"[③]使用武力法这一根深蒂固的观念充分确保了习惯国际法上国家在侵略罪被害人中的一席之地。当然,仍需强调,这并不意味着国际刑事法院作为处理个人刑事责任的法庭不能采取与习惯国际法不一致的做法。

(二)在《罗马规约》语境下国家的侵略罪被害人地位的确立

1.《程序和证据规则》中被害人定义的可适用性

如果国际刑事法院意图遵循习惯国际法,承认国家在法院的侵略罪被害人地位,那么它首先必须考虑的是国家是否能落入《程序和证据规则》中的被害人定义。除承认"自然人"的被害人地位外,《程序和证据规则》规则85下的被害人也包括"组织或机构(organizations or institutions)",只要它们的特定物体受到直接损害。[④]然而,国家是否能被包含进"组织或机构"这一概念范畴是有问题的。

在卢班加案中,国际刑事法院认定"组织或机构"包含"尤其是,非政府、慈善和非营利组织,包括政府部门、公共学校、医院在内的法定机构,私人教育机构(小学、中学和职业学校),企业,电信公司,使其成员受益的公共机构(例如合作社、建房互助协会或处理小额贷款的机构)以及其他合伙企业"[⑤],但未提及国家。该段判决的脚注表明法院之所以如此认定,主要

① Erin Creegan, "Justified Uses of Force and the Crime of Aggression", *Journal of International Criminal Justice*, vol. 10, no. 1 (March 2012), p. 68.

② Matthew Gillett, "The Anatomy of an International Crime: Aggression at the International Criminal Court", *International Criminal Law Review*, vol. 13 (2013), pp. 840-841.

③ William A. Schabas, *An Introduction to the International Criminal Court*, Cambridge: Cambridge University Press, 4th edn., 2011, p. 344.

④ 参见《程序和证据规则》规则85(b)。

⑤ ICC, *The Prosecutor v. Thomas Lubanga Dyilo*, Decision Establishing the Principles and Procedures to be Applied to Reparations, ICC-01/04-01/06-2904, Trial Chamber I, 7 August 2012, para. 197.

是依据了其制定的用于组织或机构作为被害人申请参与诉讼和赔偿的标准化“组织申请表”(Application Form for Organisations)[①]。“组织申请表”将组织和机构进行了详细的分类,与国际刑事法院上述列举大体一致,并不包含国家。不过值得注意的是,“组织申请表”采取的是非穷尽式列举,其最后一项为“其他(other)”[②];同时,考虑到上述判决也使用了“尤其是”的措辞,可以认为,国际刑事法院在卢班家案中对“组织或机构”的列举对于确定这一概念的范围并不具有终局性。因此,“组织或机构”能否包含国家仍要对其概念本身进行法律解释。

根据《维也纳条约法公约》,“条约应依其用语按其上下文并参照条约之目的及宗旨所具有之通常意义,善意解释之”[③]。在英文中,“组织”和“机构”两个词语有着非常紧密的联系。“机构”一词的通常含义为:“社团或组织,特别是那些为慈善或社会目的而建立的,常常提供居住照护(residential care);此类社团或组织所使用的建筑。”[④]在法律层面上,这一术语表示“建立的组织,特别是具有公共特性的,例如治疗精神残疾人的设施”[⑤]。由此可见,《程序和证据规则》规则 85 中“机构”一词的含义紧紧依赖对“组织”的界定。“组织”通常是指“有组织的团体、系统或社团”[⑥]。当出现在法律领域时,它是指“为共同目的而建立的人的团体(例如联合会或企业)”[⑦],并可与“社团(society)”一词互换使用。从文义解释上看,不能排除“组织”这一概念包含国家的可能性。

但是,该术语的上下文和目的却指向了相反的结论。在《罗马规约》和

---

① Application Form for Organisations, https://www.icc-cpi.int/NR/rdonlyres/D670BB98-0F00-4E01-BA39-0BECC411B83F/0/SAFOrganisationEng.pdf.

② Application Form for Organisations, p. 2, https://www.icc-cpi.int/NR/rdonlyres/D670BB98-0F00-4E01-BA39-0BECC411B83F/0/SAFOrganisationEng.pdf.

③ 《维也纳条约法公约》第 31 条第 1 款。

④ William R. Trumble et al. (eds.), *Shorter Oxford English Dictionary*, Oxford: Oxford University Press, 5th edn., 2002.

⑤ Bryan A. Garner (ed.), *Black's Law Dictionary*, St. Paul/Minn: West Publishing Company, 8th edn., 2004, pp. 2336-2337.

⑥ William R. Trumble et al. (eds.), *Shorter Oxford English Dictionary*, Oxford: Oxford University Press, 5th edn., 2002.

⑦ Bryan A. Garner (ed.), *Black's Law Dictionary*, St. Paul/Minn: West Publishing Company, 8th edn., 2004, p. 3487.

《程序和证据规则》中,属于“组织”和“国家”总是被分开使用以暗示它们之间的差异。例如,《罗马规约》第 7 条第 2 款 a 项包含“根据国家或组织攻击平民人口的政策”的表达[①];《程序和证据规则》规则 103 则列举“国家”“组织”和“个人”作为三个相区分的向法庭提交法庭之友意见的适格实体[②]。类似的例子还可见于《罗马规约》第 7 条第 2 款 j 项、第 15 条第 2 款、第 44 条第 4 款、第 54 条第 3 款 c 项和 d 项、第 73 条以及《程序和证据规则》规则 104(2)。其实,《程序和证据规则》规则 85(b)起草时的准备资料也证实,没有任何证据表明起草者有意使该规则适用于国家。[③]因此,合理的结论应当是:《罗马规约》语境下的“组织或机构”这一术语并不包含国家。

由于现行《程序和证据规则》中的“组织或机构”无法囊括国家,所以承认国家的侵略罪被害人地位将意味着《程序和证据规则》中的被害人定义必须按照《罗马规约》第 51 条第 2 款进行修正。可行的做法似乎是将国家作为第三类被害人列举在规则 85 下,并明确其仅可能作为侵略罪的被害人。

如若国际刑事法院承认国家的被害人地位,除了《程序和证据规则》中被害人定义需要修正外,可能还需有一套特别为国家参与诉讼和赔偿量身定做的规范,因为国际刑事法院现有的被害人参与和赔偿制度在制定时均未考虑国家在法院作为被害人的可能性。关于这一点,麦克杜格尔(McDougall)评论道:“一个更刻板的(stark)替代方案是建立一套机制,以允许受害国代表犯罪的个体受害者发言——可能是通过修改规则 103 中已有的机制……关于侵略罪的赔偿制度应当要与侵略罪案件中被害人的概念相匹配。照此,可能有发展出承认犯罪特殊性质的特定原则的需要……”[④]

---

① 参见《罗马规约》第 7 条第 2 款 a 项。

② 参见《程序和证据规则》规则 103。

③ Erin Pobjie, “Victims of the Crime of Aggression”, in Claus Kreß & Stefan Barriga (eds.), *The Crime of Aggression: A Commentary*, Cambridge: Cambridge University Press, 2017, p. 849.

④ Carrie McDougall, *The Crime of Aggression under the Rome Statute of the International Criminal Court*, Cambridge: Cambridge University Press, 2013, pp. 300-301.

根据《罗马规约》第51条第2款,《程序和证据规则》修正案的生效须得到缔约国大会成员三分之二通过。① 考虑到缔约各国间对此敏感议题可能存在的政治分歧,取得如此比例的多数支持并非易事。这将是确立国家在国际刑事法院的被害人地位难以回避的一个政策性难题。

2. 国际刑事法院角色与功能的转型风险

作为一个国际组织,国际刑事法院被赋予了追究个人国际犯罪刑事责任的功能。根据国际刑事法院的主张者和建立者的构想,法院作为一个刑事法庭,应当有别于其他处理国家权利和义务的国际法庭。应当承认,国际刑事法院的基本使命是通过对个人的刑事审判以应对受到国际关注的残害无数生命的最严重犯罪。② 因此,国家越多地卷入国际刑事法院的诉讼程序,就越容易引发法院工作重心由个人偏向国家的担忧。正如施塔恩(Stahn)所言,承认国家在国际刑事法院的被害人地位"将通过国际刑事法院的刑事程序为国家间求偿引进一个替代的法庭。这可能在根本上与法院的目的和任务背道而驰"③。许多非政府组织甚至一再向各成员国呼吁,不要急于启动国际刑事法院对侵略罪的管辖权,因为这会使法院更多地关注国家而非个人的行为。④

然而值得注意的是,尽管《罗马规约》第25条第4款否认国际刑事法院追究个人责任对国际法上国家责任的影响⑤,但是通过在《罗马规约》序言中重申《联合国宪章》的禁止使用武力原则以及在《罗马规约》中赋予法院对侵略罪的管辖权⑥,国际刑事法院似乎从建立之日起就已经无法摆脱

① 参见《罗马规约》第51条第2款。

② 参见《罗马规约》序言第2段、第1条。

③ Carsten Stahn, "The 'End', the 'Beginning of the End' or the 'End of the Beginning'? Introducing Debates and Voices on the Definition of 'Aggression'", *Leiden Journal of International Law*, vol. 23, no. 4 (2010), p. 881.

④ "Letter from Aryeh Neier, President, Open Soc'y Inst. et al. to Foreign Ministers, Regarding Aggression and the International Criminal Court", 10 May 2010, https://www.opensocietyfoundations.org/sites/default/files/icc-aggression-letter-20100511.pdf; Amnesty International, "International Criminal Court: Amnesty International's Call for Pledges by States at the 13th Session of the Assembly of States Parties", 29 October 2014, p. 5, n. 18, http://www.amnesty.org/download/Documents/8000/ior530102014en.pdf.

⑤ 《罗马规约》第25条第4款。

⑥ 《罗马规约》序言第7段、第5条。

触及国家权利与义务的命运。2010年第一次审查会议通过的侵略罪修正案使得国际刑事法院与国家的法律联系更加密切。侵略罪修正案反映和重申了国际法委员会《危害人类和平与安全治罪法草案》的一个立场,即国家的侵略行为是"是侵略罪中个人刑事责任的必要条件"[①],并授权国际刑事法院就是否存在侵略行为作出独立于外部机构的认定。[②] 奥坎德(Akande)和察纳科普洛斯(Tzanakopoulos)指出:"就侵略而言,对国家的关注持续存在于法院首先应当对国家责任发表意见,之后它才可以继续确定个人有罪或无罪。"[③]因此可以说,国际刑事法院成为一个至少在侵略罪上,尽管不均衡地,并行处理个人和国家责任的法庭的命运是早在《罗马规约》制定之时就已经注定的。尽管承认国家的被害人地位可能对此起到火上浇油的作用,但是它并非这一问题的始作俑者。

无论如何,对于是否应当允许国际刑事法院承认国家的被害人地位以放任其焦点更多移向国家的问题仍会引发争论。事实上,非法使用武力乃至其他国际不法行为的受害国在国际法上已有各种不同的渠道来获取赔偿。国际法允许国家通过多样的手段和平解决与使用武力有关的争端,包括谈判、协商、斡旋、调停、调查、和解、国际仲裁和国际诉讼等。历史经验表明这些手段在特定的背景下往往是能够有效地发挥作用的。考虑到国际刑事法院对侵略罪行使管辖权的苛刻条件[④],从实用主义角度讲,承认国家在法院的被害人地位对于保护被侵略国权益并无太多实质作用,有画蛇添足之嫌。而与此相反,侵略罪的个体被害人,如若得到承认,并不像国家那样拥有一个立体和完备的国际争端解决机制来对抗国家的非法使用武力。由于侵略罪的国内审判存在诸多法律和事实上的困难[⑤],对于很多个体被害人来说,国际刑事法院可能是他们寻求司法正义的唯一场所。鉴

---

① "Draft Code of Crimes Against the Peace and Security of Mankind", *Yearbook of the International Law Commission*, 1996, Vol. II(2), UN Doc. A/51/10, Article 16, Commentary, para 4.

② 参见《罗马规约》第8条之二第1款、第15条之二第9款和第15条之三第4款。

③ Dapo Akande & Antonios Tzanakopoulos, "The Crime of Aggression in the ICC and State Responsibility", *Harvard International Law Journal: Online Journal*, vol. 58 (Spring 2017), p. 34.

④ 参见《罗马规约》第15条之二和第15条之三。

⑤ 参见梁卓:《国际刑事法院对侵略罪行使管辖权问题研究》,中国政法大学硕士学位论文,2017年。

于国际刑事法院被害人赔偿制度极为有限的司法资源，同时考虑到战争赔偿的数额通常十分巨大，除非仅适用下一节提到的象征性赔偿，承认国家在国际刑事法院的被害人地位可能在实践中使案犯或被害人信托基金能够提供的资金从个体被害人转移或分散到国家上，如同珀布杰所说："在通过被害人信托基金用于赔偿的资源极为紧张的环境下，允许国家按照第72条第2款向被定罪者寻求赔偿对大量遭受灭绝种族罪、危害人类罪、战争罪和——终究——侵略罪的个体被害人是不利的。"[①]

因此，考虑到国际刑事法院的根本角色和功能及其转变的不合理性，为实现法院对被害人的恢复性司法目标[②]，法院应当尽可能避免对国家在法院诉讼程序中的地位进行任何进一步不必要的添附和强化，包括接受国家在法院成为(侵略罪的)被害人的可能。尽管在习惯国际法上，国家被长期当作是违反使用武力法固有的被害人，但是如果将这一传统机械地引入国际刑事法院系统则会面临水土不服的问题。这根源于侵略罪对国家行为与责任的关注和国际刑事法院作为一个刑事法庭的基本属性产生的碰撞。与个人的侵略罪被害人地位相比，承认国家为被害人将要求国际刑事法院现有的被害人法律制度以及公众形象经受与《罗马规约》起草者原意背道而驰的激烈转变，而这势必导致其成员国之间的分歧，招致政治上的阻力。事实上，国际刑事法院2016年的阿尔·马赫迪案(*Al Mahdi case*)已经暗示法院并不愿迈出承认国家为被害人的一步。在该案中，尽管被告坦陈他为"对他的家庭、他在廷巴克图的社区、他的国家以及国际社会造成的损失"感到悔恨[③]，法院在认定被害人的措辞上仍是小心翼翼地将"全马里的人民(people throughout Mali)"，而非作为一个国

---

① Erin Pobjie, "Victims of the Crime of Aggression", in Claus Kreß & Stefan Barriga (eds.), *The Crime of Aggression: A Commentary*, Cambridge: Cambridge University Press, 2017, p. 852.

② 国际刑事法院前院长宋相现曾在演讲中指出："《罗马规约》和国际刑事法院带来的是报应性(retributive)与恢复性(restorative)司法以及对未来犯罪的阻却。"参见"ICC President tells World Parliamentary Conference 'ICC brings retributive and restorative justice together with the prevention of future crimes'", ICC-CPI-20121211-PR860, 11 December 2012, https://www.icc-cpi.int/Pages/item.aspx?name=pr860.

③ ICC, *The Prosecutor v. Ahmad Al Faqi Al Mahdi*, Judgment and Sentence, ICC-01/12-01/15-171, Trial Chamber VIII, 27 September 2016, para. 103.

家的马里,归入被害人的序列。[①]

三、国际社会作为侵略罪的被害人

(一)有关国际社会被害人地位的新兴司法实践

在国际法上,将国际社会承认为国际犯罪的被害人来源于国际刑事法院新近的司法实践。在阿尔·马赫迪案中,被告被指控犯有《罗马规约》第8条第2项e款iv目下的攻击受保护物体的战争罪。[②]国际刑事法院在认定该案被害人的种类时判定,"毁坏受保护的建筑不仅影响犯罪的直接受害者,也就是廷巴克图的忠实教徒和居民,同时也影响遍布马里的人民和国际社会"[③]。这是国际刑法历史上国际社会第一次被一个国际刑事法庭承认为国际犯罪的被害人。[④]

国际刑事法院之所以得出这一结论,来源于该案中绝大多数遭受攻击和摧毁的物体都属于联合国教科文组织审核批准的世界文化遗产这一事实。[⑤]按照法院的意见,"世界文化遗产是一个最重要的范畴。一个物体被国际社会授予更大的利益反映出其更高的文化重要性和更高程度的国家关注与关心"[⑥]。"世界文化遗产的毁坏因此'传达出一种恐怖与无助的信息,它摧毁了部分人类共享的记忆与共同的意识';还导致人类不能向后代传递其价值和知识。这是一个否定人类的无可替代的损失。"[⑦]法院还引

---

① See ICC, *The Prosecutor v. Ahmad Al Faqi Al Mahdi*, Reparations Order, ICC-01/12-01/15-236, Trial Chamber VIII, 17 August 2017, para. 51.

② ICC, *The Prosecutor v. Ahmad Al Faqi Al Mahdi*, Judgment and Sentence, ICC-01/12-01/15-171, Trial Chamber VIII, 27 September 2016, para. 11.

③ ICC, *The Prosecutor v. Ahmad Al Faqi Al Mahdi*, Reparations Order, ICC-01/12-01/15-236, Trial Chamber VIII, 17 August 2017, para. 51.

④ Sophie Starrenburg, "Who is the Victim of Cultural Heritage Destruction? The Reparations Order in the case of the Prosecutor v Ahmad Al Faqi Al Mahdi", 25 August 2017, https://www.ejiltalk. org/who-is-the-victim-of-cultural-heritage-destruction-the-reparations-order-in-the-case-of-the-prosecutor-v-ahmad-al-faqi-al-mahdi/.

⑤ ICC, *The Prosecutor v. Ahmad Al Faqi Al Mahdi*, Judgment and Sentence, ICC-01/12-01/15-171, Trial Chamber VIII, 27 September 2016, para. 39.

⑥ ICC, *The Prosecutor v. Ahmad Al Faqi Al Mahdi*, Reparations Order, ICC-01/12-01/15-236, Trial Chamber VIII, 17 August 2017, para. 17.

⑦ ICC, *The Prosecutor v. Ahmad Al Faqi Al Mahdi*, Reparations Order, ICC-01/12-01/15-236, Trial Chamber VIII, 17 August 2017, para. 22.

用专家证人的证词补充道，遗址的摧毁在世界范围的公众舆论中引起了巨大反响，充分说明文化遗产是现代文化生活不可分割的一部分。[①]这些理由在后来的上诉阶段并未受到来自控辩双方的挑战。

（二）在《罗马规约》语境下国际社会的侵略罪被害人地位的确立

不过，国际刑事法院对国际社会战争罪被害人的承认能否类比适用于侵略罪？《罗马规约》序言和第 5 条将法院管辖权内的犯罪描述为"整个国际社会关注的最严重犯罪"。[②] 抽象来看，战争罪与侵略罪在严重程度上并不存在高下之分，它们"都影响到整个世界共同体的利益，因为他们威胁人类和平和安全、震撼人类良知"[③]。沙巴斯指出，所有这些可憎的罪行都应当被起诉，因为"全人类都是受害者"[④]。就侵略罪而言，其尤其威胁的是"国际和平或国家的和平共存"[⑤]这一国际法的至高价值；20 世纪以来几乎所有侵略行为都会成为国际社会和公共舆论关注的焦点；有学者甚至断言，"侵略战争显而易见地使全人类受到伤害"[⑥]。因此笔者认为，考虑到国际刑事法院作为目前代表国际社会对严重国际罪行行使管辖权的唯一常设国际刑事法庭，既然它已经认可国际社会能够成为战争罪的被害人，那么就没有理由拒绝国际社会成为侵略罪被害人的可能性。当然，国际社会在国际刑事法院的侵略罪案件中作为被害人需要满足《罗马规约》体系所设定的条件。

1.《程序和证据规则》中被害人定义的可适用性

尽管国际刑事法院已在司法判例中抽象认可了国际社会作为国际犯罪被害人的可能性，但是它没有对此结论与《罗马规约》体系的相符性提供

---

① ICC-01/12-01/15-T-5-Red-ENG, 23 August 2016, p. 61, lines 4-9.

② 参见《罗马规约》序言第 4 段、第 5 条。

③ M. Cherif Bassiouni, "International Crimes: Jus Cogens and Obligatio Erga Omnes", *Law and Contemporary Problems*, vol. 59, no. 4 (Autumn 1996), p. 69.

④ William A. Schabas, *An Introduction to the International Criminal Court*, Cambridge: Cambridge University Press, 4th edn., 2011, p. 90.

⑤ Astrid Reisinger Coracini & Pål Wrange, "The Specificity of the Crime of Aggression", in Claus Kreß & Stefan Barriga (eds.), *The Crime of Aggression: A Commentary*, Cambridge: Cambridge University Press, 2017, p. 319.

⑥ Marissa R. Brodney, "Accounting for Victim Constituencies and the Crime of Aggression: New Questions Facing the International Criminal Court", *Harvard International Law Journal: Online Journal*, vol. 58 (Spring 2017), p. 39.

任何说明。其实,承认国际社会作为被害人面临着与国家相同的问题,即国际社会是否符合现行《程序和证据规则》中的被害人定义。在前文提到的卢班加案判决中,国际刑事法院同样没有将国际社会列举为《程序和证据规则》规则 85(b)下"组织或机构"的一类。[①]在阿尔·马赫迪案中,法院重申了它在卢班加案中对"组织或机构"的解释[②],却没有解释国际社会作为被害人是如何符合这一概念的。法院似乎理所当然地认为国际社会与《程序和证据规则》规则 85(b)不存在冲突。但是,基于前文对术语"组织或机构"的文义解释,"组织或机构"在法律上是指"为共同目的而建立的人的团体",国际社会是否符合这一定义并非显而易见,取决于对"国际社会"这一概念本身的理解;而对于什么是"国际社会",学术界尚未达成一个较为统一的认识。[③]因此,国际刑事法院承认国际社会的被害人地位很明显要求它对《程序和证据规则》规则 85(b)作出更加详细和令人信服的解释。如若对"组织或机构"的文义解释无法涵盖国际社会,那么修正现行《程序和证据规则》可能也将成为必要。

此外,即使国际刑事法院认定无误,"组织或机构"足以包含国际社会,规则 85(b)仍对"组织或机构"在法院成为被害人设置了一个门槛,即"其专用于宗教、教育、艺术、科学或慈善事业的目的财产,其历史纪念物、医院和其他用于人道主义目的的地方和物体受到直接损害"[④]。回顾阿尔·马赫迪案,正是因为世界文化遗产这一人类所共同拥有的财富遭到攻击和破坏使法院确信国际社会作为一个整体遭受了直接损害。[⑤]世界文化遗产无疑是一种属于国际社会的历史纪念物,同样,国际社会在国际刑事法院作

---

① ICC, *The Prosecutor v. Thomas Lubanga Dyilo*, Decision Establishing the Principles and Procedures to be Applied to Reparations, ICC-01/04-01/06-2904, Trial Chamber I, 7 August 2012, para. 197.

② ICC, *The Prosecutor v. Ahmad Al Faqi Al Mahdi*, Reparations Order, ICC-01/12-01/15-236, Trial Chamber VIII, 17 August 2017, para. 41.

③ 有关学术界对"国际社会"的概念争议,参见 Christian J. Tams, "The 'International Community' as a Legal Concept", in Jean D'Aspremont & Sahib Singh (eds.), *Fundamental Concepts of International Law*, Cheltenham: Edward Elgar, 2018.

④ 《程序和证据规则》规则 85(b)。

⑤ ICC, *The Prosecutor v. Ahmad Al Faqi Al Mahdi*, Reparations Order, ICC-01/12-01/15-236, Trial Chamber VIII, 17 August 2017, para. 53.

为侵略罪的被害人也必须证明其所拥有的上述特定物体受到了侵略罪的直接损害;而且基于上文对因果关系的分析,这一损害不能是由侵略背景下的战争罪等其他不法行为引发的。例如,一国在对另一国实施侵略行为的过程中攻击了红十字国际委员会的设施或物资,则这一行为按照《罗马规约》将构成战争罪①,那么国际社会在该案件中将是战争罪而非侵略罪的被害人。

2. 国际社会的代表权问题

承认国际社会在国际刑事法院的被害人地位面临的另一个问题是:应当由谁代表国际社会具体参与法院的诉讼与赔偿程序?②与国家类似,国际社会作为一个抽象的实体,本身不能直接参与法院的活动而必须通过代表来实现此目的。但是与国家不同的是,国家的代表权问题在国际法上已经有了较为一致、清晰的法律规则③,而国际社会这个包罗万象的概念应当由谁来代表则尚无确定的规则。

普遍性国际组织,由于其概念"涵盖有着普遍性使命的组织且旨在吸收全体国家为其成员"④,可能是最适合作为国际社会代表的一类实体。1975 年《维也纳关于国家在其对普遍性国际组织关系上的代表权公约》将普遍性国际组织定义为"联合国、各个专门机构、国际原子能机构和任何类似的、其成员和责任具有全球性规模的组织"⑤。在阿尔·马赫迪案的赔偿命令中,国际刑事法院认为:"国际社会应当同样被给付象征性的一欧元,鉴于本案的特定性质,国际社会最好由联合国教科文组织来代表。"⑥

---

① 参见《罗马规约》第 8 条第 2 款 b 项 iii 目。

② 此处讨论的代表应当同《程序和证据规则》规则 90 中被害人可以"自由选择"的法律代理人(legal representatives)相区分。参见《程序和证据规则》规则 90(1)。例如,在阿尔·马赫迪案中,联合国教科文组织被认为在法庭上代表国际社会,但是却是以法庭之友的身份而非国际社会的法律代理人参与诉讼程序的。参见 ICC, *The Prosecutor v. Ahmad Al Faqi Al Mahdi*, Reparations Order, ICC-01/12-01/15-236, Trial Chamber VIII, 17 August 2017, para. 4.

③ Jean Salmon, "Representatives of States in International Relations", *Max Planck Encyclopedia of Public International Law*, August 2007.

④ Henry G. Schermers & Niels M. Blokker, *International Institutional Law*, Leiden, Boston: Martinus Nijhoff Publishers, 5th edn., 2011, p. 52.

⑤ 《维也纳关于国家在其对普遍性国际组织关系上的代表权公约》第 1 条第 2 款。

⑥ ICC, *The Prosecutor v. Ahmad Al Faqi Al Mahdi*, Reparations Order, ICC-01/12-01/15-236, Trial Chamber VIII, 17 August 2017, para. 107.

这意味着该案对国际社会的一欧元象征性赔偿将最终由联合国教科文组织接收。国际刑事法院“鉴于本案的特定性质”的措辞暗示国际社会的代表机构应当根据个案的不同性质来决定。联合国教科文组织的法律性质是一个联合国专门机构——由各国政府间协定所成立、负有广大国际责任、依据《联合国宪章》与联合国发生关系的国际组织。[①] 它的职能与阿尔·马赫迪案的案情联系密切,因为该案绝大多数遭受攻击和摧毁的物体都已被联合国教科文组织列入世界遗产名录中。[②]因此可以期待,国际刑事法院在未来以国际社会作为被害人的案件中将继续根据案件性质挑选适格的普遍性国际组织作为国际社会的代表参与法庭活动。

就侵略罪案件而言,由于该罪直接威胁到他国主权与国家间的和平共存,最适合代表国际社会的机构可能是根据《联合国宪章》具有“维持国际和平及安全之主要责任”[③]的联合国安理会。《联合国宪章》第七章授权安理会“断定任何和平之威胁、和平之破坏或侵略行为之是否存在”,并按照第 41 条与第 42 条采取武力或非武力措施,以维持或恢复国际和平及安全。[④] 而联合国建立以来的长期实践也表明安理会有能力代表国际社会应对国家间的非法使用武力。当然,除安理会之外,联合国大会等机关在维护国际和平与安全方面也扮演着一定的角色。正如国际法院在某些经费案(*Certain Expenses case*)中认定的那样,安理会“被授予的责任是‘主要’的而不是独有的……大会也与国家和平与安全有着联系”[⑤]。相应地,当考虑侵略罪案件中的国际社会代表权问题时,国际刑事法院将可能在包括安理会和大会在内的国际组织机关中作出选择。

总之,国际刑事法院最近对国际社会在法院的被害人地位的承认可被视作国际刑法理论发展的一块里程碑,同时也表明不同类型的被害人实体可以融洽地共存于同一起案件中。当然,国际社会作为被害人无论在实体

---

① 参见《联合国宪章》第 57 条第 1 款。

② ICC, *The Prosecutor v. Ahmad Al Faqi Al Mahdi*, Judgment and Sentence, ICC-01/12-01/15-171, Trial Chamber VIII, 27 September 2016, para. 39.

③ 《联合国宪章》第 24 条第 1 款。

④ 参见《联合国宪章》第 39 条。

⑤ *Certain Expenses of the United Nations* (Article 17, paragraph 2, of the Charter), Advisory Opinion of 20 July 1962, I. C. J. Reports 1962, p. 163.

还是程序方面都尚无完备的规则，而这都有待于对这一基本出发点持肯定立场的国际刑事法院进行进一步的发展。

四、结　论

尽管习惯国际法上的侵略罪被害人并不难以识别，但是在《罗马规约》语境下界定侵略罪的被害人却并非易事。这是因为国际刑事法院总是不得不考虑到自身作为一个国际刑事法庭的属性。这一问题的复杂性反映了国际刑事法院解决个人刑事责任的基本角色与影响国家主权和世界和平的侵略罪之间的紧张关系。相应地，缓解这种紧张关系要么需要国际刑事法院逐步转变自身角色，更加强调对国家权利义务的关注，要么要求侵略罪更加以个人为中心，进一步提升个人在使用武力法上的法律地位。笔者认为，由于要求国际刑事法院进行角色转变缺乏必要性和合理性，因此后者可能是更好的做法。

关于国际刑事法院应当如何在即将开始的侵略罪管辖活动中界定该罪的被害人，笔者的主张可以总结为三点：首先，国际刑事法院应当承认个人的侵略罪被害人地位，并在同时发展出一套评估损害与侵略罪间因果关系的标准以便决定哪些个人可以被认定为被害人，但其中应当排除在侵略罪持续过程中遭受侵略罪以外的其他非法行为所致损害的个人。其次，考虑到现阶段关于平衡国家参与及个体被害人权益的研究还不够成熟，国际刑事法院目前不应当承认国家的侵略罪被害人地位。最后，国际刑事法院可以明确国际社会的侵略罪被害人地位，但同时需要通过法律解释或法律续造逐步完善国际社会作为侵略罪被害人的理论及其参与诉讼和赔偿制度的程序规则。这三点结论看似正好与习惯国际法的现状大相径庭，但却可能是国际刑事法院在尽可能保存其原初目的和宗旨的前提下有效审理侵略罪案件而应当采取的做法。

主权与法治的彼此塑造与共同危机

——基于《英宪精义》的解读

熊林曼*

摘要 主权与法治的竞争性阐释是研究英国宪法的核心。戴雪承继了奥斯丁的形式主义分析方法，对英国宪法作出系统的分类整理，试图更明晰地解释英国的政治实践。主权与法治的相互协调，共同保障了人民的权利与自由，是英国政治社会良好运行的关键。通过与法国行政法的比较研究，戴雪表达了对行政集权危害英国自由主义政治实践的担忧；而当时的社会主义和民主化浪潮对议会的结构性影响，则可能造成个人私见、党派利益等侵害公共利益的严重后果，以至于戴雪只有在“一战”这种“非常时刻”才能看到重建社会团结与民族精神的希望。对戴雪的研究，不仅应该回到戴雪提出的答案，更应该回到戴雪面临的问题。

关键词 议会主权；法律主治；行政法；公共利益

一直以来，普通法与主权之间的关系都是研究英国宪法[①]所绕不开的根本命题。柯克坚持捍卫技艺理性的尊严而拒绝国王亲自审理案件的要

---

* 熊林曼，女，北京航空航天大学法学院宪法与行政法专业博士研究生，研究方向为英国公法。

① 英国作为政治统一体的存在很少受到严肃质疑，但其普通法与主权理论之间的复杂关系使得英国政治思想及实践的研究者面临极大困难。

求,早已成为法律人所共享的神话。[①] 霍布斯试图挑战这个神话,在其《哲学家与英格兰法律家的对话》一书中,他以柯克为对象,严厉批评普通法人为理性下的法官造法,指出国王才是最高的和唯一的立法者与司法者,使法律具有效力的是其背后的国家权力。[②] 其后,大法官马修·黑尔撰文回应霍布斯,坚持捍卫了普通法的实践理性与法律对王权的限制。从柯克与詹姆斯一世的对峙,到霍布斯与黑尔的对话,主权与法治的竞争性阐释在英国不断出现,也与英国宪政实践有着极为密切的关系。

就主权而言,光荣革命后,英国逐渐确立一种相对稳定的宪政秩序,议会主权取代君主主权,成为英国宪政的关键要素,而这又和民主化进程紧紧联系在一起。然而,民主化的过快推进可能会造成国家有机体中“头”的意义被忽略,进而造成国家有机体的不协调,甚至是行动能力的丧失。[③] 就法治而言,宰制17世纪英国绅士阶层的普通法心智遇到了霍布斯在政治哲学层面主权理论的挑战,边沁、奥斯丁的实证主义分析法学亦跟随霍布斯的步伐强调国家权力是法律约束力的来源。1765年,布莱克斯通在《英国法释义》中对散乱的普通法进行了系统而全面的整理,阐述了议会主权这一在当时已经是“政治常识”的原则。奥斯丁在《法理学的范围》一书中区别实际存在的由人制定的法与其他社会现象,廓清法律科学的范围,扫除含混的无关概念。在奥斯丁的引领下,实证主义法学思想发展势头十分强劲。

在这种思潮的影响下,戴雪将形式主义分析方法运用于公法领域,其《英宪精义》一书延续了布莱克斯通对英国议会主权的阐释与普通法宪政的传统,令人信服地作出对英国宪法三项基本原则的经典阐发,同时,戴雪亦面临着如何在民主化进程中维护政治有机体协调与团结的经典问题。与此同时,戴雪作为“正统宪法理论的大祭司,其方法的形式和实质都迅速

---

① 关于该故事的具体叙述,可以参见贺卫方:《司法的理念与制度》,中国政法大学出版社1998年版,第247～249页。实际上该故事在诸多细节上仍然缺乏史料的严格证明,但丝毫无损于该故事的象征意义。参见于明:《法律传统、国家形态与法理学谱系——重读柯克法官与詹姆斯国王的故事》,《法制与社会发展》2007年第2期。

② 参见[英]托马斯·霍布斯:《哲学家与英格兰法律家的对话》,姚中秋译,上海三联书店2006年版,第10、20～21页。

③ 参见[德]恩内斯特·康托洛维茨:《国王的两个身体》,徐震宇译,华东师范大学出版社2014年版,第437页。

获得了权威地位"[①],其宪政思想形塑了英国公法理论的主流传统,后世学者对英国宪法的研究大都从对戴雪思想的评价与反思做起。本文以《英宪精义》为分析对象,致力于说明戴雪为阐述英国宪法所作出的努力,并试图指出戴雪如何为英国主权与法治这一聚讼纷纭的命题开启新的解释路径。但实际上戴雪并未简单停留于此,在其前后三十年(1885～1914 年)的思想嬗变更为深刻地提出了现代政治社会所面临的根本危机。

一、戴雪的超越:"秩序与光明的世界"

戴雪在《英宪精义》中测定了英国宪法的含义与范围,并确立自己的研究方法。戴雪对于英国宪法是否是法律这一问题并未直接给出答案,而是给英宪下了一个定义:"包含所有直接或间接地关联国家的主权权力的运用及支配之一切规则。"[②]戴雪清晰界定了宪法的研究方法,指出:"英国法教授……的职责在于阐明构成宪法组成部分的法律,界定它们的概念以及相互之间的区别,并且在可能的范围内阐明这些规则之间的逻辑关系。"[③]这一定义方法直接决定了《英宪精义》全书的布局与框架。在这里,戴雪试图超越传统的研究方法,努力作出一种研究路径的转向与整合。

(一)缺失或偏执:现有研究的不适恰

18 世纪末的英国人民有着尊敬英国宪法的特殊情感,在他们心中英国宪法根源于英吉利人民的政治天性,并不是一种人为创设的政治制度。它的起源被赋上了一种神秘主义的色彩,现实政治的每一次进步都被看成对远古智慧的一次回溯。[④] 这种典型的本土化辉格党的思想,怀着对古老

---

① [英]马丁·洛克林:《公法与政治理论》,郑戈译,商务印书馆 2002 年版,第 197 页。

② [英]戴雪:《英宪精义》,雷宾南译,中国法制出版社 2017 年版,第 112 页。戴雪在这里用了"规则"而非"法律",是因为在戴雪的理解下英国宪法包括两个部分:一为严格意义上的法律,无论是成文或者不成文,可执行于法院的法律;另一部分为约束主权权力各个要素的行为的习惯或通例,称之为"宪法惯例"或"宪德"。这一部分并非法律,不可直接执行于法院,但其效力来源与法律有很大关联。

③ A. V. Dicey, *An Introduction to the Study of the Law of the Constitution*, 8th ed., London: Macmillan, 1915, p. 31.

④ 戴雪引用了哈勒姆在《中世纪》一书中的论断:"秩序与自由所有轧轹状况论,英吉利人民最善于调和,使得以融洽无间此类优越利益并不来自本岛的天时,亦不来自本岛的地利,惟来自国内法律的精神。"[英]戴雪:《英宪精义》,雷宾南译,中国法制出版社 2017 年版,第 94 页。

宪制的浪漫想象和骄傲敬畏，沿袭了17世纪以来以柯克和黑尔为代表的普通法心智。[①] 戴雪借此指出，研究英宪所应抱持的态度不是批评嘲讽或敬畏膜拜，而是深入地理解和阐释。[②]

现有的关于英国宪法的研究多由法学家、史学家和政治学家进行，却不免存在各自的局限性。以布莱克斯通为代表的法学家"囿于法律形式而缺乏正确内容"，戴雪对此提供了一个例证：布莱克斯通认为英格兰执政统属于一人即君主的论述不符合英格兰的实际政治生活，内阁在实际上握有国家行政大权。以哈勒姆、费里曼等为代表的史学家过于强调古代宪法观念的古董主义，英国宪法被界定为没有开端的习惯与不理性的存在，这一批评戴雪在全书的开头已经有所触及，由此区隔立宪史学者与宪法学者的研究范围，前者可以侧重于宪法的来源，后者虽然不能忽视历史与法律间的关系，但是应以宪法本身讲起。以白芝浩与赫恩为代表的政治理论家墨守成规，注重政治惯例或通例，却远离宪法的研究对象，不能解释惯例受到"严谨地遵循的缘故"。[③]

囿于英国宪法缺乏严谨严密的内容和体系，研究困难自然多于对成文宪法典的研究。为了对宪法作出更为圆融和综合的解释，戴雪在分析方法与实体内容两方面作出超越。

（二）方法转向：形式主义分析的引入

第一个层面的超越在于戴雪将奥斯丁式的形式主义分析方法引入对英国宪法的研究之中。与传统的普通法心智不同的是，戴雪的公法学说并非寄托于宪法的古老性；而是通过形式分析方法，以一种立法科学的态度

---

① 普通法心智形塑了17世纪英格兰人的智识结构，他们认为"普通法是不可追忆的习惯，它没有立法者"，在一个封闭与独立的历史环境中，"在一个没有开端的过程中，立足于本民族的过去"而存在。即使是威廉一世的征服也没有切断普通法与古老的宪法神话之间的连续性，威廉一世并"不是征服者，而是依赖古代法律主张王位的人"。关于普通法心智与古代宪法的神话之间的联系的研究，可以参考[英]J. G. A. 波考克：《古代宪法与封建法》，翟小波译，译林出版社2014年版，第30～55页；泮伟江：《一个普通法的故事——英格兰政体的奥秘》，广西师范大学出版社2015年版，第129～155页。另外，对普通法心智下的历史观的质疑，以及普通法与欧洲大陆封建法的关系的研究，可以参考[英]梅特兰：《英格兰宪政史》，李红海译，中国政法大学出版社2010年版，第162～176、191～194页；[比]R. C. 范·卡内冈：《英国普通法的诞生》，李红海译，商务印书馆2017年版，第135～169页。

② 参见[英]戴雪：《英宪精义》，雷宾南译，中国法制出版社2017年版，第95页。

③ 参见[英]戴雪：《英宪精义》，雷宾南译，中国法制出版社2017年版，第94～110页。

将宪法进行分类归纳。

戴雪这一贡献为后世的英国法学研究与教育留下了浓墨重彩的一笔。在法学研究上，戴雪以法律人的身份，划定自身的研究范围，将自然科学的研究规则类比到法律研究，将反理性主义的普通法改造成内部协调的统一体，将“混沌而黑暗”的王国变成“秩序和光明”的世界。但形式主义的分析方法是骨骼，英国宪法的精神内核仍延续了普通法对个人自由的保护和对专断权力的排斥，这一点在戴雪之后论述的法律主治的基本原则中体现得尤其明显。洛克林在论述分析方法与普通法之间的关系时提出了类似的洞见，“19世纪法学教科书中的法典化维度是一项按照普通法心智的想象来重构法典化课题的尝试”，“教科书的首要目标似乎是引导读者深入到普通法的‘人为理性’之堂奥，领略其中的美与复杂”。[①] 在法学教育上，在戴雪的影响下，19世纪中后期至20世纪早期的英国法律教育的改革使得法律成为一门独立的学科，得以在大学教授，而不是只能以琐碎的知识形态附着于律师会馆之下。针对这一点，休格曼精准地评价道：“一些法学家，尤其是奥斯丁、梅因、戴雪和波洛克，对法律和国家施加空前强大的影响力。法律能够成为一门可以进行学术研究的专业……这段时期是英国法律学术的真正古典或黄金时代。也正是在这段时期，那些学术法律人与法院一道，彻底重构了英国法的形式与内容，他们是现代法的真正编纂者。”[②]

(三)内容整合：惯例与法律的关系之测定

第二个层面的超越是明确法律与惯例之间的逻辑关系，这集中体现在对宪法中的宪法性法律(law of the constitution)和宪法惯例(conventions of the constitution)的测定。

在奥斯丁的影响下，戴雪认为对宪法的研究应该集中于对法律的研究，这也是戴雪引入形式主义分析方法的动因，作为政治道德的宪法惯例自然不是英国宪法的研究重点。然而宪法惯例在英国政治运行中的重要作用不可忽视，这恰恰是白芝浩的关注焦点之一。戴雪将奥斯丁与白芝浩的研究方法作了一个综合，认为法学家应该将视野扩充到宪法惯例与宪法

---

① 参见[英]马丁·洛克林：《公法与政治理论》，郑戈译，商务印书馆2002年版，第68页。

② 转引自何永红：《戴雪宪法理论研究》，知识产权出版社2015年版，第28页。

性法律的关系上。[①] 一方面，戴雪清楚地认识到法律与现实之间的差距，他试图克服法律形式主义的弊病，指出宪法惯例在英国宪政中的作用：宪法惯例与法律几乎有同等效力，有遵守的必要，宪法惯例起着弥合理论与现实的缝隙的作用。宪法惯例的价值正是在于使法律主权（即王在议会）与政治主权（即选民的大多数或民族意志）保持一致。戴雪以元首或阁臣运用特权解散议会的宪法惯例为例，证明宪法惯例应为"主权在民"的原则服务。当法律主权与政治主权不一致时，特权可以直接诉诸民意。[②] 另一方面，戴雪努力将含混游移、道德性强的惯例予以清晰化，指出宪法惯例效力的来源不是两院的弹劾权或者无强制执行力的公共道德的力量，而是法律的力量。由此戴雪将法律主治的原则贯彻于宪法惯例之中，将白芝浩对宪法惯例的关注拉回到法律主治的框架之中。违反宪法惯例的行为最终会与宪法性法律相违背，受到法院的裁判。[③]

在戴雪之前，奥斯丁已经对法律的概念进行严格限定，这一限定是对主权的有力捍卫。奥斯丁清楚地认识到法理学科学中充满着种种模糊和谬误，因此他将对"法"的讨论限制在具有命令性质的法的范围之内。[④] 这告诉我们，形式主义的精确性与主权的权威性有着天然的亲和性。奥斯丁的方法把法学家的领地限定在解释、分析和排序的范围内，戴雪认真地履行了这一法学家的角色。[⑤] 在建立独立法律科学的伟大事业中，戴雪继承了奥斯丁的使命，用形式主义方法对法学家、史学家和政治理论家的研究方法进行了某种提取、吸收与转化。

但是，戴雪并没有停留于此，戴雪深知纯粹的形式主义分析方法与普通法传统之间无异于方凿圆枘，对于宪法惯例的讨论则集中体现了他试图弥合分类图示与政治实践的鸿沟。普通法由于"缺乏某种权威的形式，是

---

① 关于"宪法性法律"和"宪法惯例"之间的区分，参见何永红：《戴雪宪法理论研究》，知识产权出版社2015年版，第123～126页。

② 参见[英]戴雪：《英宪精义》，雷宾南译，中国法制出版社2017年版，第469～476、568页。

③ 参见[英]戴雪：《英宪精义》，雷宾南译，中国法制出版社2017年版，第482～483页。戴雪在此以议会的拒绝通过权来说明一旦内阁违反宪法惯例，议会可以拒绝通过陆军方案、财税法案等方法来控制内阁守宪，一旦内阁违反惯例就会触犯法律。

④ 奥斯丁对"法"的严格限定，参见[英]奥斯丁：《法理学的范围》，刘星译，中国法制出版社2002年版，第13～41页。

⑤ 参见[英]马丁·洛克林：《公法与政治理论》，郑戈译，商务印书馆2002年版，第33页。

英国法律制度一种独特因而也确实难以理解的属性”,“普通法从中——从审判室和审判中——产生的那种‘极好的隔离状态’既是它的荣耀,又是它最为显著的弱点的成因”。荣耀在于它并不与“权威性命令”结合而展现出的独立与生命力,荣耀的背面是它的弱点:不可知且不定型。[①] 究竟戴雪是如何将稳固的形式主义方法与流动的宪政传统综合,又如何将权威性的主权与缺乏权威形式的普通法融合,我们需要进一步探究议会主权与法律主治的关系。

二、议会主权的驯化:法治与主权的融合

在韦伯法律进化图景中,法律由实质非理性向形式理性发展。但是在这个理想化过程中,理性化与自由存在着紧张关系,人不可避免地陷入权力和理性所筑牢的铁笼里面无法自拔。英国法的发展轨迹并非朝着形式理性而发展,但是英国法不可忽略的地位与作用又让韦伯陷入深深的反思。[②] 法治与主权的统一是否忽略了对自由的关怀,戴雪与奥斯丁在方法上的承继关系让其不得不接受可能的质疑。

(一)改造传统:政治主权与法律主权的区分

不同于韦伯作为“他者”对于英国法治道路的观察,戴雪对英国的主权和法治的阐释带着对民族的深切感情。戴雪承继奥斯丁的主权观,议会主权并无法律所允许的限制。但是戴雪同样认为,与其他主权权力对比,英国的议会主权最能容纳法律主治。[③] 法律主治在戴雪看来存在着极强的普通法的实践经验色彩,自由是宪法的渊源而非结果,强调法律主治与维

---

① 参见[美]卡尔文·伍达德:《布莱克斯通与英美法理学》,张志铭译,《南京大学法律评论》1996年第2辑。

② 韦伯认为,英国法无论在形式还是实质上都未能呈现出较高的理性化,普通法中充斥着“卡迪司法”的痕迹。普通法所体现的治理实践与司法理性与霍布斯、边沁与奥斯丁等自然法哲学家和法律实证主义者主张的立法理性与主权理论不相符合。关于韦伯社会理论中“英国法问题”的讨论,可以参见李猛编:《韦伯:法律与价值》,上海人民出版社2001年版;泮伟江:《一个普通法的故事——英格兰政体的奥秘》,广西师范大学出版社2015年版,第74~107页。楚贝克(Trubek)曾经作过经典的阐述,参见 Trubek D. M., Max Weber on Law and the Rise of Capitalism. Wis. l. rev, 1972,中文版见[美]大卫·M.楚贝克:《马克斯·韦伯论法律与资本主义的兴起》,时飞译,2018年4月25日,http://dzl.ias.fudan.edu.cn/MasterArticle.aspx? ID=9154。

③ 参见[英]戴雪:《英宪精义》,雷宾南译,中国法制出版社2017年版,第149~170、468页。

护人民自由是一个硬币的两面。"政体的生成与人民的生活有密切关系,英宪非一次立法所制定,是千百年来法院替私人权利力争而得到的结果。"[①]对议会主权和法律主治的调和是戴雪需要完成的巨大难题。洛克林对戴雪的努力进行了精当的评价,他认为戴雪在支持权威与法律的时候混合了传统与理性、人为理性与意志、霍布斯与柯克、现代制度形式与古代宪法文化。[②]

个人为了自我保存需要一个永久性的主权权力的存在,强大的利维坦保护着共同体中的每一个人,租税则是必要的代价。[③] 奥斯丁延续了霍布斯的主权传统,他将主权寄托于君主、贵族议员以及下议院的选举团。戴雪并不否认主权理论符合英国历史和现实的特殊情状,"除将男人变成女人又将女人变成男人外,议会无一事不能为。这是英国法学家所共同主张的基本原理"[④]。议会主权既是从政治哲学理论中抽象演绎而来,又符合英国现实的政治经验。布莱克斯通、柯克、狄龙等许多先贤都曾论及议会主权。议会本身享有至尊的立法权威,又无竞争性的立法权力的存在,君主特权、选民投票或者法官造法都不能推翻这一法律事实。但是戴雪质疑奥斯丁混用主权的政治概念与法律概念的做法。戴雪将主权者区分为政治主权者与法律主权者,前者是选民的大多数或者民族,后者则是上议院、下议院与君主,两者虽然相互关联,但完全不同。[⑤] 戴雪在此作出的区分是对传统主权理论的改造,划出了相对独立与相对封闭的法律领域,承继了普通法宪政的传统,议会主权的至尊地位和法院系统内的司法逻辑得到了保证,"法律事实的存在是立法及司法系统的基石"[⑥]。融合法律领域的

---

① [英]戴雪:《英宪精义》,雷宾南译,中国法制出版社 2017 年版,第 262 页。

② 参见[英]马丁·洛克林:《公法与政治理论》,郑戈译,商务印书馆 2002 年版,第 33、215 页。

③ 霍布斯关于望远镜和显微镜的比喻集中体现了主权的重要性,参见[英]霍布斯:《利维坦》,黎思复、黎廷弼译,商务印书馆 1985 年版,第 141～142 页。

④ [英]戴雪:《英宪精义》,雷宾南译,中国法制出版社 2017 年版,第 132 页。

⑤ 参见[英]戴雪:《英宪精义》,雷宾南译,中国法制出版社 2017 年版,第 158～162 页。

⑥ [英]戴雪:《英宪精义》,雷宾南译,中国法制出版社 2017 年版,第 161 页。

封闭与开放,是法律主治得以贯彻的前提。[①] 借助政治主权者与法律主权者的区分,戴雪解释了七年议会法案存在的合理性以及法院为何不顾选民意志而执行法案的原因。[②]

(二)议会主权的内部限制与外部限制

戴雪同样意识到了议会主权并非万能,而受制于种种限制,可分为内部限制与外部限制。内部限制缘起于主权权力的本质,受制于主权者品性,而主权者的品性又受制于当时当地所有道德情感。议会主权的外部限制在于大众反抗的可能性或者说是公共舆论。戴雪认为代议民主的使命正是让外部限制与内部限制保持一致,而其中的关键是下议院在长久期间能使得自身意愿与选民意愿保持一致。[③]

然而,主权者品性可能出现变动,白芝浩以"32 年前的人突然消失了"来描述缓慢的议会议员的代际过渡对整个议会的"政治精神"带来的巨变。[④] 大众的反抗更是难以界定,大众在何时会反抗,反抗到什么程度,这都是未知数。所以,这两种限制看似并不是对主权者的真正限制,但是联系到戴雪所理解的议会是普通法文化价值下的议会,就会理解两种限制的功用。戴雪指明自 1832 年《改革法案》以来,政治权力由贵族转移秉持着边沁功利主义信念的中产阶级。[⑤] 戴雪对于议会品性的基本认知也就是建立在中产阶级个人化的理性情感之上。洛克林指出,"通过根据古代宪

---

① 戴雪在这里做的工作实际上类似于普通法心智下普通法学家的工作,一方面通过封闭的程序传承和丰富"不可追"的普通法的理性技艺,保持系统内的连贯性(在戴雪那里议会本身拥有最高的立法权力,同时也是高等法院),从而实现法律系统自身逻辑的自足与相对独立;另一方面通过开放的法律技术,发展普通人的实践权利(普通法在戴雪的法律主治中占有相当大的比例,政治主权与法律主权也有着密切的联系),实现法律的再生产。有学者尝试用卢曼的系统论去理解普通法心智的存在,具有相当大的参考价值。参见李猛编:《韦伯:法律与价值》,上海人民出版社 2001 年版;泮伟江:《一个普通法的故事——英格兰政体的奥秘》,广西师范大学出版社 2015 年版,第 129～155 页。

② 七年议会法案是议会为了防止雅各党人恢复詹姆斯第三的王位以及继续实施辉格党的民权政策,通过法案将选举期限由 3 年一次改为 7 年一次,借此延长自身会期。戴雪认为这一做法正体现了议会在法律上拥有国家的主权立法的权力。此举是议会依据宪法而运用立法的至高权力,说明议会本身"不是选民代理人,也不是选举团的委办会"。参见[英]戴雪:《英宪精义》,雷宾南译,中国法制出版社 2017 年版,第 34～140 页。

③ 参见[英]戴雪:《英宪精义》,雷宾南译,中国法制出版社 2017 年版,第 166～170 页。

④ 参见[英]沃尔特·白芝浩:《英国宪法》,商务印书馆 2009 年版,第 7～9 页。

⑤ 参见[英]戴雪:《19 世纪英国的法律与公共舆论》,戴鹏飞译,上海人民出版社 2014 年版,第 125～169 页。

法概念来解释戴雪的全部理论”，由此洛克林引用施克拉在古代宪法观念中纳入了政治结构中的“中产阶级温和派”的概念的论断，说明“议会作为最大和最高的法院”，“渗透着古代法治观念之文化价值的那种法律秩序中的一个关键因素”。[①] 所以，将戴雪的议会主权论放入普通法语境下进行思考，才能理解议会主权与法律主治如何兼容。

戴雪分别从议会主权和法治出发，论证了二者的相互补足。从议会主权角度来看，议会是以法律精神来行使主权的。议会主权的行使需要君主、上议院与下议院三者统一行动，按照一定程序，以法案形式发布，议会主权保障审判者独立。议会统而不治，其对行政权的提防以及对代表特别权力与特别利益的行政法的抵触，暗合了法律主治对专断权力的排斥。从法律主治角度来看，随着社会事务日益增多，行政裁决权力在英国确有存在的必要，议会运用主权权力发布赦免法案，将政府为了国家管理而不得已进行的非法行动合法化，结合了英格兰守法的政治美德与运用行政裁决权的需要。但赦免法案的性质仍是法律本身，是议会行使法律主权的产物，它的出台需符合对议会的立法形式与品性等形式与实质的限制，并且法案的实际效用受制于法官对法律文本的解释而非立法者的原初意旨，所以其不同于戒严法与军事戒备时期的宣告。法案的出台意味着立法者（法律主权者）的隐退和审判者的登台，这无形中提高了审判者的地位。审判员的解释融合了普通法的原理，可以对违反普通法的法案作出不符合议会立法意旨的解释。[②]

综上所述，一方面，议会本身的品性决定着其并不会有滥用权力的危险。自从议会主权取代君主主权，主权者意志与民意渐趋一致，下院中的大多数必能代替全国人民的大多数，关切国民的利益。另一方面，在戴雪看来，议会主权与法律主治相互扶持和相互强化。“议会主权运行所至，必归宿于法律主治，而法律主治不特要求议会出而运用主权，而且要求议会的主权以法律精神而运用。”[③]所谓的法律精神，实则是普通法的精神，议

---

① 施克拉认为古代法治观念是理性之治，通常其中的中产阶级中的温和派能劝说他人践行一定程度的自我约束，并且维持最适合于本政体的伦理结构的法律秩序，从而防止权力滥用。参见［英］马丁·洛克林：《公法与政治理论》，郑戈译，商务印书馆 2002 年版，第 210～214 页。

② 参见［英］戴雪：《英宪精义》，雷宾南译，中国法制出版社 2017 年版，第 449～455 页。

③ ［英］戴雪：《英宪精义》，雷宾南译，中国法制出版社 2017 年版，第 449～455 页。

会主权发挥的作用需要受制于法院对法律按照普通法的原理进行解释,而议会本身作为高等法院,在戴雪看来也必然浸透着普通法的价值。可以说,“普通法将议会的主权权力驯服了”①。

三、法律主治的挑战:行政法与行政集权

在戴雪看来,法律主治是英国政治制度的显著特性,通过引用托克维尔对英国制度和瑞士制度的对比,戴雪指出,法律主治虽然区别于自治、秩序等其他政治心理,但与平等、民主政治、个人自由有着密切联系。法律主治意味着免于专断、法律平等以及普通法院的管辖。在戴雪看来,行政集权与法律主治的精神背道而驰,行政集权的扩张威胁着个人自由与公民美德,行政裁判所的存在又损害了法院的管辖权。

(一)法律主治:对自由的保障

戴雪对法治的研究并未停留在实证主义传统:一方面,法治也不等同于一套形式化命令的集合,而与古老的英国法律运行实践联系紧密,这一点可以通过上文对宪法性法律和宪法惯例的讨论得到证明;另一方面,法治并不只意味着一套从上而下的强力规制,相反,对人民的自由权利的保障才是其内在价值所在。

在戴雪笔下,法律主治包括三个方面的含义:其一,法治意味着不存在专断权力。法律主治的传统与专断裁决不相容。当政府中有一人或多人能行使极大的裁决权时,可不依法律的而依自己的意志判断是非曲直,个人的自由就很可能受到侵害。其二,法律主治意味着法律平等,所有人(无论是私身份还是公身份)均受制于普通法律的规范之下而且受裁于普通法院的管辖之内。这一点主要是针对行政法而言的。行政法的核心内核是确立了不同于私人与私人之间平等的权利义务关系的个人与行政机关之间的关系,不受普通法院管辖,而由专门的行政法院进行裁决。其三,宪法通例形成于普通法院的判决。英国宪法通常原理起源于司法判决,而司法判决又因个人权利的争讼而发生。权利本身与强行权利的救济方法在英国宪法中常常不可分离,相应地,由成文宪法保障的权利可以以法律废止,

---

① 何永红:《戴雪宪法理论研究》,知识产权出版社2015年版,第61页。

而在英国宪法中，权利内化于法律之中，构成宪法的一部分，除非发生革命，否则权利不会破灭。[①] 综上，法律主治意味着告别武断，所有人平等接受普通法院的管辖，权利在实践中得以稳定。戴雪认为，坚持法律主治应直到法律领域的边界为止，戒严状态和行政法的讨论则集中体现了戴雪的坚持。

在对戒严状态的讨论中，戴雪用人人固有的普通法权利而非主权者的决断论证了戒严状态下的非常权力的存在，并指出普通法权利是法律主治的主要成分，而法律主治是英格兰制度的主要特征，从而将紧急状态下的权力进行合法化论证。戴雪所言的戒严法有两层含义：第一层含义是政府或国民在紧急状态下为了维护公共秩序而采取武力行动的普通法上的权利；第二层含义是一国或一地方全受制于军事裁判机关，对个人权利保障的普通法律和普通法院的效力被终止[②]，代之以特别法庭和专断威权。在英国并不存在第二层含义上的戒严法。紧急状态是否存在受制于秩序恢复后法院的判断。每个人无论是公身份还是私身份，都有权利也有义务去维护国家的和平，虽然使用武力的时机或程度并不严格拘泥于法律条文，而是取决于实际需要[③]，但同样应该因过度行为或不负责行为而受裁于法院。这种实际需要是为了维护君主和平，这是戒严状态下行使法外权力（非常权力）的法律依据。维护君主和平的正是亨利二世司法改革扩张王室法院管辖权，进而逐渐发展出普通法的缘由。

（二）行政集权与行政法的扩张

对于行政法的讨论则更为清晰地展现了戴雪对于所有公民平等居于法律主治之下的坚持。戴雪回溯了行政法从 19 世纪到 20 世纪在法国的产生与发展。行政法的产生渊源于拿破仑对古代专制独裁制度的改造，迎合了法国人民尊重政府权威的传统，融合进革命时代人民排斥司法干涉行政的革命心理。[④] 这一论断受启发于托克维尔在《旧制度与大革命》中揭示的君主制与法国大革命后的中央集权之间的内在联系。法国大革命既

---

① 参见［英］戴雪：《英宪精义》，雷宾南译，中国法制出版社 2017 年版，第 254～267 页。
② 参见［英］戴雪：《英宪精义》，雷宾南译，中国法制出版社 2017 年版，第 354 页。
③ 参见［英］戴雪：《英宪精义》，雷宾南译，中国法制出版社 2017 年版，第 607～629 页。
④ 参见［英］戴雪：《英宪精义》，雷宾南译，中国法制出版社 2017 年版，第 393～395 页。

是一场反对君主专制的共和革命,又把法国的政治集权和行政集权①推向一个新的高度。在此背景下,行政法的产生基于两种考量:一方面以维护公共利益为前驱,实现对个人权利的国家保障;另一方面维护官员特权,以公务行动免除官员个人的责任,塑造集权国家。“一个倾向于自由,一个倾向于专制。”②但是行政法与行政集权的不断扩大相伴而生,民主浪潮下的身份平等造就的弱小个人容易受到柔性专制的侵害。戴雪引用了托克维尔的论述来说明行政法所造成的对自由的损害与公民精神的丧失:

> 确实,我们已将司法权逐出行政领域,旧制度将它留在这个领域是非常不妥当的;但是与此同时,正如人们所见,政府不断介入司法的天然领域,而我们听之任之。其实权力的混乱在这两个方面同样危险,甚至后者更危险;因为法庭干预政府只对案件有害,而政府干预法庭则使人们堕落,使他们变得兼有革命性和奴性。③

虽然戴雪也承认行政法逐渐从行政权中独立出来脱离专制武断,以类似于普通法法官造法的方式,形成一种相对稳定的法律体系,指出托克维尔并未意识到行政法的司法化;但是戴雪仍然坚持捍卫英国法律主治的尊严,并不认可保护特殊利益的行政法。在以守法精神为荣的英国,尊重法律意味着对法院的信仰。行政权力的扩大或减小都是要按照普通法的原理运行,所有的关系都受制于普通法院的管辖。令人感叹的是,戴雪并未就此指责法国的法治实践,而是十分克制地认为英国的法律主治和法国的行政法各有优缺点,总归来说,都是符合本国的历史传统和民族精神。实际上,戴雪是在借由法国行政法提出温和的教导:法律主治的前提是法律平等的精神传统。在一个不尊重法律面前人人平等的国家,法律主治也很难真正建立,只能沦为贯彻政府权威的工具。法律平等是英国的法律主治的独特内核,正如詹宁斯所言:

> 即使人们认为不存在普遍适用的统一政治原则,每一个国家必须以适合其历史精神和气质的方式来铸造自己的命运,那么,被认为也

---

① 此处的政府集权和行政集权的概念来自托克维尔,政府集权指代统一的主权力量,与国家分裂相对立;行政集权指代行政对各种事务的管辖与把控,与人民自治相对立。参见[法]托克维尔:《论美国的民主》上卷,董果良译,商务印书馆1988年版,第106～120页。

② [法]托克维尔:《论美国的民主》上卷,董果良译,商务印书馆1988年版,第119页。

③ [法]托克维尔:《旧制度与大革命》,冯棠译,商务印书馆1997年版,第94页。

许能适合于盎格鲁-撒克逊人与法国人的法治，并不是一种能够输出的产品。法治如同美酒，未必所到之处，都受欢迎。[①]

伴随着工业革命的进行，社会事务的增多与劳动分工的细化，英国行政机关逐渐取得半司法化的裁量权力，但是1914年戴雪在悲叹法律主治衰微的同时，仍然坚持认为英国不存在行政法。英国法律与法国行政法虽然增加了些微类似性，但是行政法与法律主治相互抵牾、不能混淆。后来的学者大多批评戴雪不了解行政权力发展的事实。威廉·罗布森指出他所著的《司法与行政法》的目的在于“消除所有在戴雪的《英宪精义》中关于英国没有行政法的教诲下成长起来的所有重要法律人、政治家、公务员和学者所持有的错觉”[②]。詹宁斯对戴雪提出的宪法原则进行批判，他认为戴雪所设想的宪法是受自由放任主义学说支配的宪法，从个人权利出发理解英宪，并未关注到公共机构的权力运作，将法治与裁量权之间的关系看作非此即彼的矛盾关系。[③]

戴雪并非未认识到这些现实，相反，他试图捍卫法律主治的尊严，因为在他看来，法律主治是英国自由主义的政治实践产生的宝贵财富。他认识到“今日的英格兰正在极力扩张国家役吏的责任及威权，或‘官治’，因之，统驭官吏的法律渐次生长”[④]。他并非完全反对行政权力的扩大，甚至认可政府在戒严状态下有进行武装行动的普通法权利。但是戴雪面临的困境在于，他意识到行政法与法律平等的不可调和，因此试图努力去呼吁人们对于法律主治的信仰，避免因行政法的兴起而造成的集权主义与公共精神的丧失。为了实现理想与现实的调和，他甚至提出可以存在不同于寻常法院的司法机关，兼具行政经验与司法理性。[⑤] 行政权力的扩大并不是戴雪所面临的全部困境，为了进一步走进戴雪的内在世界，我们必须考察他三十年后对英国政治实践的观察与思考。

---

① [英]詹宁斯：《法与宪法》，龚祥瑞、侯健译，生活·读书·新知三联书店1997年版，第33页。

② 转引自[英]马丁·洛克林：《公法与政治理论》，郑戈译，商务印书馆2002年版，第233页。

③ 参见[英]詹宁斯：《法与宪法》，龚祥瑞、侯健译，生活·读书·新知三联书店1997年版，第38～43页。

④ [英]戴雪：《英宪精义》，雷宾南译，中国法制出版社2017年版，第28页。

⑤ 参见[英]戴雪：《英宪精义》，雷宾南译，中国法制出版社2017年版，第32～33页。

四、主权者的“自我斩首”:集体主义与民主进程

戴雪通过对英国宪法的讨论,展现出英国政治实践的规范结构。议会主权——法律主治的结合实现了对人民自由权利的有力保障,这恰恰是戴雪作为一个法律人对英国古老的普通法传统和自由主义政治实践所怀有的骄傲之情。然而戴雪写作《英宪精义》的三十年间(1885～1914 年),英国社会发生了巨大的变化,戴雪眼中法律主治与议会主权的融合在新的时代背景下遭遇着巨大的挑战。第二次工业革命的进行,国家对私人领域的干预逐渐成为普遍现象,趋向于框架性立法,政府获得部分立法权力与准司法权力,行政权力的扩张不可避免。本文前一部分已经讨论了戴雪为此作出的艰辛调和。然而,行政权扩张更为根本的原因是,英国的自由放任主义失去主流地位,集体主义思潮兴起,这同时又与民主进程有着密切联系。[①] 随着 1867 年以来议会选举权的扩大,议会自身也发生了结构性的变化,议会作为主权力量的象征如何在巨大变迁中坚持对公共利益的关注,成为戴雪的核心关注。

(一)内部限制失灵:议会平衡的打破

在戴雪看来,长期以来,议会主权之所以能够成为支撑英国自由主义政治实践的支柱,是因为议会的无上权力和所受限制(包括内在限制和外在限制)之间保持着动态的平衡。从内部限制上看,主权者的品性实际上是议会的平衡。作为法律主权者组成部分的君主、上议院与下议院的存在的最终导向是实现法律主权与政治主权的契合,但是法律主权者与政治主权者自身都出现了一些变化。

一是下议院和上议院的权力分布失衡,党派意志架空全民意志的风险加大。1911 年议会法案通过[②],戴雪虽然并没有明显的白芝浩式的贵族倾向,但是也不无惋惜地承认下议院权力增加与上议院权力减少的事实。这一变化意味着当初戴雪对于在下议院有悖于全民意志时上议院作为全民

---

① 在 20 世纪的英国,民主主义者是半个社会主义者,集体主义者或社会主义者通常都是民主分子。参见[英]戴雪:《19 世纪英国的法律与公共舆论》,戴鹏飞译,上海人民出版社 2014 年版,第 25 页。

② 1911 年《议会法》出台,对于财政法案,上议院并无立法权力;对于非财政法案,上议院有搁置否决权而无最终否决权,可使法案缓期生效两年。

意志捍卫者的设想的落空，而在政党政治之下，下议院以党派意志代替全民意志的风险大大增加。政党政治的发展也偏离了当初以阀阅和数量为区分标志的两党制，代表不同意见的政治团体的联合与分离造成议会内部的分立与撕裂，结党营私现象的风行使得少数暴政成为可能，统一的全民意志难以实现。人们逐渐形成共识："民族的威权或主权，甚至民族意志的概念，只是政治上或玄学上的一种杜撰。"[①]

二是选举权的主体范围随着议会改革逐渐扩大，致使"中产阶级温和派"的克制与谦逊难以为继。对于选举权的扩大，不少学者都提出了对民主制的担忧，梅因将其批评为"极端保守主义的孽种"，"随着民众政府扩大选民基础，它们必然趋向于对大众意见顶礼膜拜"。[②] 白芝浩也一针见血地指出，"广为配发的选举权礼物是一场巨大的灾难"，"要紧的是由我们的政要领着公众走，而不是公众领着政要走"。[③] 戴雪虽然没有直接指出，对新阶层的选举人的引导问题，但是赞叹白芝浩的洞察力，借白芝浩的话说明英国宪法所面临的危机："普通人不能别择政治问题，只能决定问题中之争端，抉取问题成为政治家专责。"而政治家提出的问题使得穷人联合成一个阶级反对富人，对现存法律表示不满，认为唯有改变法律才能打造"穷人的天堂"。[④] 当选举权成为人们争取个人利益的砝码时，选举权行使的价值与责任感逐渐稀释。戴雪意识到大众受制于国家强制力与服从公意作为民主政治的原则之间的矛盾，而社会对于后者的推崇，造成了守法精神的丧失。人民可以反抗违反公意的法律，公意的判断却又众说纷纭。

(二)外部限制失灵：民主的反噬

议会主权的外部限制在社会主义和民主进程的浪潮下变得难以测定。议会主权的外部限制是大众反抗的可能性，"英国议会很可能将社会主义的缺陷与民主政府的缺点灾难性地结合起来"[⑤]。过快的民主进程会使得大众对于社会现状的不满和愤怒更加频繁，造成对传统的否定、对社会团结的侵蚀、对于法治精神的挑战。许多思想家都已经意识到了民主的反

---

① [英]戴雪：《英宪精义》，雷宾南译，中国法制出版社 2017 年版，第 27 页。

② [英]梅因：《民众政府》，潘建雷、何雯雯译，上海三联书店 2012 年版，第 23 页。

③ [英]沃尔特·白芝浩：《英国宪法》，夏彦才译，商务印书馆 2009 年版，第 7～15 页。

④ [英]戴雪：《英宪精义》，雷宾南译，中国法制出版社 2017 年版，第 25～27 页。

⑤ [英]戴雪：《19 世纪英国的法律与公共舆论》，戴鹏飞译，上海人民出版社 2014 年版，第 33 页。

噬,托克维尔在论述美国身份平等的进程中,阐述了民主化的进程带来的不能容忍任何一点不平等的过激性反应。托克维尔阐明需要用所谓的类似贵族精神的法学家精神来制衡民主的轻率激情。[①] 卢梭强调人民主权的同时,也意识到"人们总是愿意自己幸福,但人们并不总是能看清楚幸福"[②],进而引入了立法者这一超然的角色来平衡人民主权。

戴雪敏锐地察觉到这种"不满乃至激烈的愤怒情绪并非源于人们所忍受的痛苦有多大,对现有制度的反抗更多是源于既存制度与人们欲望之间的反差"[③]。尽管戴雪如此艰辛地协调议会主权和法律主治二者的关系,可是在时代的巨大变革之下,议会主权的内部限制和外部限制两方面给他提出了更难以回答的问题。戴雪从对政治主权者与法律主权者的区分中寻求平衡的办法:一方面指明一切权力的根源存在于多数意志之中;另一方面又想把政治主权排除出立法过程,保持法律主治本身的系统与独立。但是,在社会主义的思潮下,戴雪不得不作出一些调整,使得政治主权者频繁登场,以抑制政党政治的弊端,防止党派利益代替公共利益,呼吁人们的爱国心与公共精神。戴雪对于公民复决权的赞同就是很好的一个例证。[④] 可是,这一调整,却偏离了戴雪对议会最初作为法律主权者相对独立的角色定位。在戴雪看来,社会主义和民主进程给英国政治社会的稳定运行提出一个几乎难解的问题:一方面,集体主义风潮轻视个人自由而亲和于集权政府;另一方面,民主的推广伴随着对利益的争夺胜过对传统的尊重,难以形成超越自身个人情感的真正利益。

在当时,"议会政府并不必然意味着民主政府。事实上,对 19 世纪的大多数时期而言,'民主'是一个受到指摘的术语。说一个人是民主主义者就是说他是激进分子,即一个相信能够推翻联合王国现有制度的人"[⑤]。正是这种激进的民主让戴雪所说的民族意志或主权权威变得难以捉摸。虽然戴雪三十年后表达了对于英宪的担忧与悲哀,但戴雪在《英宪精义》的

---

① 参见[法]托克维尔:《论美国的民主》上卷,董果良译,商务印书馆 1988 年版,第 331～342 页。

② [法]卢梭:《社会契约论》,何兆武译,商务印书馆 2003 年版,第 35 页。

③ [英]戴雪:《19 世纪英国的法律与公共舆论》,戴鹏飞译,上海人民出版社 2014 年版,第 23 页。

④ 参见[英]戴雪:《英宪精义》,雷宾南译,中国法制出版社 2017 年版,第 78～87 页。

⑤ [英]艾弗·詹宁斯:《戴雪礼赞:纪念〈英国宪法导论〉出版 50 周年》,何永红、侯欣译,《北航法学》2017 年第 1 卷,中国政法大学出版社 2017 年版,第 59～69 页。

最后，仍热切地写道："民族的危险原来是民族的伟大性的试验所。"[①]一战不仅意味着民族的危急时刻，更意味着鼓舞民族精神和彰显民族意志的强大驱动力。作为一名法律人，戴雪对平稳的制度变迁的喜好远远大于对变动巨大的革命与战争的欢迎，然而他却以此作结呼吁公共精神的回归，可见戴雪面临的问题是多么难以解决，而他作为一个学者对于政治共同体的公共精神的捍卫与呼唤又是多么真诚。

五、结 论

1922年，戴雪以87岁高龄离开世界。戴雪逝世五年后，康托洛维茨响应诗人格奥尔格的号召，通过为德意志帝王弗里德里希二世撰写传记来唤醒德意志精神，格奥尔格随之出版《新帝国》，指明德意志民族精神如同柔美的珍珠——"它随即从我指间遁逃，我国再未获此珍宝"[②]。多年后，康托洛维茨出版《国王的两个身体》，旨在讨论"主权国家及其特定密码"[③]，在他看来，英国的特殊之处在于"生理性"国王二体结构的稳定性[④]，即使查理一世遭受处决，保王派仍然铸造象征国王永恒的不死鸟的纪念章。[⑤] 保王派固然在捍卫国王尊荣，然而我们必须清醒认识到，尊荣背后是国王作为政治有机体中"头"的重要性，这象征着国家在稳定团结的领导下良好运行。

戴雪面临的困境，恰恰是不死鸟的逐渐死亡。戴雪的一生见证了英国历史上最为荣耀的"维多利亚时代"，即使被视为流变不定的英国宪法，戴雪仍然能够把握住议会主权与法律主治的结合作为英国自由主义政治实

---

① [英]戴雪：《英宪精义》，雷宾南译，中国法制出版社2017年版，第92页。

② 刘小枫为《国王两个身体》所撰写的前言有精要的叙述，参见[德]恩内斯特·康托洛维茨：《国王的两个身体》，徐震宇译，华东师范大学出版社2014年版，第1～3页。另外，任剑涛对刘小枫前言所判定的现代政治的低俗化所提出的反对意见可以参见任剑涛：《理解现代国家的起源》，2018年5月28日，http://www.bjnews.com.cn/book/2018/04/14/483155.html。

③ [德]恩内斯特·康托洛维茨：《国王的两个身体》，徐震宇译，华东师范大学出版社2014年版，第67页。

④ 参见[德]恩内斯特·康托洛维茨：《国王的两个身体》，徐震宇译，华东师范大学出版社2014年版，第67页。

⑤ 关于不死鸟的象征意义，可以参见[德]恩内斯特·康托洛维茨：《国王的两个身体》，徐震宇译，华东师范大学出版社2014年版，第513～545页。

践的关键,并运用形式主义的分析方法对英国宪法进行分类与整理,捍卫了英国古老的普通法精神传统与自由主义政治实践的骄傲,政治有机体的延续与团结仍然能够得以维持,不死鸟依旧能够高歌。然而,20世纪初议会结构的转变都让议会无法顺利承载英国的普通法和主权实践的传统,无法稳定带领英国政治社会继续良好运行——这无异于英国政治的"自我斩首"。戴雪所理解的法律主治和议会主权融合的前提在集体主义风潮与民主进程下发生变化。戴雪所面临的问题也是现代政治所面临的危机。虽然戴雪并没有提出解决方法,但是提出了一种不同的思考路径,他试图将新时代下的变化纳入法律主治的范畴内讨论,却不得不频频呼唤政治主权者登场,甚至寄希望于一战这种"非常时刻"来确认主权意志和凝聚共识。这使得他的路径充满了矛盾,也展现了他的无奈。令人唏嘘的是,在戴雪去世前两年,一战并不见得拯救了英国的公共精神,却不可避免地预示着英国逐渐离开世界版图的权力中枢,而1920年爱尔兰的独立更让戴雪深感羞辱,因为在他看来,爱尔兰独立动摇了议会主权,是对英国宪政原则的根本挑战。[①] 前后横跨三十年的《英宪精义》充分展现了戴雪的骄傲与妥协,这是大英帝国的政治实践的光荣见证,也给我们提出严肃的警告:今天我们对戴雪的研究,不仅应回到戴雪提出的答案,也需要严肃审视戴雪所面临的问题。

---

① 反对爱尔兰的自治是戴雪 始终坚持的事业。1886年戴雪便出版了《英格兰反对自治的理由》(*England's Case Against Home Rule*),其在1920年与他人合著了《思索英格兰与苏格兰的合并》(*Thoughts on the Union between England and Scotland*),除此之外,他还撰写了《愚人的天堂》(*A Fool's Paradise*)、《危险的一步》(*A Leap in the Dark*)、《为什么英格兰坚持联合》(*Why England Maintain Union*)、《统一派的幻觉》(*Unionists Delusion*)等著作。

各科专论

修宪权的界限:不可修改宪法条款的地位与性质

范继增　王瑜鸿*

摘要　修宪权处于制宪权和宪定权的中间地带。依据罗兹内伊的理论,修宪权是制宪权的代表,修宪权不能违反制宪权人的意志。摧毁宪法结构和特征的修宪行为构成“违宪的宪法修正案”。尽管制宪者通常在宪法中设定明示或者暗示的不可修改的宪法条款,但是这些条款的效力并非永恒的,通过革命、政变以及人民行使原初制宪权皆可成为废除不可修改宪法条款效力的渠道。另外,人民拥有的宪法权力边界成为民主主义和共和主义宪法观冲突的焦点。以合法性依托的民主主义宪法观承认人民通过公投的方式改变宪法的权力,但是共和主义宪法观偏重权力的平衡,限制人民单方面通过公投方式改变宪法的权力。

关键词　修宪权;制宪权;宪定权;不可修改的宪法条款;宪法身份

以色列籍学者亚涅夫·罗兹内伊(Yaniv Roznai)凭借其2017年在牛

* 范继增,四川大学法学院特聘副研究员,意大利比萨圣安娜大学法学博士;王瑜鸿,四川大学法学院2018级本科生。

津大学出版社出版的《违宪的宪法修正案:修宪权的界限》(*Unconstitutional Constitutional Amendment: The Limits of Amendment Power*)获得了2018年哈特社会法学理论与历史专著奖和2018年国际公法协会(I·CON)首次颁发的最佳专著奖。他的这部专著是在2014年通过的答辩博士论文基础上修改而成的。值得一提的是,他的博士论文被欧洲公法协会评为2015年的最佳学位论文。

罗兹内伊在宏观性比较与细致的历史研究中探索修宪权的权限范围和正当性的基础。很多国家在不同时代的宪法文本中都明示列举了不可修改的宪法规范,也有些国家宪法一般性规定修宪的结果不能违反强行性的国际法和获得普遍道德认同的自然法。显然,宪法明确性的规定限制了修宪的权限。印度最高法院多数法官在Kesavananda案中将宪法建立的宪制秩序视为禁止议会改变的"基本宪法结构",从而在宪法条文之外建构了"暗示的不可修改的宪法条款"。孟加拉国、巴基斯坦、泰国、南非和意大利的最高法院或者宪法法院皆在具体的判决中识别出本国宪法中不可修改的宪法条款。

本文既是罗兹内伊专著的书评,也是对其所著内容的反思。笔者依据经典的文献重新反思修宪权的性质和与制宪权间的关系,探索修宪权的权限范围和研究明示和暗示的不可修改的宪法条款的正当性与稳定性。从"人民"地位的视角研究宪法权力与人民意志的现实关系,展现罗兹内伊的"代理人理论"无法以符合逻辑的方式在全民公投修宪模式下解释制宪权和修宪权间的关系。

一、制宪权抑或宪定权:修宪权性质的争议

1789年,西耶斯在国会演讲的时候指出"制宪权(pouvoir constituant)是产生宪法的基础"①。同年,西耶斯指出"宪法中的每一部分都不是宪定权的产物,而是制宪权的产物"②。制宪权和宪定权(pouvoir constitué)是委托和被委托之间的关系。制宪权是政治民族意志的宪法反映,不受其他

---

① Emmanuel J. Sieyès, *Préliminaires de la constitution-Réconnaissance et exposition des droit de l'homme*, Versailles: François-Jean Baudouin, 1789, p. 18.

② [法]西耶斯:《论特权第三等级是什么?》,冯棠译,商务印书馆2004年版,第59页。

权力和法律的约束，可以摧毁其他权力的合法性基础。因此，以民族意志为基础的制宪权永远都是合法的，甚至宪法也不能约束人民表达集体的意志，民族意志本身就是法律。但是，由于宪定权是宪法的产物，因此需要受到制宪权的约束。这就在制宪权和宪定权间建构了等级性的关系。

制宪权与民族意志连接的结果就是改变宪法不是宪定机关的权力，只能要求人民再次出场表达民族共同的意志。西耶斯指出，"结束有关宪法的种种分歧的方式，那就是求助于政治民族本身"①，"政治民族永远是改革宪法的主人，尤其是宪法遭到非议时，民族不能推却制定一部宪法的固有责任"②。在西耶斯的语境中，"宪法改革"属于特殊的制宪时刻，是政治民族的共同意志与旧制度的决裂。从这个视角可以推出西耶斯不认为作为授权和规范宪定权的宪法应该包括规范改变宪法的程序和内容。

国际主流的宪法学者认为，西耶斯提出的制宪权理论与法国众多启蒙思想家提出的人民主权理论一脉相承。罗兹内伊和马丁·洛克林（Martin Loughlin）认为西耶斯的制宪权理论源于博丹的"双重主权"理论，将人民的意志视为不受约束的永恒权力。③ 甚至，凯斯·贝克（Keith M. Baker）认为西耶斯的制宪权理论与卢梭激进的人民主权理论有着密切的联系，制宪权是理性化或者温和化的人民主权。④ 而在乔治·阿甘本（Giorgio Agamben）看来，人民意志表达的制宪权与主权概念的区别并不明显⑤；安东尼奥·奈格里（Antonio Negri）则认为制宪权是体现人民主权的基础，主权是最高的政治意志⑥。

这显然违反了西耶斯对于制宪权限范围的本质的认识。西耶斯在《第

---

① ［法］西耶斯：《论特权第三等级是什么？》，冯棠译，商务印书馆 2004 年版，第 56 页。

② ［法］西耶斯：《论特权第三等级是什么？》，冯棠译，商务印书馆 2004 年版，第 65 页。

③ Martin Loughlin, "The Concept of Constituent Power", *European Journal of Political Theory*, vol. 13, no. 2 (May 2013), p. 220; Yaniv Roznai, *Unconstitutional Constitutional Amendment: The Limits of Amendment Powers*, Oxford: Oxford University Press, 2017, p. 107.

④ Cfr Lucia Rubinelli, "How to Think beyond Sovereignty: On Sieyes and Constituent Power", *European Journal of Political Theory*, vol. 18, no. 1(April 2019), p. 49.

⑤ Giorgio Agamben, *Homo Sacre-Sovereign Power and Bare Life*, Stanford: Stanford University Press, 1998, p. 42.

⑥ Antonio Negri, *Insurgencies: Constituent Powers and the Modern States*, Minneapolis: University of Minnesota Press, 1999, p. 13.

三等级是什么?》书中指出,"在民族意志之上的只有自然法"[①]。这里的自然法便是个体性的民众在形成政治民族前的个人自治权。西耶斯在处理公众权力和个人自治的矛盾中始终坚持了自由主义的授权论,他认为个人意志始终是公众权力的本源,倘若要分开考虑它们,公众的权力便化为乌有。[②] 露西娅·卢比内利(Lucia Rubinelli)认为西耶斯的制宪权仅代表政治上的最高权威,不能等同于人民决定或者干涉一切事物的政治权力。[③] 尽管西耶斯政治论著不多,但是他坚持认为"诉诸个人自由是完成一切事物的前提保障"[④]。另外,西耶斯惧怕不受限制的"主权"压制个人的自由。他在一次演讲中将主权比喻为"可怕的庞然大物"和"继承了法国皇权的目无一切和至高无上的传统"。"如果我们皇帝的主权是强大而可怕的,那么伟大的人民主权只能是有过之而无不及。"[⑤]显然,西耶斯否认制宪权具有碾压一切的政治权能地位,它仅代表人民创设宪法能力,表达不受旧有制度制约和规制的集体性政治意愿的政治能力。

尽管西耶斯认为政治民族集体享有制宪权,但是他并不赞成所有人民共同参与宪法的制定,而是选择通过代议制模式成立非常性和临时性的制宪机关,由人民委托选举的代表创设宪法。[⑥] 西耶斯制宪方式和区分制宪权与宪定权的方法获得了罗伯斯庇尔的支持。在法国国会完成制宪后,罗伯斯庇尔宣布解散制宪会议,并以制宪权和宪定权分离的理由命令制宪成员不得再参选国会议员。[⑦] 但是,西耶斯将改变宪法视为制宪权的观点没有完全获得制宪会议的支持。尽管法国宪法第7章第1条规定"国民整体享有不可让渡的改变宪法的权力",但是修宪的对象仅限定于那些"让人感

---

① [法]西耶斯:《论特权第三等级是什么?》,冯棠译,商务印书馆2004年版,第59页。

② 参见[法]西耶斯:《论特权第三等级是什么?》,冯棠译,商务印书馆2004年版,第61页。

③ Lucia Rubinelli, "How to Think beyond Sovereignty: On Sieyes and Constituent Power", *European Journal of Political Theory*, vol. 18, no. 2(April 2019), p. 3.

④ Christine Fauré (ed.), *Des manuscrits de Sieyes*, Paris: Honoré Champion, 2007, p. 476.

⑤ Emmanuel J. Sieyès, "Opinion de Sieyes sur plusieurs articles des titres IV et V du projet constitution", in M. Dorigny (ed.), *Oeuvres de Sieyes*, Paris: EDHIS, 1989, p. 7.

⑥ Lucia Rubinelli, "Taming Sovereignty: Constituent Power in the Nineteenth-century French Political Thought", *History of European Ideas*, vol. 44, no. 1 (April 2018), p. 9

⑦ Claude Klein & András Sajó, "Constitution-making: Process and Substance", in M. Rosenfield & A. Sajó (eds.), *The Oxford Handbook of Comparative Constitutional Law*, Oxford: Oxford University Press, 2012, p. 427.

到不便的宪法条款”,并且第7章第7条要求修宪委员会必须宣誓“维护王国的宪法权威”。显然,1791年的法国制宪者认为,修宪委员会行使修宪权不能违反整个宪法确定的秩序和价值;修改宪法不等于废除宪法。[①]

西耶斯认为宪定权是受宪法制约和规制的权力,是宪法创设的结果。1787年美国宪法第5条和1791年法国宪法第7章皆明确规定了修改宪法的程序。这似乎意味修宪权性质属于宪定权,不能通过修宪的方式改变整部宪法结构。但是,西耶斯认为受宪法约束的宪定权机构是不能改变宪法的,只有制宪权才能改变宪法。马尔库·苏克西(Markku Suksi)认为,制宪权是人民在宪法真空条件下创设宪法和不受既有的宪法约束改变宪法的法外权威;修宪权则是“宪法规定和限制的最高性规范权威”。[②] 显然,他希望通过区分政治权力和宪法规范权力方式突出制宪权特殊宪法地位。这与卡尔·弗雷德里希(Carl Friedrich)指出制宪权是一项政治权力而不是法律权力的观点完全相同。[③]

西耶斯区分制宪权和宪定权的方式不能突显修宪权的性质。修宪权既可以宪法规范进行实际的修改,有时又要受到宪法规定的程序性和实质性的限制。这就意味着修宪权处于制宪权和宪定权的中间灰色地带。阿瑟姆·卡利(Asem Khalil)认为“修宪权在本质上属于制宪权,但是在功能上属于宪定权”[④];格里高利·韦伯(Grégoire Webber)的认识却截然相反[⑤]。

二、修宪权的性质界定与权限范围

修宪权的性质和地位具有特殊性。多数成文国家宪法对于宪法修改

---

① Arnaude Le Pillouer, “De la révision *à* l'abrogation de la constitution: les termes du débat”, *Jus Politicum*, no. 3 (2009), pp. 6-8.

② Markku Suksi, *Bring in the People: A Comparison of Constitutional Forms and Practices of the Referendum*, The Hague: Martinus Nijhoff, 1993, pp. 25-26.

③ Carl J. Friedrich, *Constitutional Government and Politics-Nature and Development*, New York: Harper & Brothers Publishers, 1937, p. 117.

④ Asem Khalil, *The Enactment of Constituent Power of in the Arab World: The Palestinian Case*, Fribourg: Institut du Federalism Fribourg Suisse, 2006, p. 25.

⑤ Grégoire C. N. Webber, *The Negotiable Constitution-On the Limitation of Rights*, Cambridge: Cambridge University Press, 2009, p. 49.

作了程序上刚性的规定,并且部分国家宪法明确规定特定宪法条款为不可修改的事项。因此,修宪权的位阶要服从于制宪权的意志。另外,修改的宪法条文通常会成为国家正式生效的宪法一部分,制约着宪定机关权力的运行。法国实证主义宪法理论认为制宪权可以再分为原初制宪权(pouvoir constituant originaire)和派生制宪权(pouvoir constituant dérivé)。①

西耶斯的制宪权概念属于前者,是人民在革命的状况下或者谋求建国的条件下行使的法外制宪权力。由于实定法无法阻止现实革命的发生,进而代表人民意志的原初制宪权成为改变旧有秩序的正当性理由。相应的修宪机关需要在宪法规定的框架下行使派生制宪权。② 派生制宪权是依托于原初制宪权的法律存在,与原初制宪权间形成了委托和被委托的关系。③ 作为派生制宪权的修宪权需要在原初制宪权的授权下履行宪法职能,不能违背宪法原初制宪权者的意志。④

尽管已经确定了修宪权的性质,但是将修宪权与原初制宪权定义为委托与被委托的关系显然是限制了修宪权的权能范围。那么,是否存在原初制宪权会授予修宪权无限权力的情形呢?限制修宪权是否是对于民主的限制?何为限制修宪权的合法性基础?卡洛斯·博纳尔(Carlos Bernal)质疑:"偶然的社会运动或者社会事件是形成宪法根本原则的政治基础,为何不能通过其他的偶然方式——修改宪法的模式——改变宪法的基础?"⑤面对质疑,罗兹内伊认为修宪权与原初制宪权间关系的实质是"代理人与被代理人间的关系"。享有修宪权的代理人不能像拥有制宪权的人

---

① Georges Burdeau, *Droit constitutionnel et institutions politiques*, 15e éd., Paris, 1972, pp. 78-94.

② Markus Patberg, "Review of 'Agonistic Democracy: Constituent Power in the Era of Globalization'", *Contemporary Politic Theory*, vol. 14, no. 1 (February 2015), p. 9.

③ Tamara El Khoury, "Pouvoir Constituant", in R. Grote, F. Lachemann & R. Wolfrum (eds.), *Max Planck Encyclopedia of Comparative Constitutional Law*, Oxford: Oxford University Press, 2015, available at https://www.academia.edu/36346580/Pouvoir_constituant.

④ Yaniv Roznai, *Unconstitutional Constitutional Amendment: The Limits of Amendment Powers*, Oxford: Oxford University Press, 2017, p. 118.

⑤ Carlos Bernal, "Unconstitutional Constitutional Amendments in the Case Study of Colombia: An Analysis of the Justification and Meaning of the Constitutional Replacement Doctrine", *International Journal of Constitutional Law*, vol. 11, no. 3 (October, 2013), p. 343.

民享有“无限的政治权力”。[1] 卡沙瓦穆尔西(C. Keshavamurthy)从宪法确立的主权和主权支持的宪法角度论证修宪权的权限范围不能与制宪权完全相同,两者间建构了授权者和接受者的等级关系:“代理人永远也不能与被代理人相同……宪法建构的主权范围要小于建立宪法的主权范围,因此修宪权不能获得全权改变宪法的能力。”[2]因此,修宪权的实质地位是宪法授权的修改宪法的最高权力,但是“最高权力”行使不能偏离握有制宪权的人民的信任。[3] 因此,罗兹内伊认为修宪权本质是“服务于某个特定目的的信托权力”[4]。

民主的价值是否应该排斥宪法对于修宪内容的限制是很难直接回答的问题。一方面,先前的理论已经证明了制宪权的民主性质不能成为制宪权不受限制的依据。汉娜·阿伦特(Hannah Arendt)赞同西耶斯对于不受限制的“主权”概念的恐惧。她认为独裁者可以利用自己的声望和权威操纵民意,甚至公开褫夺人民的制宪权。[5] 威廉·舒尔曼(Williams Scheuerman)认为阿伦特担忧以人民的民意掌握不受限制的制宪权会导致革命和暴力不断发生。[6] 因此,雅诺斯·基斯(János Kis)认为应该重新定义“制宪权”,防止“制宪权”成为建立专制政体的工具。[7] 无论是德国基本法第 79 条第 3 款明确禁止修改基本法第 1 条所保障的个人尊严,还是意大利宪法法院在 1146/1988 号判决中将民主原则和宪法基本权利列为

---

① Yaniv Roznai, *Unconstitutional Constitutional Amendment: The Limits of Amendment Powers*, Oxford: Oxford University Press, 2017, p. 118.

② C. V. Keshavamurthy, *Amending Power under the Indian Constitution-Basic Structure Limitations*, Dehli: Deep & Deep Publications, 1982, p. 50.

③ Ulrich K. Preuss, “Constitutional Powermaking for the New Polity: Some Deliberations on the Relations between the Constituent Power and Constitution”, *Cardozo Law Review*, vol. 14, no. 3-4 (January 1993), p. 653.

④ Yaniv Roznai, *Unconstitutional Constitutional Amendment: The Limits of Amendment Powers*, Oxford: Oxford University Press, 2017, p. 119.

⑤ Hannah Arendt, *On Revolution*, London: Penguin, 1965, p. 163.

⑥ William E. Scheuerman, “Revolutions and Constitutions: Hannah Arendt's Challenge to Carl Schmitt”, *Canadian Journal of Law and Jurisprudence*, vol. 10, no. 1 (January 1997), p. 151.

⑦ János Kis, *Constitutional Democracy*, Budapest: Central European University Press, 2003, pp. 136-137.

不可修改的事项,抑或很多新兴的民主国家禁止以修宪方式损害基本权利①,笔者认为对修改基本权利的限制不是制宪权对修宪权的限制,而是自然法与道德对制宪权的限制。罗斯科·庞德(Roscoe Pound)认为:"每个自由的国家中都有政府所不能触及的权利,甚至宪法也不能触及。即便它们由宪法所规定,但是修改它们必将导致违宪的后果。"②即便自然法在近代无法摆脱衰退的局面,但是政治合法性的概念与制宪权紧密结合在一起。③ 罗尔斯认为政治权力的适当性必须与宪法规定的人人自由和平等相一致。④ 无疑,罗尔斯的合法性理论的前提是制宪权必须反映个人平等和自由的意愿。

另一方面,宪法反映了一个政体基本结构和特征,但是多数老牌民主国家的议会具有排他性表决宪法修正案的权力。即便多数国家宪法规定议会应采取绝对多数的方式通过宪法修正案,但是迪特·格林(Dieter Grimm)担心立法者和修宪者皆由国会议员承担的局面会导致具有根本法地位的宪法变成不受重视的政治决定。不仅立法和宪法的区别会逐渐地消失,同时宪法也会逐渐失去自己的功能。⑤ 迪特里希·孔拉德(Dietrich Conrad)担心议会不受控制的修宪权会实质上剥夺人民享有的制宪权和伤及人民享有的宪法权力。⑥ 卡尔·施米特(Carl Schmitt)将"宪法"定义为代表制宪权、不能修改的、体现政体特征的"根本法",并且将"宪法"与"宪法性法律"相区分。⑦ 在施米特看来,行使制宪权的过程就是政治决断的过程,而宪法是制宪权的产物,无法将政治决断包括其中。倘若,修宪的目

---

① 例如2015年阿富汗宪法第149条规定"只能以提高基本权利保障为目的修改宪法的基本权利条款",2016年中非共和国宪法第153条明确禁止对基本权利的修改。

② Roscoe Pound, *Jurisprudence*, 6th printing, New Jersey: the Law Book Exchange, Ltd., 2008, pp. 498-499.

③ Joel Colón-Ríos, "The Legitimacy of the Juridical: Constituent Power, Democracy, and the Limits of Constitutional Reforms", *Osgoode Hall Law Journal*, vol. 48, no. 2 (Summer 2010), pp. 215-218.

④ John Rawls, *Political Liberalism*, Columbia University Press, 2005, p. 137.

⑤ Dieter Grimm, "The Basic Law at 60-Identity and Change", *German Law Journal*, vol. 11, no. 1 (Spring 2010), p. 40.

⑥ Dietrich Conrad, Constituent Power, "Amendment and Basic Structure of Constitution: A Critical Reconsideration", *Delhi Law Review*, no. 7(Summer 1978), pp. 14-16.

⑦ 参见[德]卡尔·施米特:《宪法学说》,刘峰译,上海人民出版社2013年版,第71～76页。

的是改变政体的特征，那么修宪本身就是毁灭宪法。[1] 亚里士多德在宪法修辞领域与施米特作出过相同的结论。亚里士多德在《政治学》中曾经疑问："我们凭借何种理由说一个政权保留了自己的特征，或者说如果这个政权失去了这个特征，我们是否承认它还是那个原来的政治国家？"[2]政体的政治特征是国家基本结构的一部分，因此托马斯·柯雷(Thomas Cooley)推测美国立宪者们在宪法文本中没有限制修宪对象的原因是他们不相信修宪内容会完全推翻宪法的精神，将共和政体改变为君主政体本质是革命而不是修宪。[3] 马克·图什奈特(Mark Tushnet)因此认为："通过非暴力的修宪方式改变国家的宪法秩序的本质就是一场革命，属于'违宪的宪法修正案'。"[4]施米特与图什奈特的结论都代表修宪权不能破坏基于制宪权的意志建立的宪法基本结构和特征。修宪的权威必须在等级上永远服从和遵守制宪权威的意志。从施米特的观点出发，奥利弗·布(Oliver Beaud)认为对于国家宪法基本内容的修改属于制宪权的范围，修宪权只能修改宪法一般条文。[5] 所以，罗兹内伊指出在违背制宪权的情况下，修宪条款不能依据新法优于旧法的内容取代原宪法条款的规范效力，而是应该以下位法违反上位法的原则撤销修宪案。[6]

三、不可修改宪法条款的正当性基础

作为制宪权产物的宪法具有国家政权的最高法律权威属性。宪法明示列举的不可修改条文属于制宪权意志的范畴。凯末尔·高兹勒(Kemal Gözler)认为："这些实质性(限制修改宪法的)条款有效性是毋庸置疑的。因为它们都是通过制宪的方式规定在宪法之中，所以宪法创造或者规定的

---

① 参见[德]卡尔·施米特:《宪法学说》，刘峰译，上海人民出版社2013年版，第152～155页。

② Aristotle, *The Politics of Aristotle*, trans by Ernest Baker, Oxford: Clarendon Press, 1946, p. 98.

③ Thomas M. Cooley, "The Power to Amend the Federal Constitution", *Michigan Law Review*, vol. 2, no. 4 (April 1893), pp. 108-110.

④ Mark Tushnet, "Constitution-Making: An Introduction", *Texas Law Review*, vol. 91, no. 7 (June 2013), p. 94.

⑤ Oliver Beaud, *La puissance de l'état*, Paris: PUF, 1994, pp. 336-337.

⑥ Yaniv Roznai, *Unconstitutional Constitutional Amendment: The Limits of Amendment Powers*, Oxford: Oxford University Press, 2017, p. 137.

修宪权也要受到宪法本身的限制。"[①]但是,以人民名义通过的宪法并不一定意味着所有不可修改条款获得民众的支持。部分国家宣誓不可更改的宪法条款的目的是避免部分政治性或者历史遗留的问题成为社会讨论的焦点,或者对某种确定的政治秩序[②]、宗教[③]、意识形态[④]或者内战后交战双方妥协的结果[⑤]给予最高法律权威的认可。如果在制宪过程中,民众参与程度低、制宪代表不具备反映民意的基础或者民众不具备表达意愿的渠道,那么不可更改的宪法条款将失去民主的合法性。

另外,暗示的宪法不可修改条款的正当性与维护宪法确立的政体特征具有密切的联系。前文已经列举了宪法学者和多个国家的宪法法院移植了印度最高法院的"基本结构"教义认定的存在暗示不可修改的宪法条款的案例。米切尔·鲍尔森(Michael Paulsen)从建构主义的视角将宪法视为自身就包含了维持宪法和国家生存的具有不可替代性的元规则。[⑥] 修宪机构未经掌握制宪权的人民明确授权推翻或者毁灭宪法确立的基本制度或者政体特征的行为构成了越权无效的结果。[⑦] "宪法至上"意味着宪定权机构只能行使有限的修宪权力。漠视宪法本身的特征,使用修宪模式摧毁宪法结构将违背制宪权的意志和信任。[⑧] 这也是印度法院建立和发展"基本结构"教义的基础。印度议会通过第42号修宪案赋予自身不受限制地修改宪法的权力,但是印度最高法院多数法官在 Minerva Mills 案的

---

① Kemal Gözler, *Judicial Review of Constitutional Amendment: A Comparative Study*, New York: Eakin Press, 2008, p. 52.

② 2007年泰国宪法第291条第1款规定泰国的国王制度不得修改,1962年科威特宪法第175条规定科威特皇室制度不得修改。

③ 1824年墨西哥宪法第3条规定墨西哥是将永远信奉罗马天主教的国家,1907年伊朗基本法补充条款第2条规定法律不得违反神圣的伊斯兰。

④ 1979年索马里民主主义人民共和国宪法第112条第3款规定社会主义制度不可修改。

⑤ 1999年尼日尔宪法第139条和2009年尼日尔宪法第152条皆规定保障从1996年1月27日到1999年4月9日政变期间人权侵犯者获得赦免的权利不得修改。2005年布隆迪宪法第299条规定不得修改调和国内政治和平秩序的宪法条款。

⑥ Michael Stokes Paulsen, "The Constitution of Necessity", *Notre Dame Law Review*, vol. 79, no. 4, (July 2004), p. 1257.

⑦ Sampson R. Child, "Revolutionary Amendments to the Constitution", *Constitution Review*, vol. 10, no. 1 (January 1926), p. 28.

⑧ Dietrich Conrad, "Constituent Power, Amendment and Basic Structure of Constitution: A Critical Reconsideration", *Delhi Law Review*, no. 7 (1977), p. 17.

判决中指出:"议会赋予自身不受限制的修宪权将导致议会凌驾于宪法之上,终结宪法最高权威的地位。议会将有权改变包括基本结构在内的整部宪法,通过改变宪法特征的方式摧毁宪法。"[①]乌蓬德拉·巴克西(Upendra Baxi)指出,即便部分印度的法官反对适用"基本结构"教义,但是他们认为应通过"善意解释"的方式限制修宪权的滥用。[②]

罗兹内伊认为宪法形成的价值等级秩序和宪法特征是理解宪法基本结构的关键因素。[③] 宪法容纳了许多价值性的原则。[④] 但是,罗兹内伊依据德国宪法的判例认为所有的宪法原则并不处于相同的地位。[⑤] 彼德·哈勃勒(Peter Häberle)认为:"宪法不仅是司法性的文本和规范,同时也是该地域'人民'身份的文化性表达,反映了文化传统和期望的基础。"[⑥]但是,罗兹内伊混淆了用于宪法解释的规范特征和用于比较性表达研究的宪法文化特征间的差异。后者意味着宪法是普遍性价值和地域特殊性矛盾的混合体,宪法的文化特征永远不是静态的。[⑦] 但是,随着时间不断重新塑造的文化性宪法特征不会对国家的宪法基本结构产生威胁。[⑧]

罗兹内伊的另一个错误是依照施米特的思路将宪法容纳的所有基本原则等级化。高兹勒认为尽管不同的宪法规范体现不同的道德基础,但是不应该存在某个具体的规范派生于另一个宪法规范,因此宪法规范间不应

① Minerva Mills Ltd. vs. Union of India, AIR 1980 SC, 1824.

② Upendra Baxi, "Some Reflections on the Nature of Constituent Power", in R. Dhavan & A. Jacob (eds.), *Indian Constitution-Trends and Issues*, Mumbai: N. M. Tripathi Private Ltd., 1978, p. 127.

③ Yaniv Roznai, *Unconstitutional Constitutional Amendment: The Limits of Amendment Powers*, Oxford: Oxford University Press, 2017, p. 144.

④ Bruce Ackermann, "Constitutional Politics/ Constitutional Law", *Yale Law Journal*, vol. 99, no. 3 (December 1999), p. 525.

⑤ Yaniv Roznai, *Unconstitutional Constitutional Amendment: The Limits of Amendment Powers*, Oxford: Oxford University Press, 2017, p. 144-145.

⑥ Peter Häberle, "The Constitutional State and Its Reform Requirement", *Ratio Juris*, vol. 13, no. 1 (March 2000), p. 79.

⑦ Michel Rosenfeld, "The Identity of Constitutional Subject", *Cardozo Law Review*, vol. 16, no. 3-4, (January 1995), pp. 1050-1051.

⑧ Gary J. Jacobsohn, "Constitutional Identity", *The Review of Politics*, vol. 63, no. 3 (Summer 2006), pp. 325-326.

该具有等级性。[①] 罗兹内伊欲真正展示的是每一个宪法原则都不是孤立存在的,需要从融贯性的视角理解修宪权的内容。这便是1951年德国宪法法院建构宪法等级秩序的理由。在Southwest案的判决中,德国宪法法院指出:"宪法是一个内在统一的文件,每一部分都要与其他部分相联系。作为整体,宪法反映了最高性原则和基本性决定。其他的宪法条款要受到这些基本内容的决定。"[②]由于德国特殊历史环境,保障人的尊严在德国宪法秩序中具有特殊性,因此禁止修改保障人的尊严的宪法条款。[③]

劳伦斯·特里博(Lawrence Tribe)反对美国宪法典存在暗示性不可修改的宪法条款,但是他承认严重偏离宪法原则的修正案具有"违宪"的特征。宪法条文并非是由孤立的条文组成,体系性的原则连接所有的宪法条文,使其成为一个整体性的秩序。[④] 因此,所有宪法条文中具有不受限制的修宪权主体都必须在整个的宪法体系中寻找自己的权限,"不能改变支持宪法权威和特征的基本结构"[⑤]。

暗示的宪法不可修改条款是否违反了"明确的意思表示才能排除其他解释"(expressio unius est exclusio alterius)的法律格言?乔治·亚曼(George Yeaman)认为一个政体不能既存在文本宪法又存在与之矛盾的精神宪法。只要修宪规范没有限制修改对象,那么国会就可以依照程序修改任何宪法内容。[⑥] 奥托·福斯曼(Otto Pfersmann)从规范主义的视角认为亚曼对于修宪权限的理解过于狭隘。福斯曼认为修宪权的界限是隐藏

---

① Kemal Gözler, "Sur la validité des limites à la révision constitutionnelle déduite de l'esprit de la constitution", *Annales de la faculté de droit d'Istanbul*, vol. 31(Mai 1997), p. 109.

② BVerfGE 14, 32 (1951).

③ Walter F. Murphy, "The Right to Privacy and Legitimate Constitutional Change", in S. Slonim (ed.), *The Constitutional Basis of Political and Social Change in the United States*, Santa Babara: Praeger, 1990, p. 213.

④ Dietrich Conrad, "Basic Structure of the Constitution and Constitutional Principle", in S. Sorabjee (ed.), *Law and Justice: An Anthology*, Prayagrai: Universal Law Pub. Co., 2003, p. 186.

⑤ Dietrich Conrad, "Basic Structure of the Constitution and Constitutional Principle", in S. Sorabjee (ed.), *Law and Justice: An Anthology*, Prayagai: Universal Law Pub. Co., 2003, p. 379.

⑥ George H. Yeaman, *The Study of Government*, Boston: Little, Brown and Co., 1871, pp. 710-711.

在规范性体系内的，需要通过价值和体系性的解释寻找不可更改的内容。[①] 依据1961年土耳其宪法第9条，土耳其宪法第1条确立的共和原则为明确的不可修改宪法条款。但是，1965年土耳其宪法法院指出宪法第2条规定的共和制的特征和本质为暗示的宪法不可修改条款[②]；波多黎各最高法院也以宪法第7条规定的"人民主权"原则推定共和政府模式属于暗示的宪法不可修改条款[③]。

明示不可修改和暗示不可修改宪法条款之间不具有绝对的排他性。从上述的判决中可以看出两者关系是彼此支持。孔拉德认为明示的不可修改条款仅是对宪法价值的确认和制约修宪权的指南，不是限制修宪权的完全清单。[④] 同时，修宪者以符合宪法精神的方式修宪是政治逻辑的一部分。修宪者通常是制宪权人的代理人，不能违背人民的原初意志。这与民法学中的"任何人不能从自己不道德或者违法行为中获得合法利益"的原则相同。倘若修宪权人掌握无限的权力，摧毁宪法，违背人民的意志，那么宪法最高权威将成为空谈。

四、不可修改的宪法条款的稳定性与原初制宪权

罗兹内伊认为不存在真正稳定的不可修改的宪法条款。技术性的修宪和释宪或者呼唤享有原初制宪权的人民重新出场都是逃避宪法限制或者为宪法改变提供合法性的基础。[⑤]

依据西耶斯的制宪权理论，政治民族有权重新集结表达共同的政治意志。宪法不能限制人民通过行使原初制宪权的方式推翻或者修改宪法，宪

---

① Otto Pfersmann, "Unconstitutional Constitutional Amendment: A Normativist Approach", *ZÖR*, vol. 67, no. 1 (March 2012), p. 103.

② Tarik Olcay, "The Unamendability of Amendable Clause: The Case of the Turkish Constitution", in R. Albert & B. Oder (eds.), *An Unamendable Constitution? Unamendablity in Constitutional Democracy*, Cham: Springer, 2018, p. 327.

③ Yaniv Roznai, *Unconstitutional Constitutional Amendment: The Limits of Amendment Powers*, Oxford: Oxford University Press, 2017, p. 152.

④ Dietrich Conrad, "Limitation of Amendment Procedures and the Constituent Power", *Indian Yearbook of International Affairs*, vol. 16, 1970, pp. 418-419.

⑤ Yaniv Roznai, *Unconstitutional Constitutional Amendment: The Limits of Amendment Powers*, Oxford: Oxford University Press, 2017, p. 128.

法是人民意志的产物。维奇·杰克逊(Vicki Jackson)指出不可修改的宪法条款只能限制修宪机构的权限,无法限制人民通过其他的和平或者暴力的方式改变宪法。[①] 詹姆斯·威尔逊(James Wilson)认为:"人民权力位于宪法之上。只要人民愿意改变宪法,那么他们可以随时依据自己愿意的方式进行改变。任何一种制度都不能剥夺他们的这项权利。"[②]艾马尔也赞同威尔逊的观点。他认为尽管美国宪法第5条没有明确赋予人民改变宪法的权力,但是人民的授权是宪法合法性的根源。因此宪法第5条不能成为否认人民主权或者民主的宪法依据。人民可以通过公投或者特殊集会的方式表达意见,形成公众意志,在第5条之外保留他们不可剥夺的修宪权利。[③] 即便是确立了永恒条款的德国基本法也在第146条规定了"当德国人民依据自由意志选择了一部新的宪法时,基本法将自动失去效力"。

在民主尚很脆弱的国家,不可修改的宪法条款能够潜在地激发民众的革命意识。[④] 为了推翻不可修改宪法条款对于改革的影响,以人民名义的革命与政变成为消除阻力的唯一合法依据。琼·艾斯特(Jon Elster)认为:"智勇双全的人民将找到打破套在自己身上枷锁的力量。"[⑤]从政治宪法学视角分析,宪法的合法性不能脱离人民对宪法秩序的认可和支持。当变革宪法呼声高涨,人民的力量和诉求会逾越宪法程序本身的限制。因此,很难想象"立宪者会依据宪法条款的不可更改性对抗民众的意愿"[⑥]。

---

① Vicki Jackson, "Unconstitutional Constitutional Amendments: A Window into Constitutional Theory and Transnational Constitutionalism", in G. Wallrabenstein, P. Dann & M. Bäuerle (eds.), *Demokratic-Perspektiven Festschrift für Brun-Otto Bryde Zum*, Heidelberg: Mohr Siebeck, 2013, p. 47.

② James Wilson & Thomas Mckean, *Commentaries on the Constitution of the United States of America*, Philadelphia: published by T. Lloyd, 1792, pp. 38-39.

③ Akhil R. Amar, "Philadelphia Revisited: Amending the Constitution outside Article V", *University of Chicago Law Review*, vol. 55, no. 4 (Fall 1988), pp. 1098-1099.

④ Andrew Friedman, "Dead Hand Constitutionalism: The Danger of Eternity Clauses in New Democracies", *Mexican Law Review*, vol. 4, no. 1 (March 2011), pp. 93-96.

⑤ Jon Elster, *Ulysses Unbound-Studies in Rationality, Precommitment, and Constraint*, Cambridge: Cambridge University Press, 2000, p. 96.

⑥ Benjamin Akzin, "The Place of the Constitution in the Modern State", *Israel Law Review*, vol. 2, no. 1 (January 1967), p. 12.

宪法在革命面前显得无能为力，不可更改的宪法条款随即失去了权威性。[①] 本杰明·阿克金(Benjamin Akzin)指出："没有任何一部宪法可以在社会催化的革命面前依然保持良好运行。"[②]不胜枚举的革命和政变的历史都证实了阿伦特的"法律很少会成为与政治权力斗争的获胜者"[③]。1824 年墨西哥宪法规定共和制和联邦制为不可更改的宪法条款，但是保守派通过政变的方式夺取了政权，并在 1836 年新制定的宪法中废除了联邦制。[④] 巴西宪法规定共和制为不可修改的宪法事项，但是这并不能阻碍军政府通过政变的方式掌握权力。[⑤] 即便是在不可更改的宪法条款具有民意支持的情况下，掌握军权的势力往往通过政变获得超越宪法的实际权力。例如，1952 年希腊宪法规定民主的政府制度是不可修改的宪法事项，但 1967 年的军事政变终结了民主的宪法。但是，为了粉饰自身的合法性，发动政变的军政府仍然可能会延续承认先前政权制定的宪法原则。1968 年希腊军政府在新宪法中继续承认民主性君主立宪政体为宪法不可更改的条款。[⑥] 因此，卡尔·罗文斯坦(Carl Loewenstein)指出在社会动荡和危机的时刻，不可更改的宪法条款无异于一张被人忽视和厌恶的政治承诺，但是在安定的状态下，不可更改的宪法条款是修宪权的禁区。[⑦]

德国基本法第 20 条规定："在没有任何其他救济方法的情况下，所有的德意志人民皆有权利抵制任何人废除宪法的行为。"第 20 条宪法规范的目的印证了从阿伦特到罗文斯坦的法律无法抵御政治权力的观点。图什

---

① Bruce Ackerman, *We the People: Foundations*, Cambridge: Harvard University Press, 1991, pp. 20-21.

② Benjamin Akzin, *On the Stability and Reality of Constitutions*, Jerusalem: Hebrew University Press, 1955, p. 332.

③ Hannah Arendt, *On Revolution*, New York: Penguin, 1965, p. 142.

④ Santiago Roel, "History of Mexican Constitutional Experience: From Zitacuaro, 1811, to Queretaro, 1917", *California Western Law Review*, vol. 4, no. 2 (Summer 1968), pp. 256-259.

⑤ Luciano Maia, "The Creation and Amending Process in the Brazilian Constitution", in M. Andenas (ed.), *The Creation and Amendment of Constitutional Norm*, London: BIICL, 2000, p. 60.

⑥ Konstantinos Pilpilidis, "A Constitution for Eternity: An Economic Theory of Explicit Unamendability", in R. Albert & B. Oder (eds.), *An Unamendable Constitution? Unamendablity in Constitutional Democracy*, Cham: Springer, 2018, p. 77.

⑦ Karl Lowenstein, "Constitutions, Constitutional Law", in C. Kenig (ed.), *Marxism, Communism, and Western Society: A Comparative Encyclopedia*, Herder and Herder, 1972, pp. 180-181.

奈特将其视为保障永恒条款的“政治防御力量”。[①]

罗兹内伊认为即便宪法明示规定了不可修改的宪法条款，但是修宪权依旧可能通过策略性的修宪路径改变达到改动宪法的目的。倘若所保障的宪法内容和确立保障该内容的宪法规范并非是相同的宪法条款，那么修宪者可以通过废除或者修改后者的方式改变前者，或者同时作出修改。[②]该路径并非仅存在于理论方面。1989 年，葡萄牙议会修改了 1976 年宪法第 288 条保障的生产资料集体所有制是不可修改的宪法条款，从而瓦解集体所有制的宪法地位。但是，从制宪权和修宪权体现的当事人和代理人间的关系分析，确立保障具体不可修改宪法规范的条款本身也应该具有不可修改的性质。不承认这种性质的形式主义法学构成了尊重宪法文本，但忽视宪法精神的“宪法欺诈”(Fraude *à* la constitution)行为。[③]

国家机构是否有权力通过修宪方式新增不可修改的宪法条款呢？2011 年孟加拉国通过修宪的方式加入明示的不可修改的宪法事项。美国第 13 号修正案的前身——科尔文修正案——明确反对宪法授权议会和政府干涉州的立法规定的劳务或者服务内容。安德鲁·弗里德曼(Andrew Friedman)甚至认为倘若科尔文修正案通过，那么蓄奴制将成为不可修改的宪法条款。[④] 但是，依据罗兹内伊将修宪权定义为派生的制宪权和制宪权的代理人，修宪权不具有制宪权人规定何为宪法不可修改条款的权能。

五、宪法至上抑或人民至上:人民再次出场的性质与司法审查

人民权力和宪法至上始终是矛盾性的存在。在施米特看来，人民的政治决断是宪法产生的合法性来源，旧有的宪法不能限制人民作出政治决断

---

① Mark Tushnet, “Amendment Theory and Constituent Power”, in G. Jacobsohn & M. Schor (eds.), *Comparative Constitutional Theory*, Cheltenham: Edward Elgar, 2018, p. 330.

② Yaniv Roznai, *Unconstitutional Constitutional Amendment: The Limits of Amendment Powers*, Oxford: Oxford University Press, 2017, pp. 139-140.

③ Georges Liet-Veaux, “ La ‘fraude *à* la constitution’: Essai d'une analyse juridique des révolutions communitaires récentes: Italie, Allemand, France”, *Revue du droit et de science politique en France et a l'etanger* , no. 59, 1943, p. 116.

④ Andrew Friedman, “Dead Hand Constitutionalism: The Danger of Eternity Clauses in New Democracies”, *Mexican Law Review*, vol. 4, no. 2 (March 2011), p. 80.

的方式[①];但是在规范秩序框架下,宪法成为规制一切政治权力的最高权威,“宪法规定的人民便不再享有制宪权”[②]。为了维护宪法对政治秩序的影响和有效性,宪法通常也成为干涉人民政治权力的规范。这便产生一个问题:和平时代下人民是否有权重新出场行使制宪权。保罗·卡罗萨(Paolo Carrozza)指出传统的西方宪法理论仅将行使制宪权的时刻限定在革命或者抛弃旧制度。[③] 倘若从这个视角出发,施米特理论符合政治逻辑,即源于革命的宪法不能再反之规范革命的权力。然而,人民主权理论始终是民主政治的基石。以公民投票的方式决定改变宪法事项成为20世纪90年代独立的苏联加盟共和国和逐渐民主化的拉美国家的普遍选择。罗兹内伊了解在民主尚不成熟的国家中,规定不可修改的宪法条款可能会诱发革命,但是将宪法条款的重要性分级,将那些按照施米特定义的实定宪法作为基本的宪法条款,以更为严格的方式进行修改,是不可更改宪法条款的替代性选择。例如,1992年的立陶宛宪法第2条规定只有超过3/4的全体选民参加公投时才能修改宪法第1条规定的“立陶宛是主权独立的民主共和国”。依据拉美国家的宪法文本,不同的修改内容会导致不同的修宪程序。2009年玻利维亚宪法第411条规定全面修改宪法或者修改宪法的基本原则内容时,必须通过全民公投的方式产生动议后交由全权性的制宪会议起草新宪法的草案。2008年厄瓜多尔宪法从第441条到444条规定了不同的修宪程序。当修宪内容不会动摇国家宪法特征、限制公民基本权利或者宪法修改程序时,议会可以采取普通模式;当需要全面修改宪法时,需要重新组成制宪会议。这种“宪法阶梯”修宪模式既维护宪法的稳定性,也为人民意志变动宪法提供空间。[④]

在和平时期,人民是否能够在宪法规定的程序之外重新集结,制定新宪法呢?1962年,法国总统戴高乐为了消除参议院的制约,发动了全民公

---

① 参见[德]卡尔·施米特:《宪法学说》,刘峰译,上海人民出版社2013年版,第116页。

② [德]卡尔·施米特:《宪法学说》,刘峰译,上海人民出版社2013年版,第145页。

③ Paolo Carrozza, “Constitutionalism's Post-Modern Opening”, in M. Loughlin & N. Walker (eds.), *The Paradox of Constitutionalism: Constituent Power and Constitutional Form*, Oxford: Oxford University Press, 2007, pp. 172-173.

④ Yaniv Roznai, *Unconstitutional Constitutional Amendment: The Limits of Amendment Powers*, Oxford: Oxford University Press, 2017, p. 164.

投修改宪法的事件。由于全民公投修宪的方式违反了1958年法国宪法第9条,因此宪法委员会需要审理宪法修正案的效力。但是,宪法委员会指出人民享有国家的主权,宪法委员会无权审查人民以公投的方式通过的宪法修正案的合宪性。① 显然,宪法委员会认为人民直接行使主权的行为高于宪法权威的限制。这与里奥·巴沙克(Lior Barshack)观点完全相同。人民在政治行为中体现主权的特征越全面,宪法结构和修宪程序对公投内容的实际限制也就越小。②

1962年法国宪法法院的裁决是民主主义宪法的胜利,背后体现了人民享有原初的制宪权不受宪法控制的道理。无论是宪法规定了人民有权通过公投方式改变宪法,抑或人民有权在宪法程序之外改变宪法都体现出原初制宪权的最高权威和永久合法性。尽管部分宪法规定了人民再次出场行使原初制宪权,但是这种模式仅是为人民行使权力提供一种参考,而非强制性的规范。③ 在理查德·凯伊(Richard Kay)看来,"无论承认与否,真正的制宪权威能够在没有法律授权的情况下活动"④。

但是,当下宪法法院或者最高法院为了维护宪法规范最高权威的地位,通常会限制或者审查人民改变宪法的方式。德国宪法法院在里斯本案的判决中指出"日耳曼人民可以依据自由的意志赋予德国新的宪法,但是前提是必须符合基本法确立的合法性规范"⑤。英国最高法院在脱欧公投案的判决中认为即便议会通过的脱欧公投法案赋予民众决定英国是否继续保留在欧盟的权力,但是民众意见不能改变英国现有的宪制结构,议会才是唯一有权作出权威决定的机构。⑥ 甚至,依据1991年罗马尼亚宪法和现行的法国宪法皆要求宪法法院在全民公投前审查宪法修正案的合宪性。

---

① CC Decision No, 62-20, 6 Novembre 1962, Referendum Act, Rec., 1962, p. 27

② Lior Barshack, "Constituent Power as Body: Outline of a Constitutional Theology", *University of Toronto Law Journal*, vol. 56, no. 3 (Summer 2006), pp. 212-213.

③ Mark Tushnet, "Constitution-Making: An Introduction", *Texas Law Review*, vol. 91, no. 7 (June 2003), p. 2006.

④ Richard S. Kay, "Constituent Authority", *American Journal of Comparative Law*, vol. 59, no. 3 (Summer 2011), p. 735.

⑤ BVerfg, 2 be/08, 30 June 2009, para. 217. Available at https://www.bundesverfassungsgericht.de/SharedDocs/Entscheidungen/EN/2009/06/es20090630_2bve000208en.html.

⑥ R vs. Secretary of State for Exiting the European Union, [2017] UKSC 5.

这种模式在修宪程序上限制了民众改变宪法的选项。

预先限制模式是否危害人民行使原初的制宪权呢？罗兹内伊在这个问题上显得非常狡猾，他没有继续坚持全民公投的属性是人民行使原初的制宪权，而是认为"由于宪法规定了全民公投修改宪法的程序，因此人民是代表国家的一个机构。在此宪法政治秩序下不存在主权，因此人民的权力受到了限制"[①]。罗兹内伊没有详细和有说服力地解释为何在宪法规定全民公投的情况下，人民权力应该受到限制；而在宪法未规定公投的情况下，全民公投的结果具有高于宪法的权威。他认为一切宪法规定的修宪权都属于派生的制宪权，其范围应该小于原初的制宪权。基于宪法需要维护自身特征和有效运行的假设，任何派生的制宪权都应该服从于原初的制宪权。显然，杰弗里·莱诺维茨(Jeffrey Lenowitz)的宪法至上主义和施米特的观点影响了罗兹内伊对于全民公投改变宪法地位的认识。莱诺维茨认为："即便宪法修正案是通过宪法规定的全民公投方式通过的，这个程序依旧是宪法程序，不能损害宪法的最高性和主权性。因此，制宪权是不受限制的，但是派生的制宪权永远不是制宪权。"[②]史蒂芬·蒂尔尼(Stephen Tierney)认为要警惕全民公投与人民主权的关系。倘若是人民在宪法框架内进行全民公投，那么人民权力要受到宪法的限制。只有当人民作为原初的制宪者意图通过公投的方式打破原有的束缚，那么这个情景下的人民意志才具有最高权威。[③]

无论莱诺维茨还是蒂尔尼，他们皆是支持共和主义下的宪法权力观，认为任何政治权力都应该受到宪法规范的限制。相比于最高的宪法权威，人民权力不具有绝对至上性。然而，罗兹内伊将共和主义宪法观与代理人理论的结合导致了荒唐的结论：享有派生制宪权的人民是享有原初制宪权人民的代理人。无疑，罗兹内伊的结论在两个"人民"之间形成了等级性，封堵了一切前者希望改变宪法秩序的和平途径，也否认了变动中的人民主

---

① Yaniv Roznai, *Unconstitutional Constitutional Amendment: The Limits of Amendment Powers*, Oxford: Oxford University Press, 2017, p. 160.

② Jeffrey Lenowitz, *Why Ratification? Questioning the Unexamined Constitution-making Procedure*, PhD Thesis, Columbia University, 2013, p. 85.

③ Stephen Tierney, *Constitutional Referendum-The Theory and Practice of Republican Deliberation*, Oxford: Oxford University Press, 2002, pp. 12-14.

权和民主政治的基础。

但是,罗兹内伊的基本立场依旧是偏向民主主义,他支持民众提出修宪动议的合法性,也支持最大程度的民众参与是形成良好宪法的逻辑基础[①],甚至认为修宪公投和立法公投具有不同性质,后者应视为特殊的改变宪法基本内容的时刻[②]。结合罗兹内伊提出的"修宪权越多地获得民众的直接参与,它受到的限制也就越小"[③]的观点,公民投票虽然具有民意上的修宪权,但是依旧在实际过程中成为民众履行制宪权和人民主权的方式。

罗兹内伊立场的摇摆是民主主义宪法和共和主义宪法观间的争夺。宪法和人民谁具有最高权威始终不可能通过比较法和法哲学的方式找出普遍的答案。但是,稳定的宪法秩序所保障的民主结构和基本权利将是民主主义和共和主义宪法观的最大公约数。

六、结　论

诚然,无论是明示的还是暗示的宪法不可修改条款的正当性基础在于制宪权在建构国家政体的过程中具有最高的政治权威。但是,这不意味着宪法所包含的一切不可修改的宪法条款皆是源自制宪权的意志。制宪权虽然与人民主权有着很高的相似性,但是它仅在公共领域中发挥作用,不能干涉个人私领域,也不能剥夺个人保留的自然权利。[④]

修宪权属于特殊的宪法权力。它既不是典型的制宪权,也不是典型的宪定权,而是处于两者的中间,属于派生的制宪权。修宪权和制宪权间是代理人与被代理人之间的关系。任何违背被代理人意志的修宪结果皆属于"越权无效"的行为。为了维持宪法民主特征和稳定性,修宪权限不能完全与制宪权限相同。宪法规定了严格的修宪程序和禁止修改的宪法条款。

---

① Yaniv Roznai, *Unconstitutional Constitutional Amendment: The Limits of Amendment Powers*, Oxford: Oxford University Press, 2017, pp. 173-174.

② Yaniv Roznai, *Unconstitutional Constitutional Amendment: The Limits of Amendment Powers*, Oxford: Oxford University Press, 2017, p. 172.

③ Yaniv Roznai, *Unconstitutional Constitutional Amendment: The Limits of Amendment Powers*, Oxford: Oxford University Press, 2017, p. 170.

④ Paolo Carrozza, "Constitutionalism's Post-Modern Opening", in M. Loughlin & N. Walker (eds.), *The Paradox of Constitutionalism: Constituent Power and Constitutional Form*, Oxford: Oxford University Press, 2007, p. 173.

但是,明示的规定不是限制修宪权限的全部内容。宪法的权威性在维护自身确立秩序的有效运作,因此需要通过融贯性解释的方法寻找宪法基本结构和宪法特征作为法官确立暗示不可修改宪法条款的基础。

依据西耶斯的定义,制宪权不受一切既有法律的限制。施米特也认为制宪权的本质是政治决断,是宪法的来源。不可更改的宪法条款仅是一个时代制宪的结果,不能剥夺人民享有原初制宪权的事实。因此,人民通过特殊的集会或者全民公投的方式依旧可以在宪法程序之外获得改变宪法的合法性。即便施米特认为"制宪权本身永远不能依宪法而设立"[①],但是很多国家宪法文本中纳入了人民再次出场的宪法条款。人民有权在宪法的框架下创制和复决宪法修正案。但是,这种宪法设计本身不应该视为"宪法化的制宪权",而是宪法为原初制宪权行使提供建议途径。

但是,民主主义宪法观与共和主义宪法观在人民权力与宪法权威之间存在冲突。前者将人民意志作为一切政权和法律的合法性基础,但是共和主义宪法观则将不同权力的平衡与稳定作为最高的公共利益。在共和主义框架下,宪法具有最高的正当性。在宪法秩序内公投修宪也必须要符合已有的宪法秩序。显然,共和主义的宪法秩序改变了西耶斯的制宪权理论,也可能会推翻施米特的人民政治决断具有最高权威的理论。罗兹内伊希望继续用派生制宪权和代理人理论为限制人民意志提供合理性解释,但是这显然不符合政治逻辑和民主常识,也不符合他本人持有的宪法哲学基础。在逻辑上,人民是人民的代理人显然是荒唐的,而新的一代人不能永远受制于旧有一代人民的意志。实际上,民主主义是罗兹内伊的宪法理论基础。他承认全民公投改变宪法属于特殊的宪法时刻,而人民参与修宪程序越加广泛和直接,那么宪法对于修宪程序的限制也就越小。

---

① [德]卡尔·施米特:《宪法学说》,刘峰译,上海人民出版社 2013 年版,第 121 页。

比例原则应否引入民法？

——与郑晓剑先生商榷

梁　超*

摘要　当前，学界对行政法中“帝王条款”的比例原则适用范围应否扩张到民法存在较大分歧。比例原则通过限制公权力保障私权利等路径上升为宪法原则尚不清晰，以其论证引入民法的逻辑不周严。基本权利与民事权利在价值层面虽有融通，但防御对象、手段和强度迥异，将其引入民法不可行。比例原则确实对私法自治、诚实信用和利益均衡理论修正和适用提供了方法，但制度问题应先寻求体系内部救济，非必要勿引他法。民法涉及民事立法、司法和法律适用，其在立法层面有适用价值，但在司法和法律适用中均存障碍，因此将比例原则引入民法应慎重。

关键词　比例原则；民法；基本权利；利益平衡

比例原则萌芽于19世纪普鲁士高等法院对预防警察权力扩张侵害社会公众利益的十字架山判决中①，后被“比例原则之父”麦耶尔在《德国行政法》

*　梁超，山东大学法学院民商法专业2017级硕士研究生。

①　19世纪中期，警察拥有无限制的维持公共安宁、秩序的防御危害权力。19世纪后期，柏林市郊的十字架山上建有一个胜利纪念碑。柏林警方为使市民可以看见令人鼓舞的纪念碑，而以促进福祉为由公布建筑命令，规定山区附近居民建筑房屋高度不得阻碍柏林市民观看纪念碑的视线，原告提起诉讼，普鲁士高等法院以警察机关援引福祉而制定建筑禁止令未得到法律授权为由，支持原告胜诉。

中进行系统化论述并不断发展成为一项行政法原则。随着法律思潮在地域范围的“西学东渐”，尤其是德国行政法法学理论的引进，被誉为公法上“皇冠”和“帝王条款”的比例原则逐步发展成为我国行政法基本原则，并为学界普遍接受。[①] 但近些年来，随着比例原则研究的深入，其适用范围也出现扩张性的探讨，即认为比例原则不再单纯是行政法专有原则，其在宪法、民法、刑法、知识产权法、房地产税法等领域都有适用及展开空间。[②] “每一代法学理论的领军人物都是先礼后兵，在向前人的学术思想表达尊重之后，随即指出前人的盲点。”[③]正是在这样批判性继承思想运动中，我们不断获得关于法律及其作用过程的新认识。在这思想运动下，本文以郑晓剑先生在《中国法》2016 年第 2 期发表的《比例原则在民法上的适用及展开》（以下简称“郑文”）一文为探究蓝本，并冒昧与郑晓剑先生进行商榷。郑先生精湛的文风、严密的论证对于笔者思考研究比例原则这一行政法原则是否具有普世性并应否引入民法提供了重大启示。

郑文不仅对于宪法、行政法等公法基本原则理论提出质疑，更对民法这一私法基本原则理论提出挑战。若挑战成功，传统的比例原则理论以及公法、私法基本原则理论将面临重构的可能。2017 年 10 月 1 日《中华人民共和国民法总则》（以下简称《民法总则》）已经开始实施，民法典各分则编纂也在如火如荼地进行，民法体系趋于完善化和规范化。而对于在《民法总则》尚未见踪迹的比例原则在整个民法体系中是否应有一席之位？该席位又应有什么样的高度？这不仅关系民事立法问题、民事司法问题，更关乎民事法律适用问题，应当引起足够的关注和重视。要回应郑先生对于

---

① 相关观点参见姜明安、余凌云：《行政法》，科学出版社 2010 年版，第 89～90 页；应松年：《行政法与行政诉讼法》，中国政法大学出版社 2012 年版，第 47～48 页；罗豪才、湛中乐：《行政法学》，北京大学出版社 2012 年版，第 33～34 页。

② 相关观点参见李燕：《论比例原则》，《行政法学研究》2001 年第 2 期；范剑虹：《欧盟与德国的比例原则——内涵、渊源适用与在中国的借鉴》，《浙江大学学报（人文社科版）》2000 年第 5 期；杨翱宇：《论比例原则在民法中的地位》，《河北法学》2017 年第 2 期；郑晓剑：《比例原则在民法上的适用及展开》，《中国法学》2016 年第 2 期；陈景辉：《比例原则的普遍化与基本权利的性质》，《中国法学》2017 年第 5 期；纪海龙：《比例原则在私法中的普适性及其例证》，《政法论坛》2016 年第 3 期；张明楷：《法益保护与比例原则》，《中国社会科学》2017 年第 7 期；陈思瑞：《比例原则在我国房地产税法中的适用》，《法治论坛》2017 年第 2 期。

③ 熊丙万：《实用主义能走多远？——美国财产法学引领的私法新思维》，《清华法学》2018 年第 1 期。

比例原则在民法上的适用及展开问题,就需要认真逐一研究比例原则在民法适用的正当性、可行性、必要性以及具体展开的可操作性问题。

一、比例原则引入民法的逻辑前提是否周严

郑文对于比例原则在民法上适用逻辑的分析路径为:从理论基础层面,先用历史法学的研究方法梳理了比例原则如何从对警察权力的限制发展成为行政法原则的脉络,并进一步明确了比例原则强调对私人权利和自由"适度性"干预的基本理念[①],要求公权力必须在限制基本权利的目的和限制基本权利的手段之间进行衡量,不能不择手段地追求目的的实现[②]。从实践层面,比例原则主要作用于国家公权力可能对私人的权利及自由产生影响的活动领域,其不仅约束行政,也约束立法和司法,明确比例原则的适用范围。接着,郑文阐述比例原则在于"手段"和"目的"之关联性考察,切实地通过适当性原则、必要性原则和均衡性原则三个子原则有序运行来限制公权力保障私权利,并成为一种原则性规范。最后从反面回应了部分学者认为比例原则系属一纸空文,是无内容的判断标准或一般性衡平法观念的争议,并从正面强化"在国家的契约理论,特别是宪政国家、法治以及宪法基本权保障等理念的支持之下"[③],以及比例原则自身禁止过度的精髓使比例原则由行政法的基本原则上升为宪法原则,并对民法在内的整个法律秩序发生作用。

笔者对于郑文所梳理和论证的比例原则成为行政法发展脉络和基本理念表示赞同,但对比例原则引入民法的逻辑前提周严程度有疑问。不难看出郑文认为比例原则在民法上适用逻辑前提在于,比例原则通过子原则的有序运行达致预防公权力过度干预私权利的效果和宪政国家、法治以及宪法基本权保障等理念的支持,使得该原则由行政法原则上升为宪法原则并对民法在内的整个法律秩序具有普遍性。分析这一逻辑是否周严必然离不开作为行政法原则的比例原则是否可以通过适度限制公权力保障私

---

① Vgl. Harald Kreuz. a. a. O. (Fn. 21). S. 35. 转引自郑晓剑:《比例原则在民法上的适用及展开》,《中国法学》2016 年第 2 期。

② 参见张翔:《财产权的社会义务》,《中国社会科学》2012 年第 9 期。

③ 余凌云:《论行政法上的比例原则》,《法学家》2002 年第 2 期。

权利的禁止过度理念和国家契约理论的通道上升为宪法原则。若上升为宪法原则，那么该原则是否必然对于民法在内的整个法律体系普遍适用？

在分析这一问题之前，必然无法回避对于比例原则本身的阶段解构剖析（见图 1）。当前学界对于比例原则本身阶段结构有二阶理论、三阶理论和四阶理论。[①] 本文以通说的三阶段说展开论述，认为比例原则并非单一性原则，而是由适当性原则、必要性原则和均衡性原则（狭义比例原则）构成，并以递进式顺序逐步考量国家公权力限制基本权利的手段与实现目的价值是否相均衡，防止公权力对私权利的过度干预。其中，适当性原则是指为实现特定目的（如公共利益等），国家公权力有多种限制私人基本权利的手段（如图 1 中，国家公权力为实现特定目的如公共利益，有手段 1、2、3 等不同选择），若选择的手段与实现的目的不符，则率先违背了适当性原则。必要性原则要求在满足适当性原则下的多种限制私人基本权利的手段中选择限制最轻、损害最小的（如图 1 中，比较手段 1、2、3 中对于私人基本权利限制大小，选择限制最小的手段 3）。均衡性原则（狭义比例原则）指衡量必要性原则下选择的限制私人基本权利最小的手段所付出的“成本”与目的价值实现的“收益”是否相称。适当性和必要性原则是以“目的实现”为标准来考虑“手段”，而均衡性原则（狭义比例原则）则以“手段损害程度和目的实现价值相称程度”为标准，考量“手段”（此时的“手段”指符合必要性原则的“手段”）实施的必要性。通过“手段”实施对于私人基本权利的“损害程度”与手段实施对于公共利益实现的“目的价值”进行衡量，此过程类似于经济学上的“成本”和“收益”之博弈思考。针对“手段”和“目的”关联性，只有依次经过比例原则三个子原则的审查，才可切实检视国家行为是否具有合宪性，以达到保护人民之自由与权利的目的。[②]

---

① 二阶理论认为，比例原则由必要性和均衡性构成，而适当性是必要性及均衡性的附庸物，无太多实际功能。而三阶理论认为，比例原则由适当性、必要性和均衡性三者构成，缺一不可（详见陈新民：《德国公法学基础理论》下册，山东人民出版社 2001 年版，第 368～375 页）。四阶理论在三阶理论基础上则将目的的正当性也作为比例原则的构成阶段（详见刘权：《目的正当性与比例原则的重构》，《中国法学》2014 年第 4 期；范进学：《论宪法比例原则》，《比较法研究》2018 年第 5 期）。

② 参见张红：《指纹隐私保护：公、私法二元维度》，《法学评论》2015 年第 1 期。

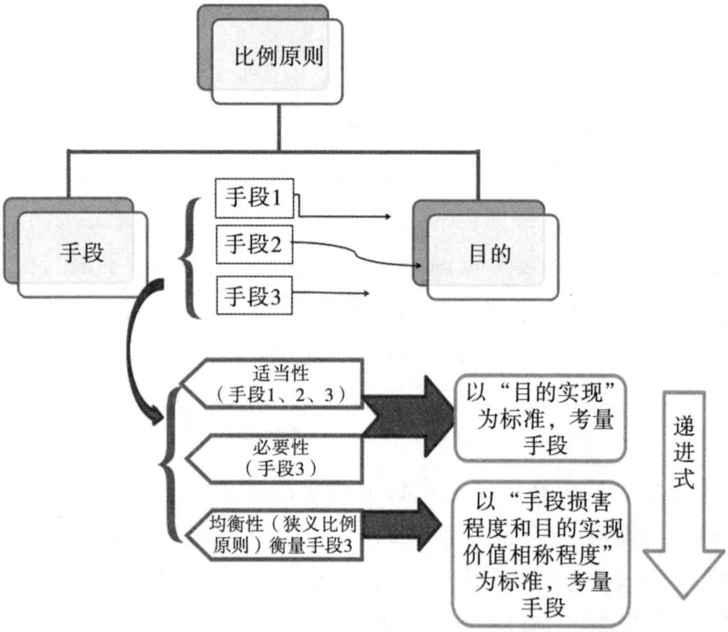

图 1　比例原则解构

通过比例原则解构可知，比例原则通过其三个子原则的有序运行可以达致预防公权力过度干预私权利的效果。但其可否如郑文所论证，与国家契约理论共同作用，使比例原则一跃上升为宪法原则？纵观我国 1954～1982 年宪法及其后经过的 1988 年、1993 年、1999 年、2004 年和 2018 年五次宪法修正案的宪法发展历程和当前宪法文本本身，均未明确将比例原则作为宪法原则。同时对于比例原则作为宪法原则在我国理论和实践中虽然有探究但并未成为主流观点[①]，且部分西方国家对于比例原则成为宪法原则也持保守态度[②]，而比例原则作为行政法的基本原则却已经深入人心。当前行政法与宪法的关系尚处于争议中[③]，而两者的下位概念中基本原则的关系更未剥离清晰。郑文仅以比例原则通过子原则的有序运行达致预防公权力过度干预私权利的效果为由便认为该原则可以由行政法领域上升或过渡到宪法领域，显然尚需进一步论证。

---

① 行政法上的比例原则升格为宪法原则的正当性问题，首先需要解决其在当前宪法规范依据。当前学界观点众说纷纭，主要观点有：(1)《立法法》第 6 条的“立法应当从实际出发，科学合理地规定公民、法人和其他组织的权利与义务、国家机关的权力与责任”，体现了宪法比例原则的精神；(2)《宪法》第 5 条规定的社会主义法治国家原则可作为比例原则的宪法基础；(3)《宪法》第 33 条第 2 款规定的“在法律面前一律平等”与《宪法》第 5 条第 5 款即“反对特权条款”等我国宪法平等权规范一同构成推导比例原则的重要宪法依据；(4)依据《宪法》第 33 条第 3 款即“国家尊重和保障人权”来推导比例原则是宪法原则；(5)依据《宪法》第 51 条的“中华人民共和国公民行使自由和权利的时候，不得损害国家的、社会的、集体的利益和其他公民的合法的自由和权利”来推导；(6)《宪法》第 10 条第 3 款关于“国家为了公共利益的需要，可以依照法律规定对土地实行征收或者征用并给予补偿”的规定以及《宪法》第 13 条第 3 款关于“国家为了公共利益的需要，可以依照法律规定对公民的私有财产实行征收或者征用并给予补偿”的规定，就是针对公民的土地承包权、经营权以及私有财产权等财产权进行法律限制时所应当遵循的比例原则依据。具体参见门中敬：《比例原则的宪法地位与规范依据——以宪法意义上的宽容理念为分析视角》，《法学论坛》2014 年第 1 期；翟翌：《比例原则的中国宪法规范基础新论——以宪法第 33 条为中心》，《新疆社会科学》2012 年第 5 期；饶龙飞、陈建晖：《比例原则的中国宪法规范依据》，《山东科技大学学报(社会科学版)》2016 年第 4 期；姜昕：《比例原则研究——一个宪政的视角》，法律出版社 2008 年版，第 174 页；陈新民：《中国行政法学原理》，中国政法大学出版社 2002 年版，第 42 页；范进学：《论宪法比例原则》，《比较法研究》2018 年第 5 期。

② 德国学者 Eb. Schmidt 认为比例原则并没有一定的标准，会流向主观的、反理智的(情感主义)后果，不可扩充到宪法；行政法大师 E. Forsthoff 认为比例原则由行政法领域提升到宪法层次，会造成比例原则的质变。详见陈新民：《德国公法学基础理论》下册，山东人民出版社 2001 年版，第 387 页。

③ 我国学者大多将宪法与行政法的关系置于整个法律体系当中进行比较。传统的观点一致认为，宪法是母法、根本法，具有最高的法律效力，是行政法的首要渊源；而行政法则是宪法的具体化，是仅次于宪法的独立的部门法。但也有学者提出质疑，如行政法学者叶必丰教授则以“部门法的存在以特定利益关系为基础”和“部门法的划分是对全部法律规范的分解和综合”为由，提出“宪法同行政法、民法一样，都是处于同一层次的独立部门法”的观点。龚祥瑞教授认为：“宪法是行政法的基础，而行政法则是宪法的实施。行政法是宪法的一部分，并且是宪法的动态部分。没有行政法，宪法只是一些空洞僵死的纲领和一般原则，至少不能全部地见诸实践。反之，没有宪法作为基础，行政法将无从产生。”王名扬教授他认为：“宪法是静态的法律，行政法是动态的法律，二者互相配合，互相需要。”陈端洪教授认为：“行政法与宪法的联系最为密切，因为都直接关心公共机构与权力，即具有很强的政治性，因此，被统称为政治法，行政法被称为动态的宪法，是宪法发展到‘行政国’与‘福利国’阶段的一个不可或缺的组成部分。”

解决该问题的关键在于对宪法和行政法原则产生及发展的追问来判断作为行政法基本原则的比例原则是否符合宪法原则的构成要件。宪法原则应该是决定“形式宪法”形式和内容的基本价值准则,源于反对特权现象的立宪主义的实践和对宪法功能与普通法律功能的区分。[①] 其产生和发展既是人类不断探索制衡政治权力的历史结果,也是以权力范畴为中心安排宪法制度的逻辑需要。[②] 自由和秩序是私人主体在建立和维系政治国家时所要考虑的终极问题。私人主体一方面需要通过国家公权力维系秩序,以克服“人吃人”的无能;另一方面要警惕国家公权力对自由的过度侵害,预防“机器吃人”的无奈。调整私人主体自由追求和国家公权力的秩序管理的宪法便应运而生,同时也催生出了以制衡政治权力范畴为中心,表征宪法正当性,决定宪法性质、内容和价值取向,高度抽象的指导立宪和行宪的宪法原则。而行政法基本原则是指导和规范行政法的立法、执法,以及指导、规范行政行为的实施和行政争议处理的一种高度抽象的并体现行政法基本价值观念的规范,其是在行政法调控行政权的历史长时期中形成的,由行政法学者高度概括出的调整行政关系的普遍性规范。[③] 因制衡国家行政权力的方向相同,使得宪法与行政法、宪法原则与行政法原则的关联性更为紧密,西德联邦行政法院的弗里兹·韦纳教授曾提出“行政法是宪法的具体实施”的著名论点。但关联性紧密,并不能忽视宪法原则和行政法基本原则在原则位阶、调控对象、效力维度以及生成方式上的区别。宣扬适度限制公权力保障私权利的禁止过度理念和国家契约理论的比例原则系属行政法调控行政权的历史长时期中形成的,并由行政法学者高度概括出的调整行政关系的行政法基本原则。其脱生于宪法的基本人权原则,在原则位阶上为宪法原则的下位概念和子概念,即无上升为与基本人权这一母概念作为宪法原则的可能性,更无必要性;相反,作为宪法具体实施的行政法原则更为适格,具有审查行政权力行使的操作性。宪法原则虽然并非一成不变,但因为其决定宪法性质、内容和价值取向,影响立宪和行宪的作用和地位,其变更不仅需要历史的检验,更需要严格的变革程序。

---

① 参见莫纪宏:《论宪法原则》,《中国法学》2001 年第 4 期。

② 参见秦前红、汪自成:《宪法原则的产生及其效力探讨》,《社会科学》2006 年第 3 期。

③ 参见姜明安:《行政法》,北京大学出版社 2017 年版,第 115～116 页。

当前关于比例原则作为宪法原则的问题，不论在司法实践中，抑或理论探讨中，均处于探索期，贸然将其作为宪法原则并在法律体系中应用，可能会因为“陌生性”导致立法和司法实践疲于应付，不仅难落实，也因缺乏配套的违宪审查机制而产生水土不服的障碍，导致法律体系原有的自洽性混乱、崩溃。同时宪法原则的生成需要经过严格的变革程序，在探索过程中应保持必要的谦抑性，将比例原则硬生生搬到宪法原则行列并不是目的，切实探究完善和实施基本人权保障这一宪法原则才更为迫切。

从反面进行追问，假使比例原则可以上升为宪法原则，而成为一项不成文的宪法原则，是否意味该原则必然对于民法在内的整个法律体系普遍适用？法律体系不是其所有组成部分（民法、行政法的等等）的简单综合，相反，它是一种相互依赖的诸成分的复杂内部联系。[①] 作为法律体系一部分的宪法系属根本法，是其他部门法的立法基础，其他部门法均不得与宪法抵触，占据法律地位的制高点。但法律地位的优越性并不代表法律设置的参照性，如民法先于宪法而存在，因调整对象的不同，基本原则的设置也必然有差异。因此民法的基本原则与其说是从宪法原则中“演化”出来，不如说其与后来的宪法形成相应“对接”。宪法解决的是国家体制问题，解决国家和公民关系的公共问题。而民法解决的是私人之间的法律关系，表达的是人与人之间人身关系和财产关系的问题。宪法与民法关系的发展背后存在着相互互动的内在价值以及社会结构与文化传统，但根据目前的研究资料，无法对两者的内在机理以及对不同发展阶段之间的学术逻辑进行体系化的评价。[②] 与此同时，比例原则若上升为宪法原则，其在立法领域、刑法领域、民法领域的适用都是有局限性的。就立法领域而言，拥有公权力的立法机关行使立法权的尺度应受比例原则的考量。但立法者于合宪的条件下得以明示或默示自主决定权利，是源于立法者的形成自由所必然。应为哪些利益而牺牲哪些利益，为何目的而牺牲一些利益并保护另一些利益，正是使得立法者能针对具体事项进行考量、权衡的原因所在，否则

---

① 参见[法]勒内·达维德主编：《法律结构与分类》，何力等译，西南政法学院法制史教研室编印，1987年，第194页。

② 参见韩大元：《宪法与民法关系在中国的演变—— 一种学术史的梳理》，《清华法学》2016年第6期。

立法者将不再具有政治决定上的自主性,而沦为宪法的执行机关了。正如有学者所言,基本上立法者在宪法下有权全面且自主地制定法律规范,虽然立法者仍不得逾越宪法所划定的框限,但这种框限是非实质内容的指示或非直接的内容限定,这种地位截然不同于听命行事、仅能于事先法律已明定的具体范围内行事的行政机关,所以比例原则拘束立法,不仅有悖于立法、行政、司法的权力分立原则,而且由于比例原则对立法者之立法目的与手段间的考量不具有合理的可预见性,法的安定性因此可能受到动摇。① 而就刑法领域而言,比例原则引入会导致刑事司法机关自由裁量权的扩大,易因法官素质参差不齐导致对于比例原则中的目的与手段界限把握不细,与罪刑法定原则相背离,最终私权利不仅没有受到应有的保护,还增加了遭受二次侵害的概率。而对于将比例原则引入民法所产生的局限性和面对的困难,下文将详细论述。通过正面论述以及反面检测,不难看出将行政法领域的比例原则上升到宪法领域作为其适用民法上的逻辑前提并不周严。

二、比例原则引入民法是否可行

郑文认为,由于比例原则本身是为了保护公民的基本权利而发展起来的,因此,论及比例原则在民法上的适用及其可行性,需要分析基本权利与民事权利之间的关系。基本权利与民事权利之间虽然存在"鸿沟",但并非"泾渭分明",两者在主体、内容及价值上存在关联性,仅仅形式上的分立,并不能遮掩基本权利不止具有防御国家公权的一面,同时具有在包括民法在内的整个法律秩序等深层价值问题上的贯通性及流动性。② 同时郑文还从民事立法离不开比例原则的角度进一步论证比例原则在民法适用的

---

① 参见许玉镇:《试论比例原则在我国法律体系中的定位》,《法制与社会发展》2003 年第1 期。

② 针对基本权利与民事权利关系的探究,主要围绕宪法的私法效力展开,当前有三种观点:宪法对私法有效说(直接效力说、间接效力说)、宪法对私法影响说、宪法对私法无效说(详见钱福臣:《我国宪法私法效力问题的基础认知——基于中西比较的立场》,《当代法学》2014 年第 2 期;于飞:《基本权利与民法权利的区分及宪法对民法的影响》,《法学研究》2008 年第 5 期;黄宇骁:《论宪法基本权利对第三人无效力》,《清华法学》2018 年第 3 期;马玉洁:《宪法私人间效力理论在日本的学说论争和最新发展》,《山东大学法律评论(2017)》,山东大学出版社 2018 年版,第 74～92 页)。郑文虽未明确以宪法的私法效力展开论述,但根据论述逻辑和内容,系宪法对私法有效说(间接效力说)。

可行性，其强调尽管民法具有诸种独立性，但是仍然需要服从政治制度的基本决定；民法规范不是由私人意志创设出来的，而是由负责规范制定的国家机关制定的。既然民法规范是国家立法权力的产物，而只要是国家权力，特别如立法者在私法中的活动，无例外地均有比例原则的适用。郑文指出，具体的实践中，在紧急避险、重大误解、相邻关系、显失公平等民法领域也都不同程度地体现了比例原则的要求和思想。最后郑文对比例原则可否一般地拘束民事活动进行深入分析，并提出若权利行使是双方在完全自由意志之下的意思表示一致的结果，就不应当适用比例原则，但若事实上的单方强制，此时即可适用比例原则进行必要的矫正。因为此时私人所享有的过度权利已经类同于国家的公权力，从而应受到基本权利的直接拘束，并由法官通过比例原则之操作，对双方过于失衡的权利义务关系进行调整，使之恢复均衡。

笔者认为郑文以基本权利和民事权利之间的关系为视角来为比例原则引入民法的可行性提供渠道是有道理的。因为比例原则是基于基本权利而产生的保障利器，假使基本权利与民事权利有关联性，即意味着基本权利与民事权利存在交叉，那么该交叉部分也就为比例原则在民法上适用提供可能性，但此处仅仅是可能性而非必然性。比例原则对基本权利的保障主要是提供司法审查的标准，侧重于对拥有立法裁量和行政裁量的公权力机关的限制，而非作用于私权利主体的民事权利。正如王泽鉴先生所说："基本权利的主要功能系为防御政府行为对人民的侵害，而非在于规范私人之间的法律关系，比例原则的适用将使法律行为受到严格的审查，而不利于私法自治。"①比例原则因基本权利与民事权利在价值层面存在融通的可能性，若不顾私法的自治性，强行融入私法固有稳妥体系中，易架空意思自治，使私法陷入沦为具体化宪法的危机中。

郑文想通过列举比例原则在民事立法层面有展示空间的例子来论证可能性会变成必然性，这显然是不充分的。因为广义上的民法不仅包括公权力涉猎的民事立法与民事司法领域，还包括仅有私权利的民事法律适用法。法律规范系立法者预先对利益进行权衡的结果，因此诸多法律法规背

---

① 王泽鉴：《民法思维——请求权基础理论体系》，北京大学出版社 2017 年版，第 152 页。

后蕴涵着比例原则的印记。[①] 如果比例原则就是审查所有立法活动的标准，那么这样的例子是无法穷尽的，但此仅能说明比例原则在民事立法活动中具有可行性，因为“民事法律”与“民事立法”这两个概念不可等同视之。民事立法所处理的，是立法机关如何分配民事权利义务的问题，此时立法机关与民事主体之间并不存在平等的对称关系；但民事法律所要处理的，却是平等主体之间的对称关系。依照传统的公法与私法的两分，前者属于典型的公法问题，后者属于典型的私法问题，它们之间的界限清楚而明显。[②] 而公法和私法本质差异也必然决定了公法的立法与私法的立法在比例原则适用上存在的差异。[③] 因此形式上源于公权力的民法并未给比例原则的适用预留全部空间。

进一步分析郑文从民事司法领域中强调法官在裁判民事案件中运用比例原则来平衡私权利主体这一证成，法官作为居中的裁判者，在处理民事纠纷时，应坚持在“以事实为依据，以法律为准绳”的前提下发挥自由裁量权来作出理性判决，但发挥自由裁量权并不代表法官必然会选择运用比例原则，否则即违背自由裁量的设计初衷。而且郑文在论证中已经暗示比例原则的精髓不是双方利益之间的衡量，而是一种目的和手段之间关系的衡量。若法官司法裁量中原被告双方的权益均通过比例原则来衡量，那将使得比例原则不仅成为一项司法原则，而且一跃成为司法所涉及所有领域的“帝王”指引。与此同时，郑文还忽略了若比例原则可以在民法中适用，则必然离不开其在私权利主体之间的民法运用的全面论证。但本质上民事权利行使是双方在完全的自由意志之下的意思表示一致的结果，并不涉及比例原则考量的外力，随即也堵死了比例原则在民法重要领域——民事法律适用的出路。放弃民事法律适用领域探究而仅从民事立法和司法中

---

① 参见和佳佳：《论比例原则对民事裁判的影响——基于对我国相关民事判决书的分析》，《研究生法学》2017 年第 2 期。

② 公法与私法的区别在于两者在问题的基本性质上是不同的，对于公法来说，一方面的问题是确保公益，另一方面的问题是恰当控制国家权力，使其不至于不当地侵害个人权利。对于私法来说，如果调整处于个人与个人这种权且对等之关系中的人之间的利害关系，才是核心问题。参见［日］山本敬三：《民法讲义Ⅰ总则》（第 3 版），谢亘译，北京大学出版社 2016 年版，第 8 页。

③ 参见李海平：《比例原则在民法中适用的条件和路径——以民事审判实践为中心》，《法制与社会发展》2018 年第 5 期。

即国家权力在民事活动中受限制来探求比例原则在民法中运用的可行性，显然是难以实现的。因此实现比例原则引入民法可行性的探究，不仅需要建造跨越公法和私法之间“鸿沟”的桥梁，保持各自独立性和法秩序整体的统一性，而且更要解决桥梁与公、私法衔接和运用的妥当性。

三、比例原则引入民法是否必要

探究比例原则在民法上适用的价值及其必要性，必须回归探究其在民事原理及制度间的关系。而郑文也是从比例原则与私法自治、比例原则与民法基本原则、比例原则与利益均衡理论这三个方面进行探究。对于比例原则与私法自治，郑文认为在民法中适用比例原则既可以防止私权利主体自身滥用权利，也可确保私法自治不被国家权力过度干预。而针对比例原则存在侵害私法自治可能性问题，则通过保留私权利主体之间基于意思自由进行民事法律适用领域为私法自治的“专有领域”，防范比例原则动摇私法自治根基的风险。对于比例原则与民法基本原则，为避免内容过于分散之嫌，郑文只探讨比例原则与民法帝王条款“诚实信用”原则的关系。诚实信用原则表现了一种对近代私法之个人自由主义观念的修正思想。① 那么比例原则是诚实信用原则的下位概念，其也表现了确保私法自治不被过度干预和滥用的法律观念，二者存在价值取向上的一致性，私法自治应在不抵触实质正义的条件下得到实现和维护。同时，比例原则还可以广泛作用于相邻关系等具体民法领域、解决侵权损害完全赔偿原则的缓和等民法问题，应升格为民法基本原则。而对于比例原则与利益均衡理论，郑文认为比例原则与利益均衡理论虽在功能上存在共通，但作为利益衡量的指导和参考框架的比例原则可通过权衡过程的合理化和内容的具体化来弥补利益均衡理论在参考权利或法益位阶方式上的局限，进而论证比例原则在民法适用的必要意义。

私法自治、诚实信用、利益均衡理论都是近现代社会催生的重要理论、原则和法解释方法，反映具有历史性意义的特定时代的思想，但在现实社会中却存在不同程度的适用障碍。特别是以经济交易为代表的竞争社会、

---

① 参见朱广新：《信赖保护原则及其在民法中的构造》，中国人民大学出版社 2013 年版，第 118 页。

私法的社会性和概念法学解释适用僵化等情况下，掀起民法思潮修正之风。而郑文探究比例原则在民法上适用的本质也正是民法修正思潮下的产物，其从三个维度来具体分析比例原则与民法原理、制度之间关系探究价值的思路是有意义的，但有意义并非代表其有必要引入民法。当民法内部制度出现问题，应首先寻求内部其他制度的紧急补充救济，若紧急情况已经度过或根本无法补充的情况下，则应从制度稳定性的角度出发进行自我修正，而非贸然径直选择引入其他制度来修正，否则极易打破固有体系的平衡，也带来新制度衔接不适的问题。

(一)比例原则与私法自治

私法自治，指民事主体依法享有在法定范围内的广泛的行为自由，并可以根据自己的意志产生、变更、消灭民事法律关系。[①] 在政治国家中，私人是国家的“奴隶”，而在市民社会中，私人却是自己的“主人”，权利的行使和义务的承担仅依私人意思自律决定。自由的主要意义在于不被强迫做法律所没有规定要做的事情，一个人只有受民法的支配才有自由。因此我们自由，是因为我们生活在民法之下。[②] 但不论是总体上的私法自治还是个体上的私人自由，都并非是绝对的，都将在现实中面对国家公权力和强势私权力的威胁。而针对前者之威胁，已由上文探究比例原则在立法和行政中的作用情况予以论述，本处着重分析郑文提出比例原则调整“优势地位的私人和弱势地位的私人之间关系”必要性问题。民法是以权利体系来构建的，因而必然会带上个人主义和自由主义的色彩。[③] 而个人之间存在因交涉力的不均衡以及信息收集能力的不对等而产生弱肉强食的情况，但为了防止民法上出现这种实质的不平等的问题，民法自身制度便可救济处于不利地位的弱者。例如，在宏观上设置公平原则和禁止权利滥用原则来防止私人利用优越地位在自由行使自己权利时，侵犯公共利益以及他人的合法权益，产生不公平问题。而微观上设置便于操作的具体制度：高利贷契约问题，可通过民法规则进行利息限制或者主张乘人之危予以撤销；格式条款的交易，可通过格式条款自身的解释规则和认定无效情形来实现双

① 参见王利明：《民法总则研究》，中国人民大学出版社2003年版，第110页。

② 参见[法]孟德斯鸠：《论法的精神》(下)，张雁深译，商务印书馆1995年版，第132页。

③ 参见[日]大村敦志：《民法总论》，江朔、张立艳译，北京大学出版社2006年版，第43页。

方主体公平对话;公权力机关以平等主体身份与私人之间的民事法律关系可以通过合同法的具体规范予以保障;等等。同时,在对他人权利进行限制时,民法不可能实现每一项合同权利——也即对相对方权利的限制手段都有法律上的依据来适用法律保留原则;更不可能对每一项法律行为都进行比例原则的审查,检视该法律行为对相对人权利的限制是否降到最低。[①] 总而言之,私法自治中,同等地位的私人之间基于意思自由进行民事法律适用领域应为私法自治的"专有领域",地位差异的私人之间可以通过民法以及相关法律的既有规范予以单独适用解决,并没有必要单独引入比例原则这一外部制度协助或者替代解决。若强行引入,等于宣告民法的死亡。

(二)比例原则与民法基本原则

诚实信用是指私权的行使和义务的履行,不得辜负对方的信赖,必须以诚信为之。[②] 按《布莱克法律词典》解释,诚实信用是怀有善意、诚实、公开、忠诚,没有欺骗或欺诈,具有真实、实际,没有假装或伪装。具体而言,其包含两方面内容:一是对待他人诚信不欺,二是对自己的承诺要信守不怠。[③] 因此作为基本的商业道德和信用秩序基础,诚实信用原则也被奉为民法的帝王条款。但不可回避的是诚实信用这样的词语从规范意义上看极为模糊,在法律意义上没有确定的内涵和外延,其适用范围几乎没有限制。[④] 在司法实践运用中,为法官适用增加操作难度或在追求实质正义的幌子下,诚实信用被法官肆意裁量,影响法的安定性。而比例原则对于高度抽象化的诚实信用的适用确实有助益,可作为裁判的方法之一或者隐形的评价尺度来应用即可,并没有必要作为诚实信用原则的下位概念来运用。郑文认为两者在私权利保障方面有对实质正义价值的共同追求,但有共同价值并不能证成比例原则是诚实信用原则的下位,民法中的其他原则也有保障私权利的价值,那么是否也说明比例原则也是其他民法原则的下位呢?从共同价值来探究两者的关系固然必要,但目的相同并不代表实现

---

① 参见于飞:《基本权利与民法权利的区分及宪法对民法的影响》,《法学研究》2008 年第 5 期。

② 参见[日]近江幸治:《民法讲义I民法总则》,渠涛等译,北京大学出版社 2015 年版,第 18 页。

③ 参见吴兆祥:《论诚实信用原则在民法中的功能及适用》,《山东审判》2017 年第 2 期。

④ 参见徐国栋:《民法基本原则解释——成文法局限之克服》,中国人民大学出版社 1992 年版,第 79 页。

目的的方式可以交汇,应防止陷入只言边界未论核心的问题。纵然比例原则因其可操作性强,可通过子原则审核追求实质正义,但两者在产生机理、适用范围以及追求价值等方面都有本质区别,贸然将作为行政法帝王条款的比例原则植入民法帝王条款诚实信用原则之下位概念[①],不仅会导致两种原则适用混乱,而且更会导致两个法域地位尴尬。

郑文提出比例原则作为诚实信用原则的下位概念仅解决"暂住证"的问题,而因其适用范围的广泛性应上升为民法基本原则,才是明确的"身份证"。民法基本原则是民法基本精神与基本价值的体现[②],是一代一代民法学者从民法外部结构和内在精神出发传承并发展出来的。民法基本原则为民法所固有,表述民法基本属性和价值,并对民事立法、司法和法律适用都有指导意义。从理论层面而言,我国民法基本原则确定的路径主要有四种:(1)源自《民法总则》第一章基本规定;(2)民法基本原则是各个民族共同的文化遗产,应完全借鉴国外民法学说来确定我国民法基本原则;(3)根据反映对象不同分为公理性原则、政策性原则和法律渊源性原则,三种均有不同的产生方式,应差别分析;(4)民法基本原则除考虑民法基本理念以外,还应具有高度抽象性并且可以贯穿整个民法。[③] 而比例原则显然不能因为其可操作的工具性价值,通过以上四种途径之一而成为民法基本原则。从现实层面而言,《民法总则》已经明文规定民法原则具体包括自愿原则、平等原则、诚信原则等,并未包含比例原则,而且民法学界主流思想也将比例原则排除在民法基本原则之外。民法基本原则包含无裁判功能的一般法律思想(平等、自愿、公平、权益受保护)和有裁判功能的概括条款

---

① 关于比例原则与诚实信用、禁止权利滥用原则关系,云南民族大学法学院欧阳若涛博士给笔者极大启发。其认为,比例原则在民事主体实质权利失衡近乎权力和权利关系的情况下,需要设定法定社会权利和事实性社会权利的场合可以适用。虽然民法在诚实信用和权利不得滥用原则介入时可以处理此种情境,但可能出现过大自由裁量权,因而还是要在规范操作层面上借助比例原则,因为比例原则可操作性强,逐项子原则审核更易于实现实质正义。

② 参见张俊浩:《民法学原理》,中国政法大学出版社 2000 年版,第 37 页。

③ 参见王利明:《民法总则研究》,中国人民大学出版社 2003 年版,第 101 页;李永军:《民法总论》,法律出版社 2006 年版,第 49 页;徐国栋:《民法基本原则解释》,中国人民大学出版社 1992 年版,第 102 页。

（诚实信用、公序良俗）[①]，概括性条款在克服成文法局限性中适用，必须符合法律明文规定。[②] 若郑文将比例原则作为具有裁判基准价值的民法基本原则，显然比例原则不具备“法定”的权源性依据，乃真正的无源之水、无本之木。若在有具体规范情况下，比例原则仅作为裁判说理根据，用于“理由叠加”，显然构成法技术上的冗余，并无适用之必要。强行将比例原则上升为民法基本原则，不仅与立法、司法、法律适用不衔接，而且与当前民法学界主流观点和民众朴素的法感情产生重大冲突。

（三）比例原则与利益衡量理论

利益衡量理论是20世纪60年代主要由日本学者加藤一郎和星野英一提出的一种法学方法论[③]，对我国的民法学者产生了深刻的影响。[④] 天下熙熙皆为利来，天下攘攘皆为利往，利益的对立和冲突是纠纷产生的源泉，民法作为定分止争的基准，在对法进行解释和使用时，必然离不开对立利益之间的衡量。郑文认为比例原则与利益衡量理论在利益权衡方面有功能上的共通，而比例原则因权衡过程的合理化和权衡内容具体化可为利益均衡提供指导和参考框架。但利益衡量理论真的是缺乏具体操作、需要比例原则来实施的纸老虎吗？实则不然。利益衡量理论源于日本，在20世纪七八十年代成为占支配地位的法学研究方法，而后受到平井宜雄“心理主义”的批判，日本学界对于利益衡量理论进入冷静思考和改良期。利

---

① 关于民法基本原则的分类，徐国栋认为，基本原则分为价值意义上的原则（包括权利受保护、身份平等、意思自治等）和克服成文法局限性意义上的原则（仅有诚实信用和公序良俗）。参见徐国栋：《民法基本原则解释——成文法局限性之克服》，中国政法大学出版社1992年版，“自序”第11页。梁慧星认为，可以直接作为裁判依据的基本原则，只是属于授权条款性质的诚实信用原则、禁止权利滥用原则。其他原则，如平等原则、公平原则、合同自由原则，不具有授权条款的性质，不能作为裁判的依据。参见梁慧星：《民法总论》，法律出版社2017年版，第46页。除诚实信用与公序良俗对于民事交往具有消极控制的规范意义外，其他均为私法题中之义，并且不能被直接援引为裁判依据，换而言之，不具有可适用性。参见朱庆育：《民法总论》，北京大学出版社2017年版，第32页。以上观点均认为只有经过法律授权，诚实信用、公序良俗、禁止权利滥用原则才可以作为裁判基准来克服法律漏洞等成文法局限性。

② 参见于飞：《民法基本原则：理论反思与法典表达》，《法学研究》2016年第3期。

③ 关于利益均衡理论是否构成一种独立的方法论尚存争议。加藤一郎教授认为其并未将利益均衡理论作为特定的方法论，而仅作为思考方法的途径，但星野英一、甲斐道太郎等多数学者将利益均衡理论作为一种方法论看待。参见梁慧星：《民法解释学》（第四版），法律出版社2015年版，第318～319页。

④ 参见林诚二：《民法总则》下册，法律出版社2008年版，第603页。

益衡量理论对我国而言系属舶来品，是梁慧星先生早期引介日本相关理论而来[①]，后在我国民法、商法、刑法等领域展开讨论。利益衡量理论并非没有“牙齿”，而是有着具体的操作方式，根据调整对象的不同可以分为规范-制度指向型和事件-问题指向型，每种类型的利益衡量理论都有各自的适用领域和价值追求。[②] 从宏观层面，利益衡量理论是根据内在的利益评估、价值选择来接受民法的研究方法；而微观层面则是通过个案纠纷的解决，在考虑民法之外的价值融入民法情况下生成法律的方法，注重分析法学体系性表达的同时也兼顾现实主义法学对于实质价值的渴求。

在法律规定有漏洞或者不周严的情况下，由法官根据案件的具体情况，行使法官的自由裁量权。在此情况下，利益衡量实际上就是法官在司法过程中进行价值的衡量和利益的取舍，决定优先保护何种利益。[③] 比例原则与利益均衡理论并非郑文所言的：相辅相成、相互补充之关系。因为利益衡量理论是基于对立法者的不信任，通过价值评估来保障利益冲突的对方实现利益的均等化；而比例原则侧重于对司法者的不信任，主张利用最小的手段来获取最大的利益，同时该利益主要侧重于用更小的手段限制公权力，从而更大地保障私权利的利益。比例原则和利益衡量理论是迥然不同的制度，并没有引入比例原则赋予利益均衡理论新的生命力的必要。

四、比例原则在民法具体问题引入之障碍

郑文从侵权损害完全赔偿原则之缓和、禁治产制度之存废以及无效合同之判定等三个层面，对比例原则在民法上的具体展开这一论题进行深入分析。侵权损害完全赔偿原则是一种全有全无的赔偿责任，其设立的价值基础重在保护受害人，不论行为人的过错程度如何，只要可将损害归责于他，他就必须赔偿全部损害。[④] 但现实中完全漠视了行为人方面的利益诉求，在价值取向上显著失衡，同时自身尚存价值矛盾之处，郑文主张法官在

---

① 参见余净植：《“利益衡量”理论发展源流及其对中国法律适用的启示》，《河北法学》2011 年第 6 期。

② 参见[日]大村敦志：《民法总论》，江朔、张立艳译，北京大学出版社 2006 年版，第 95～96 页。

③ 参见王利明：《民法上的利益位阶及其考量》，《法学家》2014 年第 1 期。

④ 参见周友军：《我国侵权责任法上完全赔偿原则的证立与实现》，《环球法律评论》2015 年第 2 期。

个案中可参考比例原则来限制行为人所承担的赔偿责任。传统民法上，禁治产制度通过剥夺禁治产人民事行为能力的方法来保护其利益的方式过于绝对和僵硬，完全限制行为人的自由，需要运用比例原则根据其所存留的意思能力的程度，对其所享有的民事行为能力的程度予以更为具体灵活的类型化规定，从而避免一刀切的做法在实践中造成的不公正。针对比例原则与违反强制性规定的合同效力之判断，郑文先从我国《合同法》第52条第5项规定违反法律、行政法规的强制性规定的合同无效的条款入手，归纳出我国学者对于该条的理解和适用有较大争议，后最高院出台司法解释将强制性规定区分为效力性规定和取缔性(或管理性)规定，但适用的疑问声仍未消失。郑文认为引入比例原则，利用三个子原则的有序运行即可解决此问题。另外，最后郑文采用列举方法来证明相邻关系、无行为能力制度、正当防卫、紧急避险、形成权的行使界限等民法领域均有比例原则适用的空间，以此具体说明比例原则如何在民法上具体展开。

郑文通过列举的方法来论证比例原则如何在民法上具体运用，但其论证核心仍然以比例特有的“目的—手段”之关联性作为分析阵地，强化其达成“禁止过度”之效果，以维护法律的实质正义的目的。民法作为权利法，以平衡当事人双方权益为立足点，若民事制度或条文本身存在失衡情况，那么应该由相关解释法律机关在民法既有体系内部予以解释适用甚至由立法机关予以修改或重构，而非径直引进外部抽象性的比例原则，这也符合民法的形式渊源和法律规制适用位阶要求①，比例原则在民法上适用存在根本性的障碍。

沿郑文之启发，下面具体分析比例原则在侵权损害完全赔偿原则之缓和、禁治产制度之存废和违反强制性规定的合同效力之判断上适用的障碍。几乎所有欧洲国家和英美国家，其侵权法都遵循侵权损害完全赔偿原

① 《中华人民共和国民法总则》第10条规定：处理民事纠纷，应当依照法律；法律没有规定的，可以适用习惯，但是不得违背公序良俗。法官如何寻找裁判依据？这是司法的根本问题，也是法学的根本问题。对该问题有两种回答方式：一种是立法不规定，完全交给学说，如德国；另一种是立法解决，解决的结果就是法源条款。详见于飞：《民法总则法源条款的缺失与补充》，《法学研究》2018年第1期。

则[①],而我国学理上也认可此原则[②]。但针对郑文指出的“无过失与轻微过失一线之隔,却轻重失衡”问题,司法实务中多通过公平责任分担原则予以协调,而立法层面也在尝试将侵权损害完全赔偿制度进行类型化分析,并设置例外性条款来补救轻重失衡问题,以充分发挥侵权责任法的补偿机能。随着《民法总则》的颁布,我国仍然保留禁治产制度,但在适用中已认识到这一制度存在过分限制精神障碍者的弊端,应当适度限缩来进一步软化该制度带来的负面影响,修正其对于社会弱者自由权利的忽视,尊重自我决定权,进而与福祉社会理念相匹配。对于郑文提出已经完全能够自行从事一些日常生活行为的无民事行为能力人,可以经本人、利害关系人或者有关组织申请,人民法院根据其智力、精神健康恢复情况认定其恢复为限制或者完全民事行为能力即可。而对于偶尔处于清醒状态,并且能够理解其行为意义的民事法律行为,在个案审查中应当认定民事法律行为有效。[③] 以此来保障被监护人权益最大化,同时防范道德风险,维护第三人交易安全。对于郑文所指出的关于《合同法》第 52 条第 5 项中的效力性规定和管理性规定的辨析,在理论和实务界确有争议,而针对该争议的解决,郑文也确实提供了新的辨析依据,但并非唯一的解决方法,而且在《民法典·合同编》(草案)第三章合同的效力判定中已将该规定删去,限制无效合同的认定。

比例原则在民法具体问题之展开,实际是变相给予法官枉法裁判的正当化事由,也很难找到具体的量化尺度或审查标准。有学者主张比例原则同样可以作为一种实质性原则来指导法官对冲突的权利进行衡量,并使法官对权利的衡量趋于客观化和理性化,最大限度地缩小法官主观判断的余地。[④] 对此,但因为比例原则虽然在客观的操作方法下进行,但其又有明显的主观色彩,不容易被外界监管,容易导致法官主观判断监管的空位区扩大。以“比例原则”为关键词,以“民事案件”“判决书”为案件类型在中国

---

① 参见周友军:《我国侵权责任法上完全赔偿原则的证立与实现》,《环球法律评论》2015 年第 2 期。

② 参见魏振瀛:《民法》,北京大学出版社 2000 年版,第 722 页;张新宝:《中国侵权行为法》,中国人民大学出版社 2005 年版,第 468 页;杨立新:《侵权损害赔偿》,法律出版社 2010 年版,第 233 页。

③ 参见朱庆育:《民法总论》,北京大学出版社 2013 年版,第 241 页。

④ 参见梁迎修:《权利冲突的司法化解》,《法学研究》2014 年第 2 期。

裁判文书网进行全文检索，查询到自2010年1月1日至2018年6月30日，包含“比例原则”术语的民事判决书共489份，法官将比例原则作为说理依据的共计254件，其中不属于真正的比例原则适用或者误用比例原则的为216份，仅有38份判决书属于正常适用，但适用方法以及程度上也有较大差别。至于比例原则在民事司法裁判中的具体适用情况，囿于篇幅，本文兹不一一展开，嗣后进行类型化分析。

再从当前民事司法实践的现实出发，司法体制改革正如火如荼进行。法官员额制改革的推行，在初步实现入额法官的专业化和精英化的同时，也带来了包括“案多人少”“办案法官不堪重负”等一系列问题。[①] 法官对于自由裁量权的行使都有自身的运用逻辑，若要强行将操作复杂的比例原则植入民事司法过程中，不仅会继续增加司法压力，产生疲于应付情况，而且与内生的裁判逻辑冲突产生水土不服问题。比例原则在民事司法领域的泛滥，不仅不会实现限制公权力的初衷，而且还会导致私权利受到极大侵害。法官因对于比例原则内容以及适用认知的差异，易将“以法律为依据，以事实为准绳”的裁判准则弹性运用，形成一轮“造法风潮”。而且法官不去钻研法律的构成要件及推敲法律之内涵，肆意援用比例原则进行裁判，抛弃现存的案件事实和法律规范，仅去费神斟酌相对抽象的比例原则以求在民法之适用，显然是值得商榷之举。

五、结　语

法治国家的核心就是国家权力的配置，即一个国家由谁来掌握政权、政权机构如何组织、权力如何分配和制约、权力按照什么规则来运转和行使、社会各种力量通过什么方式和途径来参与政治等。[②] 而比例原则背后就是衡量公权力之运用所欲实现的目的与其后果之间的基本准则。[③] 应对法治保持一种必要的反思，只有这样，才能够不断进行制度上的创新，为法律和社会的发展探索更加合理的方向。[④] 但法治的反思应当立足于法

① 参见陈瑞华：《法官员额制改革的理论反思》，《法学家》2018年第3期。

② 参见郝银钟、席作立：《宪政视角下的比例原则》，《法商研究》2004年第6期。

③ 参见纪海龙：《比例原则在私法中的普适性及其例证》，《政法论坛》2016年第3期。

④ 参见杜健荣：《对现代法治的反思——评R. M. 昂格尔〈现代社会中的法律〉》，《河北法学》2007年第10期。

治机理和运行逻辑本身,“立法者的三个更正词就可以使所有的文献成为废纸”[①]并不可怕,可怕的是法律修改一个字后,撼动整个法律根基。比例原则若要在民法上有适用及展开的空间,不仅要在理论层面论证适用逻辑前提周严性、可行性和必要性,而且需要结合当前的民事具体问题之障碍和司法实践现状深入判断,防止强行跨领域创新而产生水土不服的新问题。比例原则的本质是将公权力关在笼子里,保障私权利,但要警惕扩大适用领域而将私权利也一同关入笼子中,增加被侵害的危险系数不说,还丧失了求救的空间,所以比例原则应慎重引入民法。

① [德]尤里乌斯·冯·基尔希曼:《作为科学的法学的无价值性——柏林法学会的演讲》,赵阳译,商务印书馆2016年版,第21～32页。

论动产质押监管中质权人与监管人的义务界定与责任承担

张金海　董　杰*

摘要　目前，无论是在理论界还是司法实践中，对于动产质押监管的合同性质、法律关系以及质权人与监管人的义务和责任等问题的认识仍然不一，部分内容甚至存在较大争议。本文在研究动产质押监管相关理论的基础上，结合实践案例，建立法律关系模型，深入剖析质权人、监管人等相关主体的义务与责任，并针对动产质押监管业务中存在的问题及司法困境提出合理化建议。

关键词　动产质押监管；质权人；监管人

一、动产质押监管及其司法困境

（一）法律内涵

我国的质押监管业务起源于期货交易所标准仓单的质押交易。1998年中国人民银行正式批准了标准仓单的变现流通；1999年银行和期货交易所在广州联合召开会议，通过非标准仓单的流通；此后各股份制商业银行逐步推广了非标准仓单的质押授信业务，动产质押监管业务由此得到蓬

---

* 张金海，男，山东青岛人，山东文康律师事务所创始人、高级合伙人、合伙人会议主席；董杰，男，山东青岛人，山东文康律师事务所合伙人、商事诉讼部主任。

勃发展。[①]

动产质押监管,也称动产质押融资[②]、动产质押贷款[③]等,是指融资企业(出质人)因融资需要,以其合法占有的动产(质物)向银行(质权人)出质,作为取得银行授信的担保;物流企业(监管人)接受银行的委托,在质押期间按银行的指令对质物进行监管。动产质押监管业务中至少包含三方主体:有融资需求的中小企业、提供资金贷款的银行等金融机构、提供监管服务的物流企业。[④] 这种业务模式很好地将物流服务和金融服务结合在一起,三方均能从中获益。对多为中小企业的融资企业来说,"中小企业融资难的问题一直是企业界关注的焦点"[⑤],动产质押监管业务能够解决中小企业的融资需求。对银行来说,动产质押监管是一种新兴金融服务产品,可以作为银行传统贷款业务的补充。对物流企业来说,动产质押监管业务提供了一种新的业务创收模式,培育了新的经济增长点。

(二)司法困境

"动产质押监管业务发展近二十年,实现了商贸、金融、物流行业的共赢。但随着其业务发展模式的多元化及创新性,法律风险凸显,出现了一系列法律适用困境,限制了行业的发展。"[⑥]2012 年,华东地区爆发了钢贸事件,多家企业负责人骗取贷款后纷纷跑路,信贷危机频发,动产质押监管业务遭受重创。随后,商务部委托中国物资储运协会等单位起草发布了《动产质押监管服务规范》《动产监管企业评估指标》,初步形成行业性规范,对防范和化解动产质押监管业务领域的金融风险起到了指引作用。

然而,司法实践中对于动产质押监管仍然存在着诸多实践困境,比如:对于动产质押监管的合同性质至今没有比较权威和统一的界定,对于动产质押监管中存在的法律关系没有清晰有效的鉴别,对于动产质押监管中质权人与监管人的义务范畴和责任承担等内容仍然存在较大争议,等等。

---

① 参见黄永春:《物流融资——质押监管业务综合分析》,《物流科技》2006 年第 12 期。

② 参见杨继瑞、杨蓉:《动产质押融资模式的若干问题探讨》,《经济学家》2011 年第 8 期。

③ 参见单惟婷:《浅议动产质押贷款方式》,《河南金融管理干部学院学报》2003 年第 6 期。

④ 参见丁丽瑛、韩伟:《动产质押监管业务的法律属性》,《中国流通经济》2014 年第 1 期。

⑤ 吕玉兰:《厂商银业务货物质押监管的综合性分析》,《税务与经济》2012 年第 2 期。

⑥ 王娟:《动产质押监管业务的法律困境及路径选择研析》,《广西政法管理干部学院学报》2016 年第 4 期。

二、动产质押监管中的多重法律关系

实践中，动产质押监管的操作模式一般为：企业因融资需要向银行申请贷款并提供质物作为担保，质物通常是不宜实际交付的动产（多为大宗货物，如农作物、煤炭、矿砂、钢铁、有色金属等）；银行接受担保并提供授信，同时委托物流企业作为监管人代其占有和监管质物；融资企业、银行和物流企业三方签订《动产质押监管协议》。[①] 在这份协议中，签订的主体是融资企业、银行和物流企业三方，协议约定的内容包括了授信贷款、质押担保、委托监管、违约责任等等。上述操作模式以及协议约定的内容表明动产质押监管中包含着多重法律关系（见图 1）。

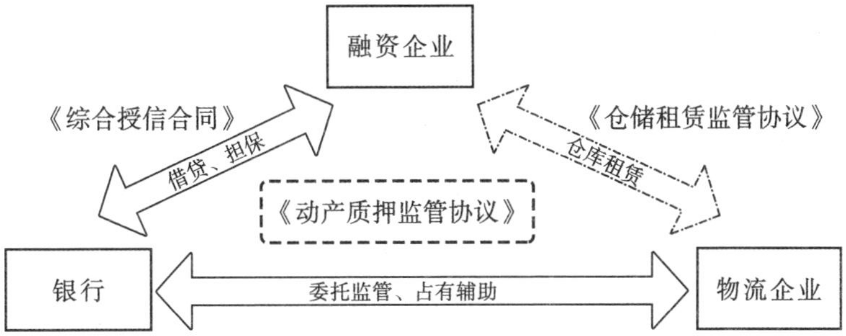

图 1　法律关系

通过上述法律关系图可以看出，动产质押监管中存在着多重法律关系，包括融资企业与银行之间的法律关系、银行与物流企业之间的法律关系，有时还包括物流企业与融资企业之间的法律关系，前述三方法律关系中又各自存在着错综复杂的内在法律关系，以下分述之。

（一）融资企业与银行之间的法律关系

1. 借贷

融资企业作为借款人（或债务人），向作为贷款人（或债权人）的银行举债，双方形成借贷的法律关系。在该法律关系中，若因融资企业违约，银行可行使债权，向融资企业追索债务。

① 参见揭志刚、刘晓夏：《动产质押监管中监管人的责任承担》，《人民法院报》2010 年 6 月 23 日。

2. 担保

融资企业为取得银行授信以动产质押的方式向银行提供担保。在该担保法律关系中,融资企业是出质人,银行是质权人,双方都要受到相应的约束。比如:出质人需要移转质物的实际占有给质权人,质权人需要对质物进行妥善保管;若质物价值减少,质权人有权要求出质人追加相应的担保;若出质人违约,质权人可主张以质物拍卖或者变卖后的价款优先受偿。

(二)银行与物流企业之间的法律关系

1. 委托监管

物流企业作为受托人,接受银行的委托,按照委托人指令对质物进行监管;而且这种监管强调的不是对质物简单地保管或管控,而是按委托人指令行动、将质物情况及时向委托人汇报。作为监管人的物流企业也不需要具有仓库营业资质,所以这种监管不同于合同法规定的"保管"和"仓储",不能将其混为一谈。①

2. 占有辅助

通常认为,物流企业对质物是直接占有,银行对质物则为间接占有。双方之间可认定为物流企业代银行履行质物保管义务,物流企业实施的相关行为是银行行为的自然延伸,物流企业系银行的占有辅助人。②

(三)物流企业与融资企业之间的法律关系

实践中一般存在"自营仓库监管"或"输出监管"两种监管模式。前者是指融资企业将质物入库到物流企业的自营仓库,由物流企业进行监管的模式;后者是指物流企业派出监管人员,直接到融资企业指定的仓库对质物实行就地监管的模式。两种模式下,物流企业与融资企业之间都可能形成一种仓库租赁的法律关系。

上述错综复杂的法律关系中,银行与物流企业之间的委托监管法律关系是动产质押监管中的主要法律关系。在这一法律关系中,包含着两个方

---

① 动产质押监管业务并不具备仓储保管合同的典型特点,如保管人享有留置权、提存权而监管人被排除这些权利,存货人或寄存人对货物可以自由支配而出质人却受限制,存货人支付保管费用而质押监管协议中却由质权人支付监管费用。

② (2015)佛中法民二终字第1100号案认同了这一观点。监管人占有地位的区分有重大意义,一方面在发生质物毁损情形时,出质人不能要求监管人承担质物损害赔偿责任,而可以要求质权人承担;另一方面,监管人并非独立占有质物,与质权人之间自然不能成立保管合同的关系。

面的内容:其一,在银行与物流企业的相对关系中,银行是委托人,物流企业是受托人,所以二者之间是委托关系。其二,相对于质物而言,银行是质权人,物流企业是监管人,物流企业按照银行的指令对质物进行监管;而这种监管又不同于一般的仓储或保管,属于一种特殊的委托关系。所以,银行与物流企业之间最基础的法律关系是委托关系,银行与物流企业的义务界定及责任承担等问题应当围绕委托关系的内容进行。

三、质权人与监管人的义务界定

在处理动产质押监管纠纷的过程中,监管人是否完全履行义务常常是判定其责任承担的关键;而监管人与质权人的义务又互相关联、难以界定。笔者对此提出以下思路。

(一)权属审查义务

权属审查义务是指监管人与质权人均负有对质物的权属信息、占有情况、实际库存等内容进行审查的义务。就监管人而言,监管人受质权人的委托,对接收的质物应进行事实审查,无误后向质权人出具质物清单回执作为权利凭证,并以此证明质物转移占有以及监管期间开始。如果监管人没有尽到审查义务,导致监管对象与事实不符,其应当承担相应的责任。就质权人而言,质权人并非免除此项义务:如果质权人既未对质物的权属状态和实际库存进行审核,亦不督促监管人按监管合同的约定进行审核,则表明其不仅怠于履行其法定的审查义务,且对自己债权的实现疏于管理并任由债权实现不能的风险增大;对质权不能实现所造成的损失,其应当承担相应的责任。

(二)监管义务

监管人是质物的直接管控主体,监管义务主要针对监管人而言,但由于质权人拥有对监管方式的话语权且可对监管人下达指令,所以应当全面把握监管义务的内容。

首先,质权人在订立协议时有权选择“自营仓库监管”或“输出监管”,两种监管模式的方式意味着监管效果的差别,监管义务也应形成差别化期待。选择“输出监管”则不以“自营仓库监管”所能实现的品质、安全保障为期待。其次,监管人“输出监管”的监管义务是妥善保管质物,即施以善良管理人的注意义务,而非仓储保管下的保障。因此,监管人应提供适宜的保管设施和条件,遵循一般社会观念所确认的知识、经验的注意程度等。再次,在紧急情况下,监管人应履行的监管义务是尽快反馈并作出合理指示。如在质物被非正常转移、抢夺的情况下,监管人应采取适当的应急措施,必要时报警;同时立即通知质权人,而质权人在接到通知后应及时进行指示。由于监管人并非真正的权利人,也非担保人,对质物的监管仍以质权人的意志为中心,当因质权人未及时发出指示或指示不合理而造成损失扩大时,不应由监管人承担责任。

因此,监管人的监管义务并不是注重对货物的实际管控,而是基于监督管理人的身份对质物实施善良管理以及及时向质权人汇报、按质权人指令行动的义务。

(三)管理义务

在动产质押监管的模式下,监管人仍须承担一定的管理义务。动产质押监管分动态监管和静态监管。在静态监管的模式下,监管人须依质权人的书面许可严格把控出质人的进出库行为,未经允许不得出库。而在动态监管的模式下,质物的数量、价值可能随时变动;监管人应建立进出库管理制度,核对登记质物出入库的时间、数量和价值变动等内容,并向质权人定期报备;涉及质物价值或数量接近合同预警值的,应当立即通知质权人并采取监管合同约定的措施。

四、质权人与监管人的责任承担

(一)监管人的主体地位

实践中质权人会面临单独或者一并起诉监管人、主张监管人承担连带或者补充责任等选择,这源自对监管人主体地位的模糊。通过上述分析,应当明确的是,监管人既不是债务人,也不是保证人或者担保人,而是受托人。故监管人的违约责任属于委托法律关系,与主债权债务并非同一法律关系。换言之,债务人与债权人之间的纠纷应当通过其内部法律关系处理。但对于如何起诉,司法实践中存在较大争议。一种观点认为,法律并未禁止在一个案件中审理两种以上的法律关系,因此债权人可以一并起诉借款人和监管人。[①] 另一种观点认为，监管责任的顺位后于借款人，故对于监管人的责任认定应在借贷合同纠纷处理之后。笔者赞同第一种观点，从节约司法资源和提高审判效率的角度而言，质押监管可以与借贷纠纷一并处理。[②]

当债务人无法清偿债务时，质权人有权就质物拍卖或者变卖后的价款受偿；如果质物的价值能覆盖债务，则不存在监管人的责任承担问题；而如果质物的价值无法覆盖债务时，质权人一般会要求监管人承担剩余债务的补充赔偿责任。但此时要考虑两点：其一，监管人的责任是违约赔偿责任，需要审查监管人在监管过程中是否违约；或者说在受托期间是否尽到受托义务，是否给委托人带来损失。实践中监管人与质权人之间一般都为有偿委托，根据我国《合同法》第 406 条的规定，只有在监管人具有过错并给委托人造成损失时，才应当承担相应的赔偿责任。其二，质权人往往对委托关系视而不见，将监管人认定为担保人，将监管关系异化为担保关系，以达到债权利益的最大化——试图以监管人的责任承担来填补在债务人处无法完全实现债权的损失。但是，监管人是受托人，不是担保人，监管人承担责任的范围应当是在债务人不能清偿的数额内，以其过错导致质物灭失或短少的价值为限承担补充责任，而不是对全部债务承担责任。

（二）监管人的责任承担

如前所述，监管人仅在因过错而未能履行受托义务的情况下才承担相应的赔偿责任。如在质物发生短缺时，监管人只要证明其充分履行了监管及审查义务，就可以减轻甚至免除赔偿责任。司法实践中存在不予审查监管人的过错，而将监管人的责任异化为连带责任的倾向。这种倾向应予防止，否则会挫伤物流企业的积极性，阻碍动产质押业务的发展。再者，监管人仅在债务人不能清偿的数额内，以其过错导致质物灭失或短少的价值为限承担补充责任。在动产质押监管纠纷中，由于质权人的直接义务人是债务人和担保人，监管人仅是帮助质权人实现债权的辅助人，在除因监管人

---

① 参见孙超、景光强：《动产质押中监管人的义务及责任》，《人民司法》2014 年第 10 期。文章指出："法律并未禁止在一个案件中审理两种及以上的法律关系，若质权人同时起诉债务人与监管人，可以同时审理，但应区分主次。"

② 参见赵龙：《质押监管协议的性质及电器作为短少质物的赔偿标准》，《人民法院报》2017 年 9 月 21 日。

过错造成质物灭失外,其责任需依附于债务人与担保人的直接责任;一旦直接责任因清偿消灭,质权人便不存在损失,则监管人责任亦应消灭,所以监管人只是前述直接义务人的补充义务人,其对质权人的损失仅承担补充赔偿责任。[①]

需要强调的是,尽管并不排除债权人起诉债务人的同时,一并要求监管人承担赔偿责任,但必须明确这是一个案件同时起诉的情形。如果债权人在未处理和债务人之间的借贷纠纷的前提下直接向监管人主张赔偿责任,则不符合监管人补充赔偿责任的责任定位。但如果动产质押监管合同独立于借贷合同,质权人与监管人之间的委托法律关系亦独立于债权债务关系,则此时如果动产质押监管合同另有约定的,债权人可以直接请求监管人就质物的灭失承担赔偿责任;当然,这种赔偿责任仍然具有一定限度,不能涵盖全部债务,否则与担保无异。[②]

(三)质权人的责任承担

动产质押监管的法律关系中,质权人负有权属审查的义务,并承担着给监管人发布指令、指示监管行为的责任,而不是将监管质物的行为委托给监管人后就可以不管不问。这也是与保管和仓储法律关系的不同之处。质权人因怠于履行或履行不当导致质物发生短缺或与事实不符时,应当承担与其过错相适应的责任,即其对自身债权损失在一定程度上也负有过错责任,这符合利益衡平的纠纷化解原则。

五、案例视角下上述问题的实践意义

(一)案情简介

2010年,A银行与B公司签订《综合授信合同》,约定A银行向B公司提供综合授信,A银行累计向B公司出借款项6000万元。同日,A银行与B公司、C公司签订《动产质押监管协议》,约定为保障上述《综合授信合同》项下A银行的全部债权,B公司以其合法所有的煤炭提供最高额质押担保,质押煤炭由上一家监管单位D公司移交至C公司监管,交接时书面

① 参见《最高院公报案例》2017年第7期,(2016)最高法民终650号案件。

② 参见赵龙:《质押监管协议的性质及电器作为短少质物的赔偿标准》,《人民法院报》2017年9月21日。

记载涉案煤炭约 20 万吨。为便于监管,C 公司承租 B 公司的仓库对质押煤炭实行就地监管。C 公司派监管人员每日对进出库煤炭进行监管、记账,整个周期长达一年多,没有任何异常,A 银行也没有提出任何异议,最后一次核库涉案煤炭为约 20 万吨。

2011 年初,B 公司因负外债导致煤炭被案外人 E 抢走约 5000 吨,并最终导致事件发生变化。A 银行起诉 B 公司,取得胜诉生效判决后申请执行涉案煤炭。执行过程中,在未通知 B 公司和 C 公司的情况下,A 银行申请法院对涉案煤炭进行鉴定,鉴定意见认为剩余煤炭为 2 万吨。C 公司得知煤炭存在 18 万吨左右的巨大差额后及时向法院申请保全涉案煤炭,并对煤炭数量进行鉴定,但法院未同意。A 银行迅速将涉案煤炭处置完毕,最终获得处置款 500 余万元。煤炭没了,案件形成了"死无对证"的局面,煤炭数量事实无法查清。然后 A 银行以该另案鉴定意见为证据向法院再提诉讼,要求 C 公司承担无法收回的借款本息约 9000 万元。

(二)法律关系分析

通过上述案情,我们可以看到该案中存在着多个主体和多重法律关系(见图 2)。

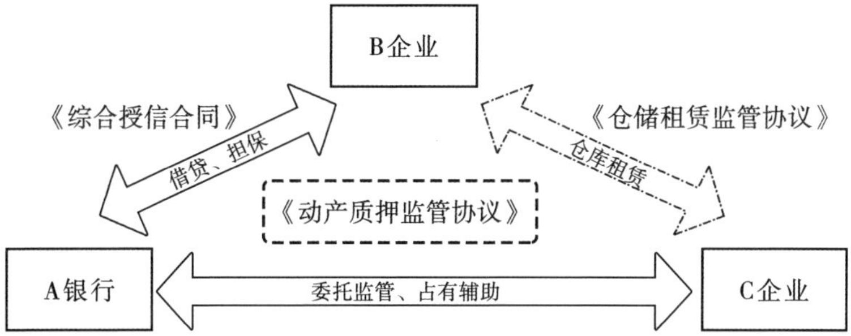

图 2 案情法律关系

1. A 银行与 B 公司之间的法律关系

在该法律关系中,从借贷的角度而言,A 银行是债权人,B 公司是债务人;从担保的角度而言,A 银行是质权人,B 公司是出质人。A 银行以该法律关系为基础起诉 B 公司追索债务(借款本息约 9000 万元),并获胜诉判决。在该案执行过程中,A 银行以剩余质物(煤炭)作价折抵部分债务(500

余万元),因债务产生巨大差额,债权无法通过债务人或质物获得实现,A银行起诉并要求C公司承担连带责任。

2. A银行与C公司之间的法律关系

在该法律关系中,从委托的角度而言,A银行是委托人,C公司是受托人,A银行委托C公司对质物进行监管,C公司是监管人;从占有的角度而言,A银行对质物属于间接占有,C公司对质物属于直接占有,C公司是A银行的占有辅助人。上述案件中,A银行为了实现债权,不顾与C公司之间的委托关系,将监管人视为担保人,要求监管人对剩余债务承担连带责任,远超应有限度。

3. B公司与C公司之间的法律关系

本案中,因质物(煤炭)数量大且不易转移,为便于监管,监管人C公司直接承租B公司的仓库实行就地监管,对质物的进出库严格管控,B公司运输质物必须提供相应手续。因该法律关系不是主要的法律关系,不再赘述。

(三)案由

通过上述案情和法律关系的分析,可以看出该案的主要法律关系就是A银行和C公司之间的委托监管法律关系,而不是法院立案时认定的仓储法律关系。仓储法律关系强调的是无过错责任,而委托监管法律关系因其基础法律关系是委托,所以适用的是过错责任。两个法律关系在后续的法律责任、举证责任等方面存在天壤之别,对当事人存在重大影响。我们认为,本案的案由应当定为"委托监管合同纠纷",而不是"仓储合同纠纷"或者"保管合同纠纷",理由在于:

第一,根据合同来看,A银行与C公司共同受到《动产质押监管协议》的约束,该协议明确指明A银行是委托人,C公司是受托人,所以基础法律关系是委托法律关系,而不是仓储或者保管法律关系。"虽然根据动产质押监管协议,物流公司需要完成的事项涵盖了保管、仓储等内容,如'建立质物登记统计制度,定期对质物进行查验、核对种类、清点数目、检查包装和标识,对质物的出入库……'但是这不是物流公司与银行之间主要的合同关系,将动产质押监管协议定性为保管合同或仓储合同,并由此确定案由为保管合同纠纷或仓储合同纠纷肯定是不妥当的。”[①]

对此，最高院司法裁判实践支持双方约定的委托关系。最高法(2016)民申978号案中，《动产质押监管协议》开宗载明监管人为质权人的代理人，而监管人不能以质权人名义实施法律行为；严格意义上双方仅存在委托关系而不成立代理，最高院支持双方成立委托关系。最高院孙超、景光强两位法官同样认为构成委托法律关系：“动产质押监管业务的实质不在于保管，而在于监管人通过对质物进出库的严格管控，保障质权人债权的实现，保管义务只是监管义务的有效补充。”[②]在保管义务外，监管人仍须履行审核查验、监管义务；单以保管关系不能完全囊括，唯有概括性的委托关系才能解释——代质权人完成质物交付并持续占有。[③] 最高院王富博法官也认为：“保管义务无法完全囊括和包含监管义务，二者具有不同的内涵和外延，本案中监管协议约定监管人同时负有监管义务和保管义务，协议的性质应属于概括性的委托合同，而非单纯以质物保管为内容的仓储保管合同。”[④]

第二，若将案由仅定为“委托合同纠纷”无法涵盖本案全部内容，本案的基础法律关系是委托；但相较于一般委托合同不同的是，受托行为是监管质物，而且在监管过程中，委托人同样有应当履行的义务。

但是，我国法院还未将“委托监管合同纠纷”统一确定为单独的案由，其原因在于委托监管合同是一个无名合同。对此，《合同法》第124条规定：“合同法分则或者其他法律没有明文规定的合同，适用合同法总则的规定，并可以参照分则或者其他法律最相类似的规定。”[⑤]同时，《最高人民法院关于印发修改后的〈民事案件案由规定〉的通知》规定：“同一诉讼中涉及两个以上的法律关系的，应当依当事人诉争的法律关系的性质确定案由，均为

---

① 吴伶俐：《厂商银业务中动产质押监管的法律效力》，《法律适用》2015年第3期。

② 孙超、景光强：《动产质押中监管人的义务及责任》，《人民司法》2014年第10期。

③ 参见吴伶俐：《厂商银业务中动产质押监管的法律效力》，《法律适用》2015年第3期。

④ 王富博：《质押监管协议的性质认定及责任裁量》，《人民法院报》2012年4月11日。

⑤ 至于何为“最相类似”，根据目前理论界的通说，应以主给付义务为标准来判定哪种合同与其最为类似。这一点《人民法院报》在2000年11月4日即刊载了相关论述：“判断无名合同是否与分则中的有名合同最相类似的标准应当是，看无名合同的双方当事人的主给付义务的类型与哪种有名合同最相似。因为合同法主要是以主给付义务为标准对各种有名合同进行分类的。”

诉争法律关系的，则按诉争的两个以上法律关系确定并列的两个案由。”因此，本案案由定为“委托监管合同纠纷”最为合适。最终，法院在判决时将案由从立案时的“仓储合同纠纷”更改为“委托监管合同纠纷”。

(四)责任认定

如前所述，既然本案的基础法律关系是委托，本案适用《合同法》总则规定的同时，对于总则没有规定的部分可以参照适用委托合同的法律规定。根据《合同法》第 406 条规定：“有偿的委托合同，因受托人的过错给委托人造成损失的，委托人可以要求赔偿损失。”本案监管人每年获得质权人给付的 23 万元的委托报酬，因此属于有偿委托。

在有偿委托的前提下，质权人起诉监管人要求承担赔偿责任，必须要看作为受托人的 B 公司是否尽到了受托义务，在受托期间是否具有过错。

在庭审中，C 公司举出证明其在监管过程中履行了监管义务的大量证据。在煤炭被抢、监管人员人身自由被暴力控制的前提下，C 公司尽到了事前预警和事后报警的义务：在得知涉案煤炭存在 18 万吨差额的情况下，多次向法院提出证据保全和鉴定申请，要求阻止 A 银行将剩余煤炭拉走，以防止事实无法查清等；但是法院和银行并未同意 C 公司的申请和要求，涉案煤炭被全部拉走，涉案煤炭数量事实无法查清。其后，法院采信了 A 银行提交的关于涉案煤炭的三份鉴定意见，认定监管人对煤炭的短损存在过错。C 公司认为这三份鉴定意见均系另案执行程序中形成；在证据形成过程中，监管人 C 公司及债务人 B 公司作为重大利害关系人均未参与鉴定环节，没有对鉴定意见进行有效质证，且鉴定意见本身亦具有重大程序瑕疵，无法作为定案证据。同时，该证据在本案中仅为一般书证，在 A 银行未提交其他证据予以佐证的情况下，证据链不完整，法院不应仅凭该书证认定事实，推定 C 公司存在过错。

相反，C 公司认为 A 银行对剩余煤炭的急于处置行为导致涉案煤炭的数量事实无法查清，A 银行对此存在重大过错。如果 A 银行存在过错较小，其应当承担与其过错相适应的债权损失责任；但本案中 A 银行的过错严重，直接导致基础事实无法查清，故其应当自行承担不利的诉讼后果。但遗憾的是，法院并未采纳这一观点。最终，法院以银行处置煤炭的价格为基础进行计算判决 C 公司承担四分之一的赔偿责任。尽管案件已经终审，但其中关于举证责任的分配、另案执行过程中形成的鉴定意见可否直接适用于本案、监管人的违约赔偿责任具体数额如何确定等问题，仍然有值得探讨和研究的空间。

六、合理化建议

针对动产质押监管业务中存在的问题及司法困境，笔者提出相关建议如下：

（一）明确动产质押监管合同纠纷的具体适用规则

动产质押监管合同中涉及多重法律关系，因为没有统一的司法解释，实践中经常出现法院裁判不一的情况。建议最高人民法院尽快出台专门的司法解释，明确规定动产质押监管的合同性质、案由、合并审理情形、法院认定各主体承担责任的情形等内容，以提供统一的法律适用依据。[①] 同时，应当完善商业银行法关于质权人的权属审查义务的规定，完善担保法、物权法关于动产质权的设立、质物的占有等方面的规定，合同法方面可以考虑将动产质押监管合同（或者委托监管合同）直接列为有名合同的范畴并予以完善。通过上述法律规定的完善，形成一些统一的认识，比如："监管"不同于"仓储"和"保管"，"监管人"不同于"保管人"，监管人的责任是过错责任、补充责任而非连带责任，质权人委托监管人对质物进行监管时仍然具有对质物的权属进行审查的义务，质权人应当对其自身过错导致的债权损失承担一定的责任，等等。

（二）建立健全动产质押监管业务的相关操作规范

尽管已有《动产质押融资监管服务规范》《担保存货第三方管理规范》等引导动产质押监管业务发展的规范存在，但因上述规范系有关协会制定，只是指导意见，没有法律效力；而且条款原则性较强，操作性不足，部分内容有待完善。笔者建议：应当建立监管人的准入和退出机制，明确监管人的资质和评估标准，防止不合格的物流企业充当监管人给行业带来损失；建立责任保险机制，引导监管人开展动产质押监管业务时购买责任保险，减少监管人因监管过失承担责任时的赔偿负担；建立监管风险预警和

---

① 可以参考 2016 年 11 月 18 日公布的《最高人民法院关于审理独立保函纠纷案件若干问题的规定》，内容涉及适用情形、法院认定原则、管辖、保全等多个方面。

处理机制,明确监管人在遇到监管风险时具体的预警和处理操作方法,促进监管人建立完备的风险预警和处理流程;等等。

(三)建立全国统一的动产质押登记及信息公示平台

目前,我国只有由中银协、中物联共同建立的“中国物流金融服务平台”对相关动产质押信息进行登记公示①;但该平台的公示没有法律效力,操作不规范,信息也不全面,有必要建立全国统一的动产质押登记及信息公示平台,对全国的动产质押进行统一登记和公示。这样一定程度上也能减少甚至防止因重复质押、虚假质押等情况给质权人和监管人造成的损失,促进动产质押监管业务的健康发展。

动产质押监管业务发展至今,对我国物流金融领域的贡献作用明显。尽管国家出台了一系列指导意见来促进发展,但2012年的钢贸事件还是给我们以深刻警醒,动产质押监管仍然存在诸多不完备的方面。当融资企业出现信贷危机时,银行实现债权必然受到影响,物流企业作为监管人所获得的微弱报酬难以弥补违约责任赔偿的数额,三方利益难以衡平。本文结合具体案例,希冀通过探究动产质押监管业务的发端,对动产质押监管中所涉多重法律关系进行分析甄别,并对现存司法困境作出回应;以期引起立法者及有关部门的重视,完善相关法律制度、规范操作、化解纠纷,重塑动产质押监管业务的生机,使其继续发挥对经济发展的建设性作用。

---

① 参见王娟:《动产质押监管业务的法律困境及路径选择研析》,《广西政法管理干部学院学报》2016年第4期。

提升公证债权文书执行制度实效问题研究

张　贞*

摘要　公证债权文书执行的制度设计及其与公证、执行等程序的匹配,在理论界与实务界存在分歧,尚未达成广泛共识。立法上的缺漏使公证债权文书执行制度难以发挥应有的积极作用。司法上应秉持立法原意,借鉴域外国家有益经验,执行范围上应不局限于目前常用的几种情形,而应将双务合同与担保合同纳入其中。公证债权与诉讼债权之间具有排他性,公证债权文书执行程序的选择即产生诉讼程序不得援引的后果,在已有公证的债权文书的情况下,原则上不容许就同一争议事实向法院另行起诉。公证执行证书制度的实施仍然有其独特作用,不应废除,只能通过立法改进;公证机构虽不应被赋予过重的前置审查程序,但合理的审查职能仍有必要继续强化。应同步建立公证机构与法院系统的联合信息反馈机制,强化法院的监管职责。

关键词　公证债权文书;繁简分流;可诉性;执行证书

如果将审判活动视作动态公正的表现,那么公证行为则表征静态公正,公证债权文书执行制度就是"动静结合"的产物。它体现了国家强制力对公证活动的介入,可以有效节约司法资源,实现民事纠纷尤其是合同债

* 张贞,中国地质大学(武汉)法学硕士,河南理工大学财经学院辅导员。

务纠纷的多元化解。在域外法治国家的司法实践中,赋予公证债权文书以强制力,对于定分止争、规范民众行为具有重要作用和积极意义。

据有关部门统计,2015 年,中国法院系统新增执法案件 400 多万件,其中民商事类纠纷案件占 84.06%,达到 350 万件;而其中直接申请执行公证债权文书的案件只有 4 万多起,仅占比 1%左右。公证债权文书执行机制陷入尴尬境地,表明该机制仍有待完善[①],有继续"挖潜增效"之必要。因此,我们必须重新审视公证债权文书执行机制的顶层设计,并尽快加强系统研究,完善制度设计,以充分发挥其积极作用。

一、我国公证债权文书执行制度的发展历程

考察域外法治国家司法实践,公证债权文书执行制度最早在大陆法系国家建立,并日臻完善,在解决域内民事纠纷方面发挥了重要作用。相反,中国对公证债权文书执行制度的引入和实施较为晚近,是在学习大陆法系国家公证制度的基础上逐步建立的,是洋为中用、法律移植的产物。

我国于 1982 年颁布的《公证暂行条例》规定了公证债权执行制度的部分内容,公证债权能够直接向法院申请执行的相关内容体现在该部条例的第 4 条第 10 项[②]之中。同年,《民事诉讼法》(试行)也将公证债权文书执行制度涵盖在内,并以专门条款的形式确定下来;此后的多次修法沿袭了这种制度安排,未发生根本性变动。1991 年《民事诉讼法》则正式引入了该制度,并且明确规定了公证债权文书系可供强制执行文书的类型之一。

2000 年,《关于公证机关赋予强制执行效力的债权文书执行有关问题的联合通知》(以下简称《联合通知》)由最高人民法院和司法部联合颁布。其中规定了公证机构只能对符合特定条件的特殊类型的债权文书进行公证[③],同

① 参见李林骞:《进一步完善公证债权文书强制执行制度》,《农村金融时报》2017 年 3 月 13 日。

② 1982 年《公证暂行条例》第 4 条第 10 项规定:"公证处可对于追偿债款、物品的文书,认为无疑义的,在该文书上证明有强制执行的效力。"

③ 《联合通知》第 1 条规定:"公证机关赋予强制执行效力的债权文书应当具备以下条件:(一)债权文书具有给付货币、物品、有价证券的内容;(二)债权债务关系明确,债权人和债务人对债权文书有关给付内容无疑义;(三)债权文书中载明债务人不履行义务或不完全履行义务时,债务人愿意接受依法强制执行的承诺。"

时，还规定了公证债权文书的强制执行权的行使对象。[①]

2006 年，我国《公证法》正式出台，为公证债权文书执行制度构建了实体法基础。该法第 37 条[②]确认了债权文书的可执行力，辅以执行程序中程序法规范，我国真正意义上的公证债权文书执行制度得以基本建成，具有了一定的实施基础。

2012 年修订后的《民事诉讼法》第 238 条[③]则进一步明确规定了债权人行使权利的条件要求以及程序安排，公证债权文书的债权人同样得遵从该规定，并且还规定了人民法院的案件应对处理方案。

可见，我国丰富的立法实践为公证债权文书执行制度的落实提供了坚实的实践基础与经验指导。值得注意的是，无论域外国家的司法实践，还是我国的立法趋势，均反映出公证制度所具有的独一无二的功能优势。但是，公证债权文书执行案件的低适用率却表明该制度并未得到应有的发挥。域外国家的成功经验为何在我国不能再现辉煌？这个问题有待在厘清公证债权文书制度的基本属性、突出问题以及与相关制度的兼容等后予以解答。

二、公证债权文书执行制度存在的问题及分析

（一）公证债权文书执行范围不明

法律的具体规定能够为解决实务问题提供确定性指引，匹配度越高越能提高法律遵从度。明确具体的公证债权文书执行范围能够解决法律适用上的争议。如果执行范围过窄，则无法在纠纷解决中发挥制度优势；如果范围过宽，公证权将被放大乃至泛滥，削弱法院系统的司法权威性。

申言之，公证债权文书执行制度的旨趣在于实现利益平衡，司法权的过度集中虽然能够增强司法权的权威，但司法救济并非纠纷解决的第一选

---

① 《联合通知》第 2 条规定："公证机关赋予强制执行效力的债权文书的范围：（一）借款合同、借用合同、无财产担保的租赁合同；（二）赊欠货物的债权文书；（三）各种借据、欠单；（四）还款（物）协议；（五）以给付赡养费、扶养费、抚育费、学费、赔（补）偿金为内容的协议；（六）符合赋予强制执行效力条件的其他债权文书。"

② 《公证法》第 37 条规定："对经公证的以给付为内容并载明债务人愿意接受强制执行承诺的债权文书，债务人不履行或者履行不适当的，债权人可以依法向有管辖权的人民法院申请执行。"

③ 《民事诉讼法》第 238 条第一款规定："对公证机关依法赋予强制执行效力的债权文书，一方当事人不履行的，对方当事人可以向有管辖权的人民法院申请执行，受申请的人民法院应当执行。"

择。司法权体现为国家意志,公证权则更多体现社会意志,具有半国家属性;但公证制度由于半强制性的特点能够舒缓当事人的对立情绪,缓和冲突矛盾,尤其是在熟人社会。因此,公证债权文书的外沿大小取决于各国的具体国情,法理基础则是国家意志与社会意志之间的深层次互动。日本对执行范围作出具体列举式规定,我国也采用这种授权立法模式。

授权立法模式下,中国不承认所有公证文书均具有司法执行权,只承认和执行特定具体的执行文书。《联合通知》列举了哪些债权文书可以公证,并可以向法院申请执行;但是其具体列举的类型过少,而且并没有兜底式的条款来回应现实需求。从这个意义上看,公证文书的司法执行权的价值、理念有待上升为更高层级的立法确认,否则,实践中的问题仍将存在。目前,对公证债权文书的执行范围尚未形成定论,尤以担保合同债权文书和双务合同债权文书能否纳入公证执行范围为焦点。

1.未明确规定双务合同债权能否经由公证而被赋予强制执行效力

单务合同法律关系简单,权利义务分明;双务合同中,合同双方当事人之间互负义务,而且由于存在履约过程,当事人双方随时可以共同意思表示而变更原先合同内容,双方不持异议则该履约行为应为法律尊重。因此,有人认为单方合同中债权债务关系明确,指向清楚,标的清晰;而双务合同中虽然存在标的,但其具体承载对象却不尽相同,因人而异。所以"单务合同经由公证后获得执行权,是公证行为的确定后果,不存在任何法律与事实阻碍;而双务合同不在此列,否则将引发混乱,这样做不仅混淆了审判与公证,还有可能对当事人合法权益构成威胁"①。

因此,双务合同是否具有公证价值属性,应着重研究。如果只允许单务合同经由公证程序而被赋予强制力,由于现实中纯粹的单一合同比较少,那么公证债权可供执行的实施空间被极度限缩,甚至束之高阁。

2.担保合同能否经由公证而被纳入执行范围仍存争议

最高人民法院于1996年针对"光大银行北京营业部与仟存百货购物中心仟存科工贸开发公司公证债权文书执行案件"作出批复,明确了抵押合同可以包含在公证债权的执行范围内;但在2003年针对同一问题作出

① 邹川宁:《民事强制执行基本问题研究》,中国法制出版社2004年版,第73页。

相反规定，主张抵押合同虽然可以经过公证程序，但并不因此而当然获得执行力，须向法院诉请后才能具有强制执行效力。可以看出，在司法实践中，对于担保合同是否可以纳入公证债权文书执行范围尚未形成一致意见。

法院系统和公证机关之间在保证合同是否可以纳入执行范围方面也存在巨大分歧。法院系统的主流观点主张，公证行为本身不具有执行效力，债权公证后不得直接获得执行力，担保合同更是如此。公证机关的观点与之相反。

法学理论界同样存在不同意见。反对者认为："可供执行的债权应该是确定无异的债权，虽然经由法院生效判决确定的债权并不一定得到原被告双方的普遍认可，但具有司法拟定的确定力。担保合同中，担保人与债权人、债务人之间的关系因为基础事实的不同而衍生诸多抗辩权，公证行为不足以明确法律关系，因此，担保债权不能称为公证债权的种类之一。"①赞成者认为，反对者认为的担保合同属于物权合同，根据物权法定原则，公证行为创设物权。"但应该考虑的是，我国立法并未区分物权合同与债权合同，物债两分尚属于理论通说，虽然我国《物权法》中规定了担保行为，但据此得出担保合同属于物权合同的论据缺乏充分理据。"②法律关系明确是公证行为获得公信力的基础，担保行为作为主合同关系的履约保证行为，并不是衡量法律关系明确与否的尺度，也不关涉担保协议本身是否可供公证的问题，更不能得出"公证债权一旦附带担保关系，即认为主合同债权关系存在争议"③的结论。此外，从本体论的视角看，公证债权文书执行制度的初衷在于实现程序分流，减轻执行前置程序的成本，拓宽执行范围，增强执行力度；避免诉讼程序的拖累，为当事人最终实现自身合法权益提供一条更加便捷的路径选择；通过自发选择的公证行为也能够提高民众对法律的遵从度。回到担保合同本身，主合同可能因为符合公证债权的特性而获得公证执行力，但"如果只是允许主合同债权可以公证执行，那么

---

① 蒙舟：《论公证文书在民事诉讼中的效力》，西南政法大学硕士学位论文，2010年。

② 王康东：《从抵押权的实现方式谈公证强制执行效力》，《中国公证》2008年第4期。

③ 刘哲：《论在执行程序中对公证债权文书的审查》，唐宝奇主编：《裁判方法论》，人民法院出版社2006年版，第621页。

所谓担保主债权实现的担保债权的实现则被放置,担保债权只能通过法院诉讼的方式实现,如此,主合同债权与从合同债权的实现呈现不同的程序,明显违背了主从一致的基本法理,也增加诉讼成本,这明显违背了制度设计的初衷"[①]。

(二)公证债权文书可诉性分歧较大

根据《公证法》第40条[②]的规定,债权人可以独立选择,并可选择通过诉讼实现债务利益;也可以选择申请强制执行债权文书,这是司法最终理念的题中应有之意,"任何争议均得求助司法机构,通过诉讼途径获得公正裁决"[③]。

有观点认为应该区别对待,债权人申请公证后依然有权向法院起诉,相反,债务人一旦申请了公证,则不可向法院诉请权利救济。债务人选择通过公证来确认债权文书的法律效力,该行为本身表示债务人已放弃诉权,因此不能再次起诉,亦即"缔约方不能就同一实体的法律关系制定两项程序法"[④];并且债权人没有放弃,因此债权人可以就公证的债权文书向法院提起诉讼。

与之相反,有学者主张"双方当事人都不得起诉,债权文书能够通过公证程序获得执行力的依据在于双方选择公证而非选择法院,实质上是对自己的诉权进行了放弃。因此,当事人在对公证债权文书经过强制执行申请后,再向法院主张普通诉讼程序的救济,则有违先前所作承诺,依'禁止反言'原则,债权人与债务人均无权起诉"[⑤]。如果债务人有权另起诉讼,那么公证行为则失去意义,该项执行制度的良善初衷荡然无存。

---

① 杨清:《公证债权文书强制执行研究》,兰州大学硕士学位论文,2016年。

② 《公证法》第40条规定:"当事人、公证事项的利害关系人对公证书的内容有争议的,可以就该争议向人民法院提起民事诉讼。"

③ 沈德咏:《最高人民法院民事诉讼法司法解释理解与适用》,人民法院出版社2015年版,第56页。

④ 魏西霞、郑琳:《具有强制执行效力的公证债权文书是否还有可诉性》,《中国公证》2007年第5期。

⑤ 魏西霞、郑琳:《具有强制执行效力的公证债权文书是否还有可诉性》,《中国公证》2007年第5期。

(三)公证执行证书制度应否存续意见不一

根据诉讼法规定,公证执行证书[①]是法定文书,是向法院申请强制执行相关债权的必备材料。其作为必备材料的原因主要是敦促债务人注意与支付内容有关的法律文件,主动按期还清债务,并尽量减少强制执行措施施加的负面影响;同时也可以掌握从公证书生效到债权人申请强制执行这段时间内双方当事人债权债务的变化情况,避免出现错误执行。建立执行证书制度,由公证机构核实当事人的履约表现,将大大减轻法院的压力,实现社会矛盾和纠纷的多元化解决。

根据《联合通知》第5条的规定,公证机构重点审查:"(1)不履行或不完全履行的事实确实发生;(2)债权人履行合同义务的事实和证据,债务人依照债权文书已经部分履行的事实;(3)债务人对债权文书规定的履行义务有无疑义。"当申请人主张的债权不符合上述条件时,公证机构不得发放执行证书。一般而言,当事人双方均认可公证债权文书的真实合法性,但对实际履行行为是否构成违约以及如何承担违约责任,则可能因为立场不同而产生截然相反的认识。"公证机关在接受执行证书申请之前,需要对违约是否成立、承担违约责任具体方式进行抉择,事实上行使了审判职能。"[②]为确保公正性,法院要求公证机构再次确认债权文书本身及债权文书的履行情况是否存在事实不清、真伪不明的情形,并在确定无疑义时发出执行证明。公证机构认为,前置审查程序的设立无疑增大公证机构的义务,不具有现实操作性。而且,公证机构是居间认证机构,不具有强制力。因此,为了在公证债权文书执行体系中发挥应有的作用,应解决公证书制度实施过程中出现的问题,从法经济学的角度完善该公证书制度。

(四)公证债权文书不予执行或无法执行的情况大量存在

由于公证债权文书执行制度具有不经诉讼便可实现债权的特殊功能,当事人通常会首先选择借助公证债权文书执行制度实现债权;结果,进入执行程序的案件数量猛增,而且大量公证债权文书未及时执行终结或因无法执行终止本执行程序。

---

① 公证执行证书是指债务人不履行具有强制执行效力的债权文书公证书所规定的义务,债权人向原公证机构要求出具的直接向有管辖权的人民法院申请执行的凭证。

② 李汉昌:《公证权与司法权的界限——从公证强制执行的视角》,《法学家》2006年第2期。

1.虚假公证债权文书涌现

虚假公证债权文书主要存在"以合法形式掩盖其非法目的"的不法情形。如果债务人以逃避债务等不正当目的伪造或改变合同,通过公证债权文书的执行制度强制执行债权,则属于虚构财产交易,转让财产,逃避执行,损害他人的合法权益及社会公众利益。

2.公证执行证书本身存在瑕疵

公证执行证书具有类似于裁判结果的执行力,为确保公正,必须要求公证执行证书达到"表述精确、言语严谨、内容明确"的标准。但实践中,有部分执行证书或多或少存在一些问题,如执行证书或债权文书对债务利率、罚息计算等的表述不尽相同,有时甚至还会出现执行证书关键内容与原合同不符的严重错误。对于有误的公证书,法院当然不认可其强制执行力。

3.案外人异议过滥

公证债权文书强制执行制度之设计在于定分止争,高效快速地解决债权债务纠纷,减少当事人和法院之诉累。但是,根据不完全统计,"公证债权文书强制执行中出现第三人异议的案件占总案件的四成以上,其中异议成立撤回申请的占到一半左右"①。如此高的第三人异议比重无疑是增加了法院的执行负担,一旦异议成立,解冻存款,解除查封、扣押的财物将耗费大量司法资源,更为严重的是,如此频繁的变更将极大损害法院的公信力。

(五)申请强制执行期限不清

我国现行立法没有明确规定公证债权文书申请强制执行的期限计算起点、长度以及期间中断等程序性问题。在部门法体系下,民事诉讼法作为民商事活动的一般程序法准则,对于期限问题有着相应的规定;公证债权文书的执行期限等问题也可以在这里找到一定的执行依据。但是,由于公证制度有其自身的特点,特别是公证债权文书执行制度的特殊规定与普通诉讼程序不同,导致在适用该制度时出现了一些新问题,如各地法院对债权人的申请期限适用不统一、超期后不知如何处理等情况,这将严重影响公证债权文书执行制度发挥应有良效。

---

① 马文红:《公证债权文书之强制执行现状分析》,《中国公证》2014年第11期。

三、公证债权文书强制执行制度的完善

(一)适度扩大执行范围

前已述及,关于执行范围大小之争,各方争议的焦点在于是否可以包括双务合同和担保合同。

1.双务合同纳入执行范围的分析

对于具有明确债权债务关系的经公证的单一服务合同,可以将其纳入执行范围。但是经过公证的双务合同(即使是债权债务关系明确的)是否可被纳入执行范围,则观点不一,分歧较大。按照《联合通知》第1条,反对观点坚持只能将"债权债务关系明确"的债权文书纳入执行范围,由于双务合同中缺少明确的债权人—债务关系的特性,因此无法执行。

笔者认为,反对观点有以偏概全、先入为主的嫌疑。从表面上看,双务合同确实比单务合同复杂;但是,双务合同的"复杂关系"属性并不代表债权人—债务人关系不明确。合同关系是否明确与其中法律关系的层级性不相关,合同内容清楚,即便是涉及多方主体也能清楚界定各自的合同地位;合同内容不明确,即使是借贷合同也会产生诸多分歧点。贷款合同、租赁合同等合同是典型的双务合同。虽然最高人民法院尚未明确承认双务合同可以适用于公证债权文书的执行制度,但是它也可以通过列举贷款合同和租赁合同等双务合同来类推适用。这从另一方面证明,最高人民法院也认为"复杂"的双务合同并不一定意味着"债权人的债务关系不明确"。因此,双务合同不因为合同双方义务的联动性而当然否定公证执行效力。

在司法实践中,典型的单务合同种类较少。如果只将少量的单务合同纳入执行范围内,而将大多数的双务合同排除在外,将极大地减损公证债权文书执行制度的应用价值,不能很好地发挥该制度在繁简分流、节约司法资源等方面的积极作用。

总之,双务合同存在一定的公证执行空间,甚至直接赋予其执行力也存在法理基础。我们不应仅仅局限于《联合通知》第2条所提及的双务合同,而是应当尽快明确将那些"债权债务关系明确"的双务合同纳入执行范围之内。

2.应赋予担保合同执行效力

从大量司法实践来看,“一刀切”式地将担保合同排除在执行范围之外的做法非常不合理,会产生诸多不利影响。通常,银行等金融机构要求“借款人提供适当担保并进行公证”作为合同必备条款加以规定。保证当借款人逾期未履行义务时,银行可以申请法律救济。但是此时法院常严格遵守《联合通知》,以担保合同不属于适用范围为由,对银行的执行申请不予受理,使银行维护自身合法权益的诉求陷入困境。

2014 年 9 月,最高人民法院向山东省高级人民法院作出批复,认为根据主从合同一致原则,若主合同债权合法,具备执行力,则从合同也可以获得执行力。因此,主债权的担保合同在经过公证程序后,可以被授以强制执行力。笔者认为该批复符合社会经济发展潮流,具有积极意义。为了更好地保护主债权人(通常也是担保权人)的合法权益,担保合同应该作为独立的合同类型予以规定。

(二)公证债权的可诉性理论辨析

公证债权的可诉性是指为申请执行而经过公证的债权,仍可以作为诉权的事实基础而向法院提起诉讼,但也有不同观点。《公证法》第 37 条和第 40 条给出了不同的答案,学术界和司法界对此问题尚未达成共识。为消弭分歧,统一司法适用,2008 年,最高人民法院对此问题作出了相关批复。该批复澄清了该法律适用中存在的问题,并澄清了相关纠纷所涉及的程序,即需要履行先裁后诉的司法程序。但仍有问题需要进一步澄清:在已经申请了公证债权已备执行之时,债权人以及债务人是否有权向法院提起民事诉讼?

笔者认为,债权人一旦获得了公证的债权文书,则不可以就同一争议事实向法院另行起诉。其因在于,经过公证的债权文书已经具备执行力,债权人另行起诉的行为无异于在获得法院判决的前提下,基于相同法律关系而再次寻求法院救济,违反了诉讼法规定的“一事不再理”的基本准则,造成司法资源浪费。此外,准许当事人再行起诉而获得的第二份生效判决势必与之前的公证债权文书的效力产生冲突,这将削弱公证行为的确定力以及司法裁判的权威性。执行部门将无所适从,不知该依哪种文书作为执行依据。最后，因为诉权与申请公证权的排他性适用，根据处分原则[①]，债权人选择申请公证，则同时放弃了诉讼权；不因为债权人是否主观上产生放弃的意思，其申请公证行为即已表明。

对于债务人是否有权起诉的问题，笔者认为，债务人无权起诉。公证行为本身具有确定力，双方当事人在公证之时没有提出有力异议，一旦达成公证结果，无论是债权人还是债务人均须尊重公证结果，信守承诺。依据“禁反言”原则，债务人事后不得就无误的文书所载内容再次向法院提起诉讼，否则将无端地浪费司法资源。

当然，特殊情形下，如公证债权文书“确有错误”时，本着有错必纠的司法裁判精神，可赋予当事人一定的诉权，以求实体公正。

（三）执行证书制度的完善建议

为保证不出现执行错误，公证机构在出具执行证书之前应当进行审查核实，这点无可厚非。但是，应考虑公证机构本身的实际履职能力，否则将掣肘公证债权文书执行制度效果的发挥。

笔者认为，公证执行证书要具有执行力的证明效力，其基础必须是申请双方当事人对于公证事实不存在争议。公证书是将双方的共同意思表示固定下来，而不是在争议分歧中作出公证，否则公证机构就变成了法院机关。考虑债权人与债务人在公证程序中的不同表现，以及兼顾公证效率，当债权人申请执行证书时，公证机构的审查义务可以进行一定程度上的简化。程序上讲，公证机构应履行事先及时通知义务以及设立意见接受反馈机制，以归结当事人的异议以及诉求。简而言之，公证机构不能被赋予超出其权限和能力的义务。此外，对于不得颁发执行证书的情况，立法应明确规定，如此才能规范和统一公证机构颁发公证执行证书的工作流程，加强公证机构履职的规范性和严肃性，兼顾程序正义与实体正义。

（四）提升公证债权文书公正性的建议

第一，公证机构要本着严格、严肃、严谨的工作作风，在查明相关事实，确保无误时方可对外出具公证书、执行证书等，要严格审查程序。其次，公证机构与法院执行部门还应加强合作沟通，通过建立联席机制，共同就债权文书

---

① 民事诉讼中的处分原则，是指当事人有权在法律许可的范围内自由支配自己的民事权利和诉讼权利。

公证与执行方面的新问题、新情况,定期或不定期地进行交流、沟通和协调,共同提高公证债权文书的执行率。最后,如果法院执法部门发现公证机构在执行公证债权文件时存在问题和遗漏,可以向公证人发出司法建议。

第二,明确法院的监管功能分工。法院在公证债权文书执行问题上,不可介入过多,亦不能对公证机构放任不管,而是要适度作为、严格把关。审判机构与执行机构分管不同业务流程:双方之间不存在管理关系,只存在分工关系。而也正是在分工中实现监督管理,如此可相互制衡,减少工作上的错误和程序瑕疵,确保公正。法院有时需要阅读公证材料,以确保事实清楚明确,法律关系界定准确,以实现实质正义。

(五)关于执行期限的建议

民事诉讼法将申请执行的期限限定在2年内,而且当事人获得相关执行文书证明后才能向法院递交申请。2年的实效规定是普通期间,公证债权执行是否需要在此基础上变动,则有待进一步论证。那么,对于债权人来说,2年的时限规定是申请执行证书的时限还是申请法院执行的时限?

笔者认为2年的时限规定应是在向法院申请执行时遵循的法定时限。若债权人向法院申请执行公证书,应遵守民事诉讼法的时限规定,不得违反。具体计算方式是,债务人应该在公证书中约定的期限内履行义务,超过期限未完成相应义务的,从期限经过的第二天起计算2年时限,该期间即为债权人申请执行证书的时间。实际操作中也有第二层限制,当事人在向法院申请强制执行时,必须具备相应的执行证书,不能以期限未过拒绝提交。该形式要件的满足是提起执行程序的必备条件,是程序公正的具体要求。如果债权人申请执行证书的时间太晚,可能会产生2年的申请期已过而债权人尚未获得执行证书的情形,逾期将自己承担相应法律风险。

四、结　语

“现代社会要取得继续发展的动力与活力,必须消除反作用力。现实纠纷的存在,警醒我们应该努力的方向:不是如何消灭或压制纠纷,而是如何建立一套有效的社会治理机制,在社会有序的体制轨道上去化解纠纷。”[①]争议

---

① 亓旭岩、焦兴凯:《浅谈执行协调联动机制的构建》,《法学杂志》2009年第6期。

解决机制的基本内容应该包括争议解决与纠纷预防等内容,前者是解决现实问题的迫切需要,后者是实现现代社会持续发展的要求。在司法权得到尊重与践行的同时,社会权应得到应有的重视。公证债权文书执行制度应是社会治理机制发展的蓬勃产物,在依赖传统诉讼机制解决纠纷的同时,与诉讼相匹配的其他纠纷解决方案应该得到发展。然而,制度本身应在不断完善的动态过程中实现发展。因此,我们应该积极探索如何解决公证债权文书执行制度存在的既有问题,促进制度的不断完善,也为解决执行难的困境提供一点智识上的帮助。

无主无形财产权的归属制度研究

——以无主作品著作权为主要考察对象

徐焕然*

摘要 近年来,《我的前半生》的版权问题引发了关于无主作品所有权问题的瞩目和反思。孤立、静止、片段式地看待这一问题容易忽视关联问题和衍生问题。著作权、专利和商标作为以无形财产为客体的民事权利,都面临共同的无主归属制度困境。也就是当没有继承人的同时又没有人受遗赠时,如何识别无主无形财产权的归属主体以及谁来保护它的问题。在实施国家知识产权战略、修改著作权法和专利法的今天,这个问题可以通过改进立法来系统地解决。

关键词 无形财产;知识产权;继承权

《我的前半生》是末代皇帝爱新觉罗·溥仪在抚顺战犯管理所所写的反省笔记,记录了溥仪从登基到流亡到接受新中国"改造"等过程,从该书中我们可以较为完整地感受末代皇帝的悲喜命运,也得以窥见近现代社会的变迁在溥仪身上的烙印。作为一部自传体文学作品,《我的前半生》在社会上引起了强烈反响和赞誉,不仅受到文学爱好者、历史学家等群体的追

* 徐焕然,美国加州大学洛杉矶分校法律硕士研究生,研究方向为民商法。

捧，也在知识产权学界掀起了长达30多年的关注热潮，从多个主体争夺该书的版权，到最后确认溥仪享有版权。原本以为此事从此风平浪静，却不想又起波澜。2007年8月，群众出版社（该书的出版单位）向北京市西城区人民法院发出请求，要求该书被认定为无主财产。同年的9月25日，西城法院在《人民法院报》第4版发布了认领公告，自公告之日起，如果没有人在一年内认领这本书的产权，该书将被国有化，所有收益归国家。2008年8月22日，法院发布版权认领公告期间，一位姓金的女士，自称是溥仪的侄女，申请认领这本书的版权，她将群众出版社告到了法庭，并明确要求认定《我的前半生》著作权归她所有。由于有人在该案中申请认领书的版权，西城法院依法裁定本案（即申请确认无主财产案）已经终止，最终归属权要求当事人另行起诉。

《我的前半生》是无主作品争夺案当中的一个典型代表，推而广之至整个无形财产领域，无主无形财产的归属制度更是有待深入研究。相关专家认为，《我的前半生》中产权版权的继承问题具有相当的学术讨论价值，特别是关于无主无形财产权（如年代久远的著作版权中的财产权）是否可以适用于继承法的讨论，不仅对今后著作权法和继承法的衔接、完善提供了一些新思路，而且还具有相当大的推动作用。①

一、无主无形财产权的制度成因

（一）保护有门、归属无门的制度尴尬

根据我国著作权法，如果作品的版权属于自然人，则该权利中的财产权受保护的时间为作者有生之年加死后50年。版权人去世后，他的著作人身权一般不能被继承，但继承人有责任保护作者的著作人身权免受侵害。例如《著作权法实施条例》第15条规定：在作者死亡后，其著作权中的人身权利将由作者的继承人或者受遗赠人保护，在作品没有人继承又没有受遗赠人的情形下，该权利则由著作权行政管理部门负责保护。

在作者去世或者权利持有人权利终止后，没有人继承或没有人接受遗赠的作品称为无主作品。一项作品，如果作者出生前没有获得发表，也就

① 参见赖名芳：《〈我的前半生〉应认定为无主财产》，《中国新闻出版报》2007年11月27日。

是作者的遗作,如果作者没有鲜明的相反意思表示,则在作者去世后 50 年内,继承人或受益人可以行使发表作品的权利。“在行使遗作发表权的问题上,这可能是一种更为恰当的方式,即拟定第三人在作者死后产生以发表权等精神权利为目的的一种功能性权利。”[①]如果没有继承人又没有受遗赠人,可以由合法持有该作品原件的所有人行使。作者去世后,其他人不得行使署名权,未经作者授权,修改权和保护作品完整权亦不得行使。由上述规定可以得出,作者死后,其著作人身权的行使主要只涉及发表权,其他权利只是保护其不受侵害。综上,关于无主作品的版权需要解决两个问题,即作品的版权归属和著作人身权的保护。

在澄清无主作品的版权内容后,怎样定义无主作品也是一个需要澄清的问题。在实践中,采用宣告程序,即申请人首先向人民法院提出申请,请求将无人继承又无人受遗赠的作品确认为无主作品,人民法院经过实体审查后,宣告一定的公示期,期满无人认领,即可认定该作品为无主作品。例如北京市西城区人民法院就《我的前半生》发布版权认领声明,就是一个例子。

(二)著作权法/继承法夹缝中的无主作品

1.共同作品作者之一死亡的作品著作财产权的处理

关于这种情况,法律明确规定,在共同作者之一去世后,无人继承又无人受遗赠其合作作品的著作权中的财产权的,由其他合作作者享有,著作人身权则由政府相关组织进行管理保护。[②]

2.无人继承又无人受遗赠的作品著作财产权的处理

根据我国《继承法》第 32 条规定的精神,如果自然人死亡后他的著作权没有人继承又没有人接受遗赠,或法人、其他组织变更、终止后没有其他单位承受这个权利义务的,那么这项权利归国家所有。[③] 由此规定可以看出,我国立法在这个问题上处于空白状态,在司法实践中法官更多地引用其他法律规定或法理来进行裁判。在上述《我的前半生》著作权权属认定

① Adolf Dietz, “The Moral Right of the Author :Moral Rights and the Civil Law Countries”, *ColumbiaVLA Journal of Law & The Arts*, no. 2(1993).

② 参见侯仰坤:《著作权归属中存在的问题》,《知识产权》2010 年第 1 期。

③ 参见吴汉东主编:《知识产权法》,中国政法大学出版社 2012 年版,第 64 页。

的案件中，法院判决所依据的法律就是《继承法》第 32 条。

对于前一种情形，由于有法律明确的规定，于法有据，因此没有可供争议的空间。对于第二种情形如何处理才符合国际惯例，有利于对知识产权的保护和文化的交流与传播，是我们需要重点研究探讨的问题。

3. 无主作品著作人身权的处理

根据传统的民法原理，公民的民事权利能力从出生开始，至死亡灭失。那么，就法理来讲，为什么要在作者死亡后对该项权利进行保护呢？谁又应该来行使对无主作品著作人身权的保护呢？针对这两个问题，学界展开了讨论，经过长期的论战主要形成了以下四种主流观点。[①] (1)人身权延伸保护说。该说认为，人格权作为一种特殊的绝对权利，应当是没有期限的权利，即使在公民死亡后也应当予以保护。[②] (2)权利保护说。其论点是，在自然人死亡后，某些人格权仍然可以被继续享有，从某种程度上来说他仍然是一个民事主体。[③] 显然这种说法与前述民法的"公民的民事权利能力从出生开始，到死亡终止"的基本原理相悖。(3)遗属利益维护说。这种学说的观点是死者与他的近亲属有直接的人身关系，将死者的个人利益与其遗属的利益或家族的利益等同起来。进一步说，对死者的人格利益进行侵犯的行为，因死者丧失人格权而无人格利益，但是这种侵犯行为同时侵害了死者遗属的情感，因此，死者遗属有权因侵害行为获得救济。(4)法益保护说。这种学说把保护死者的人身利益称为法益，认为自然人死亡后人身权利不复存在，但人身利益仍然应当得到保护。[④] 上述学说均为已故作者著作人身权的保护问题提供了基础，而对于作者身故后没有继承人又没有受遗赠人，这种著作人身权应当如何处理，我国法律没有对此进行规制。但是根据《继承法》第 3 条、第 32 条，《著作权法》第 19 条第 1 款、第 2 款的精神，依照权利和义务相一致的要求，作品的著作人身权也应当由其权利义务的承受者享有，没有继承人又无受遗赠人的，由国务院相关行政管理单位保护。当然，这涉及权利归属的问题，笔者将在下文中讨论。

---

① 参见王丹:《已故作者著作人身权保护问题研究》，苏州大学硕士学位论文，2015 年。

② 参见杨立新:《人身权的延伸法律保护》，载《法学研究》1995 年第 2 期。

③ 参见马丽、朱显国:《死者人格利益保护理论的反思与重构——基于法的规范功能的分析》，《南京理工大学学报》2009 年第 4 期。

④ 参见王利明主编:《人格权法研究》，中国人民大学出版社 2007 年版，第 195～196 页。

二、关于无主无形财产权法律处置的域外立法

(一)无主无形财产权的归属主体

第一种立法例是无主作品的权利进入公有领域。《日本著作权法》第62条规定了无继承人时的著作权的消亡,其规定著作权面临以下情况时即告消亡:(1)版权所有者已死亡,该版权依民法第959条(归国库的继承财产)的规定应归国库时;(2)作为著作权所有者的法人解散时,该著作权依民法第72条第3款(归国库的剩余财产)或依其他法律的规定应归国库时。电影著作物的著作权依前款规定消亡时则要适用第54条第2款的规定。日本学者对此的解释是:"没有继承人,依据版权的文化使命,相较于把它归于国库,把它作为人类社会的公有财产,普通人都可自由使用可能是更好的办法。出于这个目的,《版权法》规定,没有继承人时,版权失效。"[①]《巴西著作权法》第三编第三章(著作财产权及其保护期)第45条规定,在作者作品的著作财产权满保护期后,如果这个作品的作者去世之后没有继承人,那么这个作品将进入公有领域。

第二种立法的例子是无主作品的权利属于国家。《俄罗斯联邦民法典》第四部分(知识产权部分)第七十章第1283条"作品专有权的继承转移"规定,在本法典第1151条规定的情形下,作为继承一部分的作品专有权终止,作品将变为公共财产。[②]《俄罗斯著作权法》第29条第2款规定,作者没有继承人的,应该由俄罗斯联邦特别授权的代表机构充分实施对于涉及权利的保护。《越南知识产权法》第42条规定了国家成为著作权拥有者的情形,其第1款b款规定:"作品并没有超过保护期,但是作者已经死亡是因为继承人的过错,继承人放弃继承或者被剥夺继承权,国家可以成为作品权利拥有者。"《韩国著作权法》第二章第四分节第49条则规定当作者死亡并且没有继承人时,著作财产权在民法及其他法律条款的规制下应该属于国家所有。

---

① [日]半田正夫、纹谷畅男:《著作权法50讲》,魏启学译,法律出版社1990年版,第170页。

② Daniel C. Miller, "Determining Ownership in Virtual Worlds: Copyright and License Agreements", *Rev. Litig*, vol. 22, no. 2 (March 2003), p. 435.

（二）行使无主无形财产权的主体

关于无主无形财产权合法处置，国外主要有两种立法模式。

第一种立法模式以德国、英国、法国、意大利为代表，这些国家的立法承认作者死亡后其著作人身权可移转。也就是说，它是由已故作者的继承人或者其代表人根据遗嘱或者法律规定继承或代为行使的。[①]《德国版权法》第 29 条和第 30 条、《英国版权法》第 95 条、《法国版权法》第 L121-1 条[②]和 L121-2 条[③]、《意大利版权法》第 23 条都规定了上述原则，即该项权利可以像著作财产权一样通过继承发生移转。

第二种立法模式以俄罗斯、日本为代表，这些国家著作权法不承认人身权的继承，但继承人有义务对其进行保护。根据《俄罗斯著作权法》第 29 条的规定，与作者人格权有关的权利不能继承转移。作者的继承人有对上述权利进行保护的权利，并且没有期限限制。在没有继承人的情况下，由国家公权力机关对其进行保护。同样的，《日本著作权法》第 60 条禁止他人在作者死后侵犯其著作人身权，并在该法第 116 条[④]规定了相关权利受到侵害时的救济措施。日本学者对法律的立法意图进行了理论上的解释，认为著作人身权与著作财产权不同，它是一种“人格权”，其目的是为了保护作者的人格价值。因此，该权利只属于作者本人且只能由其行使，具有“一身专属性”。作者死亡后，该项权利也自然失效。但为保护其人格价值，有必要规定作者死亡后的保护措施。[⑤] 这符合死者人格利益法益保护说的内涵。

与以上两种立法模式不同的是，作为世界性的知识产权法律文件，《伯

---

① Catherine L. Fisk, “Authors at Work: The Origins of the Work-For-Hire Doctrine”, *Yale J. L.*, vol. 15, no. 1 (2003), p. 55.

② 《法国版权法》L121-1 条：作者对自己的姓名、作者身份及作品享有受尊重的权利。该权利系于作者人身；该权利永远存在、不可剥夺且不因失效而丧失；该权利因作者死亡可转移至继承人；第三人可依遗嘱的规定行使该权利。

③ 《法国版权法》L121-2 条：仅作者有权发表其作品；作者死后，其遗嘱的发表权由作者指定一个或数个遗嘱执行人终身行使。没有遗嘱执行人或遗嘱执行人死亡后，在作者无相反意愿的情况下，该权利依次由下列各人行使：子女、未受分居终局裁定或未再婚的配偶，子女以外的全部或部分接受遗产的继承人、总体受遗赠人或全部未来产品受遗赠人。

④ 《日本著作权法》第 116 条：作者的遗族（子女、配偶、父母、子女、祖父母或兄弟姐妹）或作者遗嘱中指定的人可对侵犯作者著作人身权的人提出停止侵权、恢复名誉等。

⑤ 参见吴汉东等：《西方诸国著作权制度研究》，中国政法大学出版社 1998 年版，第 109 页。

尔尼公约》对于作者死亡后著作人身权能否移转没有作出明确规定,但是也提出了对其进行保护的问题。[①] 我国现行立法采取的是第二种立法例,即作品的承继者仅有对作品的著作人身权实施保护的权利。作为受保护的民事权利,这意味着这项权利并不因作者死亡而灭失。对于无主作品也存在著作人身权,只是因其最终的归属而由不同的主体行使。

三、我国无主无形财产权归属制度评析

我国现行法律对于无主作品的著作权归属尚未作出明确规定,但为了适应审判需要仍有一些相关的法律法规可供适用,归纳起来,主要包括如下规定:

1.法律和司法解释

我国《著作权法》第19条第1款规定,作者死亡后,作者的继承人可以继承他的13项著作财产权。《继承法》第32条规定,没有人继承又无人受遗赠的财产,应该按照死者生前所在单位所有制形式的不同,由不同的主体拥有。《最高人民法院关于贯彻执行〈中华人民共和国继承法〉若干问题的意见》规定,当无主遗产归国有或集体组织所有时,应考虑可以适当分得遗产的情况。

2.条例和地方法规

我国《著作权法实施条例》第16条规定了国家享有著作权的作品的管理部门。[②]《集成电路布图设计保护条例》第13条规定了在作者死亡后的布图设计的转移,并明确规定了当其称为无主作品时的权利归属,即进入公有领域。[③]《上海市著作权管理若干规定》第6条(无主著作权的行使)规定了公民、法人和其他组织版权转让情况及属于无主作品时的归属情况,

---

① 《保护文学和艺术作品伯尔尼公约》第6条之二第2款规定:作者死亡后,根据前款给予作者的权利,至少应保留到作者经济权利期满为止,并由被要求给予保护的国家本国法律所授权的人或机构行使之。

② 《著作权法实施条例》第16条:国家享有著作权的作品的使用,由国务院著作权行政管理部门管理。

③ 《集成电路布图设计保护条例》第13条:布图设计专有权属于自然人的,该自然人死亡后,其专有权在本条例规定的保护期内依照继承法的规定转移。布图设计专有权属于法人或者其他组织的,法人或者其他组织变更、终止后,其专有权在本条例规定的保护期内由承继其权利、义务的法人或者其他组织享有;没有承继其权利、义务的法人或者其他组织的,该布图设计进入公有领域。

该法条实际上规定，无主作品的版权当归国家所有。[①]

3.其他行政区法规

我国台湾地区规定著作财产权在存续期间内作者死亡或法人归于消灭后，分别归国有或归属于其他地方自治团体，存续期届满则权利消灭。[②]澳门特区《核准著作权及有关权利之制度》第37条无人继承之遗产内之著作财产权规定了“用来抵偿债务而转让”[③]，并且在10年内如果该作品没有人使用或没有他人被许可使用，那么著作财产权将进入公有领域。合作作品作者死亡规定也与内地相同。[④]

在司法实践中，法院一般均依照这些法规对无人继承且无人受遗赠的著作权纠纷案件作出裁判。例如，《我的前半生》一案中的著作权纠纷，该书的版权归属取决于李淑贤生前所在的单位的性质，如果该单位属于国有企业，书的版权归国家所有；如果属于集体所有制，则该权利归该单位。这种著作权归属方式在理论界受到批评，因为它没有考虑到知识产权的特殊性，而是武断地采用物权归属的方法。

由于没有明确的法律规定，我国理论界对无主作品的探索主要体现在何种制度设计更为合理的论证上。即经过正当程序（公告或者其他）后，无

---

① 《上海市著作权管理若干规定》第6条规定：享有著作权的法人或者其他组织终止后，无法人或者其他组织承受其权利义务的，作品的使用权和获得报酬权在法定保护期内，由市版权局代表国家行使。享有著作权的公民死亡后，其著作权无人继承又无人受遗赠的，作品的使用权和获得报酬权在法定保护期内，由下列组织代为行使：(1)作者生前是集体经济组织成员的，由所在集体经济组织行使；(2)作者生前是非集体经济组织成员的，由市版权局代表国家行使。市版权局按照本条第1款、第2款规定代为行使作品的使用权和获得报酬权的，应当提前发布公告，并将作品使用报酬上交国库。

② 《台湾地区著作权法》第42条：著作财产权因存续期间届满而消灭。于存续期间内，有下列情形之一者，亦同：(1)著作财产权人死亡，其著作财产权依法应归国库者。(2)著作财产权人为法人，于其消灭后，其著作财产权应归属于地方自治团体者。

③ Calvin D. Peeler, “From the Providence of Kings to Copyrighted Things (and French Moral Rights)”, *Ind. Int&Comp, L. Rev.*, vol. 9, no. 3(1999), p. 423.

④ 澳门《核准著作权及有关权利之制度》第37条关于无人继承之遗产内之著作财产权规定：(1)因无人继承而被宣告归本地区所有之遗产内包括著作财产权时，该权利不列入清算范围内，但如出售其他资产之所得并不足以支付有关债务，则该权利得被转让。(2)如自有关遗产成为无人继承制遗产时起之10年内，本地区并无使用或许可他人使用作品，则作品归入公产范围。(3)因合作作品之其中一名作者死亡而导致其遗产应归本地区所有时，该作品之财产权之整体即仅属其余作者所有。

主作品是应当归国家所有，还是进入公有领域？有学者提出没有所有者的作品应属于国家。理由如下：(1)在国际知识产权贸易的格局下，收归国有有助于国家利益的保护，有助于民族文化遗产的保护；(2)归国家所有更有利于著作权的有效利用，由于主体的特殊性，国家对知识产权的利用更为全面、经济、合理。多数学者认为无主作品的著作财产权进入公有领域更为合理，他们认为著作财产权归国家所有存在诸多弊端，而让无主作品的该项权利直接进入公有领域，相较于收归国有，在实践操作上更为便捷，更有利于知识产权价值的实现和文化的传播，更符合知识产权保护的宗旨。上述两种观点均有各自的立场，而究竟何种制度设计更适合我国的国情，更符合国际发展趋势，还有待进一步论证。

四、关于完善我国无主无形财产权归属的建议

(一)明确无主无形财产权归属的确认标准

无主无形财产权是作者生前辛勤劳动的成果和智慧的结晶，对无主无形财产权进行保护体现的是法治社会对个人价值的尊重，因此在认定上必须经过多番考量，在制度设计上也务必谨慎客观。例如，在确认无主作品的版权归属时，应考虑以下因素：(1)确立该项权利归属要建立在尊重作者的权利和意愿的基础上；(2)要明确确立该项权利归属是以保护投资、促进产业发展为制度目标；(3)确立该权利归属要协调好作者与其他各方的利益。[①] 从这几点可以看出，无主作品的著作权归属必须以尊重作者的意愿、促进产业发展、维护安定秩序为出发点。

(二)制度设计的方向：进入公有领域

综合我国现有的立法和国外的立法例，学界对无主无形财产权归属的法律选择路径是收归国有还是进入公有领域存在较大的分歧。我国目前饱受诟病的惯常做法不能适应客观需要，主要理由如下：一是无主作品归国家所有是套用了物权法关于无主物的归属原则，没有注意到知识产权作为一种无形财产的特殊性。因为作品和它的著作财产权是无形性的、非消耗性的，使其处于无主的状态不会造成资源的浪费，而且其无形性也表明

---

① 参见陈明涛：《著作权主体身份确认与权利归属研究》，北京交通大学出版社2015年版，第2页。

了其物理性质上的不确定性和不可占有性。这样，它们处于无所有权的状态，不会引起争夺与哄抢，导致公共秩序和占有秩序的不稳定，同时不会对个人利益或者社会利益产生任何负面影响。相反，著作财产权的无主从某种层面上表明，没有人有权对有关作品的使用实施专有性垄断与控制，反而给社会公众的使用带来方便和自由，对文化的传播和产业的繁荣有重大的促进作用。① 二是，与其他两类知识产权相比，无主作品的著作权应当进入公有领域。例如，我国《专利法》规定专利权期限在届满前终止，可以推断出，如果专利权没有继承人，不能按照规定缴纳年费，则专利权在期限届满前消灭。②《商标法实施条例》规定，商标注册人死亡或终止超过 1 年没有办理移转手续的，任何人都可以申请注销。③ 因此，专利权和商标权在无人继承的情形下，并未采取收归国有的处理方式，而是允许其进入公有领域。④ 三是，无主作品国有化或归死者生前的集体组织所有存在很多缺点，包括但不限于如下缺陷：(1)阻碍智力成就的使用，过度增加了产业发展的成本。对于创造性成果的权利，其立法目标侧重于保证结果的传播和应用，促进相关产业的发展，但同时必须考虑到对权利人的激励。但当权利主体消灭后，其价值目标便只有前者。此时，让国家成为权利人，可以增加国库收入，但不利于知识产权成果的推广和应用，不利于科技和经济的进步发展。(2)降低利用效率，导致资源浪费。无主作品被国家或集体接管之后，由于缺乏权利主体和无法充分掌握信息等原因，往往容易被搁置，造成资源浪费。(3)诱发权力寻租，引发连锁负面效应。若由国家获得这种成果的权利，然后国家授权他人专门使用它，那么就会产生“公器私授”的嫌疑，并可能直接诱发“权力寻租”，导致腐败。另外，让无主作品进入公有领域，优势大于劣势。在著作权的主体消灭而且没有继承者的情形

---

① 参见周艳敏：《无主著作财产权：国有还是公有？——从〈我的前半生〉的权属争议到我国〈著作权法〉的修改》，《出版发行研究》2008 年第 4 期。

② 《专利法》第 44 条规定：有下列情形之一的，专利权在期限届满前终止：(一)没有按照规定缴纳年费的；(二)专利权人以书面声明放弃其专利权的。专利权在期限届满前终止的，由国务院专利行政部门登记和公告。

③ 《商标法实施条例》第 47 条规定：商标注册人死亡或终止，自死亡或终止之日起 1 年期满，该注册商标没有办理移转手续的，任何人可以向商标局申请注销该注册商标。

④ 参见李琛：《探析无人继承之著作财产权的处理》，《电子知识产权》2008 年第 1 期。

下,一旦摆脱了公法的束缚,无主作品就会自然融入公用知识的海洋,从而实现其价值最优化,也能泽被和惠及更广阔的领域。

无主无形财产的所有权属于国有或进入公有领域,这是两种截然不同的制度设计。

一方面,无主无形财产权归国家所有,即意味着社会公众要想使用该无主无形财产权,必须征得国家的同意。而作为一个抽象的主体,国家需要特定的授权机构代表其履行相关事务。就目前的制度框架而言,社会公众要取得作品的使用权则需要经过国家版权局的许可。然而,此种制度安排会产生何种弊端呢?其优点在于可以有效保护本国文化,防止外国主体对本国作品的不当使用。因为无主无形财产权一旦进入公有领域,将成为全人类的共同财产,即使是外国主体对于作品的使用,也不必经过任何主体的许可。在此情况下,将无主无形财产权归入国家所有,在一定程度上会起到保护本国文化的作用。其弊在于既可能会限制作品的自由传播,也会增加相关的行政成本。因为此种制度设计,必须采取许可使用的方式,让作品的传播受到限制,不利于社会公众共享文化产品。而且设立特定机关对作品许可进行管理,必将产生一些行政开支和费用。

另一方面,无主无形财产权进入公共领域,即表明公众可以自由使用该作品而无须任何许可。这一制度设计的优点在于可以促进文化的自由传播与应用,缺点是对于在无主作品存在权利期间,与权利人签署相关合同的利益第三方,将因为无主作品进入公共领域而导致权利丧失。需要进一步指出的是,这一制度的设计并不表明使用人可以无偿使用该作品。在法国大革命时期,政府对于进入公有领域的作品征收文化税收,并且用于资助著作权的进一步创作。[①] 在一些国家,对于无主作品或者已过保护期的作品,政府曾制定过征收相关税金的政策。《俄罗斯著作权法》第 28 条第 3 款规定,对于在俄罗斯联邦领域内已经进入公有领域的作品的使用,俄联邦政府可以征收特定版税。这种版税应当支付给作家专业基金或者著作性经济权利的集体管理组织,但是这种税率不能超过版权作品使用收入的 1%。德国有关著作权最初的政府草案(第 73～79 条)也曾经设想过

---

① 参见[德]M. 雷炳德:《著作权法》,张恩民译,法律出版社 2005 年版,第 352 页。

征收某种文化税来作为著作权报酬。实际上，在征收特定版税的模式下，无主作品使用类似于一种法定许可使用模式，其与归国家享有的制度设计区别仅在于国家的许可程序。

综上所述，无主无形财产权归属于公共领域更为合理，能够做大做强公有领域，降低公众获取智力成果的成本，提升社会福利的整体水平。在我国修改著作权法和专利法的当下，这是系统地解决无主无形财产权归属的好机会。

论防卫限度

——基于结果无价值论角度

叶林秀　钟　帅*

摘要　我国司法实践中大量存在将正当防卫认定为防卫过当、将防卫过当直接认定为故意犯罪的情形，这是源于司法机关对防卫限度的标准判断错误等众多因素造成的，但绝对不是结果无价值论导致的。明显超过必要限度与造成重大损害之间是包容从属关系，是否超过防卫限度仅需判断是否造成重大损害结果。重大损害结果首先意味着防卫行为造成不法侵害人重伤或死亡以上结果，其次再将不法侵害人可能造成的侵害和防卫人造成的损害进行法益衡量对比，并结合刑法分则条文具体罪名的法定刑层级综合判断。特殊防卫条款是注意规定，也要符合防卫限度条件。

关键词　正当防卫；防卫过当；防卫限度；特殊防卫

我国1979年《刑法》第17条将防卫过当规定为"超过必要限度造成不应有的损害"。从1979～1997年十几年的司法实践来看，这一规定的适用情况并不理想，司法机关并不能准确地界定这一规定的内涵，几乎是"一边

* 叶林秀，徐州铁路运输检察院检察官助理，清华大学法学院刑法学硕士研究生。钟帅，徐州铁路运输检察院环境资源检察部主任，南京大学刑法学硕士研究生。

倒”地作出对防卫人不利的处理。1997年《刑法》修改了防卫过当的成立条件并增设了特殊防卫条款,大大放宽了正当防卫的限度。[①] 但是司法机关对防卫限度条件仍然把握得很严格。正所谓“正当防卫理论中,最为刑法学界、司法实务界所关注且最具争议性的,莫过于必要限度问题”[②],“正当防卫的限度问题是正当防卫理论的核心”[③]。

本文以结果无价值论为基本立场从四个方面进行论述。第一部分通过对典型案例的分析来揭露实务中的怪诞现象并分析原因;第二部分解读我国防卫限度条件(防卫过当规定)的具体含义;第三部分具体分析我国防卫限度的判断标准;最后是就特殊防卫的限度作相关说明。

一、司法实践误区

(一)典型案例——宋某故意伤害案[④]

2009年1月7日10时许,被告人宋某在某商业大厦南侧的小吃摊营业时,开车经过此处的孙某、薛某让宋某推走摊前三轮车,宋某未予理睬,为此发生争吵。孙某即打电话叫来其朋友何某、秦某及一名男子(身份不详),三人赶到后对宋某拳打脚踢。宋某遭殴打蹲在了地上,顺手从摊位上拿起一把菜刀砍抡,将何某、秦某砍伤,经法医鉴定,两人都为轻伤。法院经审理认为,被告人宋某防卫过当,应以故意伤害罪追究刑事责任。具体理由有二:一是正当防卫的立法原意应是对不法侵害的制止,本案虽能够确定宋某当时确实正在遭受不法侵害,但宋某持刀对手无寸铁的何某、秦某砍、抡已超出了“制止”的本意。二是被害人多部位受伤,说明宋某对被害人不止砍了一刀,其中一名被害人手指被砍掉,另一名被害人胳膊留下后遗症。从被害人受伤的部位、程度看,宋某亦已超出正当防卫的立法本意。

笔者认为法院的判决值得商榷。法院认为宋某的防卫行为超出了正

---

① 笔者注:防卫限度条件和防卫过当的认定实际上是一个问题,因为正当防卫和防卫过当的区别只有防卫限度,超过了限度就是过当,没超过限度就不过当,所以本文既是对防卫限度的认定的探讨,同时也是对防卫过当认定的探讨。

② 杨忠民:《对正当防卫限度若干问题的新思考》,《法学研究》1999年第3期。

③ 陈兴良:《正当防卫论》,中国人民大学出版社1987年版,第144页。

④ 参见纪鹏辉:《本案是否构成正当防卫》,《人民法院报》2009年11月25日。

当防卫的立法本意。司法机关似乎认为防卫行为必须得与不法侵害完全相对应,即在防卫工具、防卫手段的选择上,只能是空手对空手、持刀对持刀,在防卫结果上,只要是一刀就可以制止,绝对不能砍第二刀,一般砍了多刀的都是防卫过当。可是怎么能这样机械地理解防卫限度?宋某在面对三人暴力殴打的情况下,怎么能期待他不用工具去防卫?如果宋某也赤手空拳反击不法侵害人,怎么可能起到制止的效果?宋某在慌张的情况下怎么能准确把握应该砍几刀?仅造成轻伤的结果怎么能评价为防卫过当要求的“造成重大损害”?这些问题法院都没有在判决书中明确阐述,只是含糊认定宋某构成防卫过当。

到底是什么原因导致司法实践不能准确判断防卫限度?有观点认为结果无价值论为这种错误提供了理论根据。笔者认为很有必要在这里澄清,以正视听。

(二)澄清对结果无价值论的误解

有学者认为:“至于为什么学理上的进步对防卫过当的研究没有什么影响的问题,其中的缘由更是一目了然:它是结果无价值论占据优势地位的产物。结果无价值论为防卫过当领域既有‘唯结果论’做法提供了理论上的支持。任何试图在这一领域寻求突破的论者,首先面临的便是如何肃清结果无价值论的主导性影响的问题。”[①]笔者认为这种观点并不正确。

首先,结果无价值论者和行为无价值论者对实务中防卫限度的认定错误是同样愤慨的。结果无价值论支持者张明楷教授认为:“我国故意伤害罪(主要是轻伤害)的司法现状相当异常,尤其是定罪率特别高。从刑法学角度来看,主要原因有三,一是将正当防卫认定为相互斗殴或者防卫过当……”[②]可见,实务中不能准确认定正当防卫的问题是法学界共同痛心的事情,并不是结果无价值论者希望看到的,更不能说是结果无价值论者支持的结果。周光权教授在这一点上貌似说了一句公道话:“司法上只从形式上看待防卫结果,不进行实质的或者规范意义上的利益衡量的做法,不仅结果无价值论者不能认可,也不被行为无价值论(二元)所接受。”[③]

---

① 劳东燕:《防卫过当的认定与结果无价值论的不足》,《中外法学》2015 年第 5 期。

② 张明楷:《故意伤害罪司法现状的刑法学分析》,《清华法学》2013 年第 1 期。

③ 周光权:《正当防卫的司法异化与纠偏思路》,《法学评论》2017 年第 5 期。

其次，某学者曾经已经敏锐地指出："自1979年旧刑法实施以来，司法实践对正当防卫的限度条件就采取了较为严格的态度，将符合正当防卫的案件认定为防卫过当，将防卫过当的案件直接认定为犯罪而不予减免处罚，严重挫伤公民正当防卫的积极性。在20世纪八九十年代，我国刑法理论通说关于犯罪的本质是社会危害性说，结果无价值论根本无立锥之地，何来影响司法实践呢？"[①]从这个角度来看，对结果无价值论的批判也是没有任何根据的，有忽视刑法学发展历史之嫌。

再次，结果无价值论者在判断正当防卫的限度条件时虽然强调只需判断防卫结果是否过当，无须判断防卫手段是否过当，但这并不等于结果无价值论就是"唯结果论"。张明楷教授指出："如果全面地进行综合判断，正当防卫所造成的损害并不大于其所避免的损害；人们通常所说的'正当防卫所造成的损害大于所避免的损害'，只是一种表象。"[②]所以说，结果无价值论者在正当防卫的限度认定上是非常宽泛的，并不是说只要造成了重伤及以上的结果就是防卫过当，更不是说造成轻伤结果的还有成立防卫过当的空间。"至于实务中的'唯结果论'，将严重损害的出现与否当作防卫过当的核心条件，从而以'结果'定罪的问题，其实与结果无价值论无任何关系。结果无价值论中的结果是法益侵害结果，并不是简单的损害结果。"[③]

最后，司法实践中也并非一律"唯结果论"，很多情况下也"唯手段论"，比如前述宋某故意伤害案。法院认定行为人持刀防卫的手段超过了正当防卫制止的本意，这样的认定思路很显然是受行为无价值论者观点的影响，即在判断防卫行为是否过当时既要判断防卫手段是否过当，也要判断防卫结果是否过当。所以，即使退一万步说司法实践中的错误是受结果无价值论影响，那行为无价值论也难辞其咎，各参其半。

（三）原因分析

司法实践不能准确认定防卫限度既源于司法人员法学理论功底相对薄弱，对防卫限度条件理解不正确，也产生于实务与理论的严重脱节，还产生于错误判决的错误示例，更产生于一些法外因素。正所谓"正当防卫的

---

① 赵金伟：《正当防卫的正当化根据研究》，《政法学刊》2017年第2期。

② 张明楷：《刑法学》（上），法律出版社2016年版，第198页。

③ 赵金伟：《正当防卫的正当化根据研究》，《政法学刊》2017年第2期。

认定其实是一项高难度的‘司法作业’,其可以全方位地检验司法官员的职业水准、社会责任感和担当精神、对伦理关系的认知和平衡”①。

1.对正当防卫制度的初衷理解错误

正当防卫制度是各国普遍规定的最古老的违法阻却事由,该制度的设立就是为了鼓励防卫人制止不法侵害,保护法益。可是司法人员对“制止不法侵害”的认定可谓太机械、太片面,甚至是错误的。笔者认为:首先,想要“制止不法侵害”,一般情况下防卫人必须使用攻击性大于或者等于不法侵害人使用的工具。如果不法侵害人是赤手空拳,防卫人一般只能使用工具,否则很难制止不法侵害。但是司法人员总是过于强调防卫人的防卫手段要与不法侵害人的手段相当,前文案例中的法院认为不能“持刀”对“赤手空拳”就是此意,这明显曲解了“制止不法侵害”的意旨。另外,“制止不法侵害”不能给防卫人添加过重的负担。案例中司法人员因防卫人砍了不法侵害人多刀、多处而认定防卫人的行为超出了“制止”的本意,可是这是对防卫人苛刻的要求。正当防卫的前提条件是正在进行的不法侵害,而且不法侵害一般都是很紧迫、很危险,防卫人在如此紧迫的状态下进行防卫,根本无法准确判断到底应该砍几刀就能够制止不法侵害,而且很多情况下防卫人也无法准确判断不法侵害人是否真的被制止,是否真的结束。所以法律不应该要求防卫人只砍一刀,只砍一个地方。防卫人只有在最保险的时刻才能放松防卫。

2.对正当防卫的限度条件理解错误

我国《刑法》规定“明显超过必要限度造成重大损害的”才是防卫过当,但是对限度条件怎么理解,不仅在实务界存在争议,在理论界也存在分歧。结果无价值论认为“在判断防卫行为是否过当时,不能仅将不法侵害者已经造成的侵害与防卫人造成的损害比较,还必须对不法侵害者可能造成的侵害与防卫人造成的损害相比较”②。而实务中比较对象的错误直接导致了在防卫行为造成了不法侵害人重伤及以上的结果(尤其是在出现死亡结果)时,又不属于《刑法》第20条第3款规定的特殊防卫的情况下,司法实践一概认定防卫人是防卫过当。彼时诸如“人家明明只是偷你一个手机,

① 周光权:《正当防卫的司法异化与纠偏思路》,《法学评论》2017年第5期。

② 张明楷:《故意伤害罪司法现状的刑法学分析》,《清华法学》2013年第1期。

你怎么能把他打成轻伤？人家明明只是把你弄成轻伤，你怎么能把他弄成重伤或者死亡?”之类的言论百出。

3.受不可避免的法外因素影响

基于中国社会“死者为大”的传统观点影响，只要防卫行为造成了伤害或者死亡的结果，被伤害一方就不问自己是不是有过错，自己的前行为是不是不法侵害，不问事件的起因是什么，一般都会向防卫人漫天要价，而且要求司法机关严厉追究防卫人的刑事责任，否则就誓不罢休。这成了司法机关办案过程中的一种“怪象”。而检察机关基于维稳的需要，也不乏会将防卫人的行为认定为故意犯罪或者防卫过当，从而一定程度上导致正当防卫的案件数量很少。办案人员的司法担当在这种社会现状下逐渐消逝，正当防卫的案件就越来越少，各地的错误判决不断错误地影响着各地司法机关。司法实践仿佛陷入了一个怪圈，在正当防卫的问题上不断恶性循环，渐行渐远。

二、正当防卫限度条件的解读

我国《刑法》第 20 条第 2 款规定的“明显超过必要限度”与“造成重大损害”之间是什么关系？厘清这个问题对准确判断防卫限度至关重要。学界主要有三种观点，一是认为两者是并列关系。其中，“明显超过必要限度”是行为限度，“造成重大损害结果”是结果限度，只有同时满足行为限度与结果限度，才能成立防卫过当。① 参见周光权、劳东燕等行为无价值论者持此观点。周光权甚至认为根据《刑法》第 20 条第 2 款的规定，防卫行为不相当，防卫结果严重的，成立防卫过当；而防卫过当行为是犯罪行为。在这里，防卫行为不具有相当性表明了行为反价值；防卫结果造成重大损害，则表明了结果反价值。因此，结合《刑法》第 20 条第 2 款，可以认为我国刑法规定与行为无价值的二元论立场暗合。② 二是认为两者是从属包容关系，“明显超过必要限度”是对“造成重大损害结果”的修饰，是否“明显超过必要限度”需要通过对是否“造成重大损害结果”进行判断，结果无价

---

① 参见劳东燕：《结果无价值逻辑的实务透视：以防卫过当为视角的展开》，《政治与法律》2015 年第 1 期。

② 参见周光权：《行为无价值论的中国展开》，法律出版社 2015 年版，第 64 页。

值论者持此观点。张明楷、黎宏等坚持认为:“不存在明显超过必要限度但是没有造成重大损害结果的情形,换言之,只是在造成重大损害的情况下,才存在明显超过必要限度的问题;不存在所谓手段过当而结果不过当或者相反的现象。”[①]三是认为两者是交叉关系,即“明显超过必要限度可以造成重大损害后果或一般损害后果;而造成重大损害后果,可能是明显超过必要限度,亦可能是没有明显超过必要限度”[②]。虽然交叉说和并列说表述方式不一样,但是对于防卫过当是否成立的判断标准是一样的,即既要求手段过当,也要求结果过当,所以对这一问题的争论实际上还是并列说和包容说之间的争论。

笔者为了对行为无价值论的观点进行针对性反驳,现假定将“明显超过必要限度”与“造成重大损害”按照行为无价值论所主张的“手段过当”与“结果过当”的标准进行划分,并展示这样划分会导致怎样的结果。

情形一:防卫手段不过当,防卫结果也不过当。比如甲盗窃乙的手机,乙用拳头将甲殴打致轻微伤。这种情况,并列说和包容说没有任何冲突,毫无疑问都会得出乙构成正当防卫的结论。

情形二:防卫手段过当,防卫结果不过当。比如甲盗窃乙的手机,乙用枪支射击甲,导致甲轻微伤。这种情况,并列说和包容说也都认为防卫不过当,乙构成正当防卫。

情形三:防卫手段过当,防卫结果也过当。比如甲盗窃乙的手机,乙使用枪支杀害了甲。这种情况,并列说和包容说也毫无疑问都会得出乙构成防卫过当的结论。日本早前也有判例将为了保护一块豆腐而打死盗窃犯的案例,判定构成过剩防卫(防卫过当),还有观点认为在如此不均衡的场合,连过剩防卫也不成立。[③] 也就是在为了维护轻微的法益而有必要作出显失均衡的法益侵害行为的场合,不允许通过正当防卫进行对抗,而应该委诸事后的民事上的救济。从这样的见地出发,这样的法益侵害行为由于不是防卫行为,就应该否定其构成正当防卫,也不构成防卫过当。[④] 但是

① 张明楷:《刑法学》(上),法律出版社2016年版,第212页。

② 郭泽强、胡陆生:《再论正当防卫的限度条件》,《法学》2002年第10期。

③ 参见[日]西田典之:《日本刑法总论》,刘明祥、王昭武译,中国人民大学出版社2007年版,第130页。

④ 参见[日]山口厚:《刑法总论》,付立庆译,中国人民大学出版社2007年版,第132页。

不管怎样，这种情形下并列说和包容说得出的结论是一样的。

情形四：防卫手段不过当，防卫结果过当。比如甲扇了乙一巴掌，乙反过来踹了甲一脚，甲死亡。这种情况下，并列说认为防卫限度不过当，因为手段过当与结果过当没有同时满足，故还是构成正当防卫。同时，并列说认为这种情况下包容说会得出防卫过当的结论。包容说是否会得出防卫过当结论其实不可一概而论，后文待叙。

通过对上述四种情况的分析，可以发现并列说和包容说仅仅在“防卫手段不过当，防卫结果过当”是否构成正当防卫这一情形上存在争议，其他三种情形得出的结论完全一致。笔者认为，应当坚持结果无价值论者主张的“明显超过必要限度”与“造成重大损害”之间是从属包容关系，行为过当的概念纯属多余，结果无价值论完全可以解决情形四。理由有四：

第一，正当防卫制度设立的目的是将客观上造成了损害的符合构成要件的行为排除在违法之外，从而认定不构成犯罪，如果客观上根本没有造成重大损害，就没有必要去评价过当不过当。比如情形二，如果乙掏出手枪射击甲但根本没有射中，甲因此逃脱，乙的行为就完全是合法的，正当防卫成立。那再去讨论他的防卫手段是否过当有何意义？因此，行为无价值论者将防卫限度分为手段过当和结果过当没有任何意义，防卫过当的真正含义应是结果过当。

第二，行为是否过当以什么标准判断？这个问题行为无价值论者几乎不能给出合理的解答。如果以一般人为标准，即客观标准，则对能力弱小的人不公平。如果采取行为人标准，即主观标准，那无论行为是否过当都会导致不公平，甚至永远不可能构成防卫过当。因为行为人主观上判断防卫手段的必要性是非常随意的，而且司法机关很难准确判断行为人的主观。相反，防卫行为中唯一能准确判断的就是防卫结果，唯有防卫结果是客观、可控的。所以从这个角度看，行为无价值论主张的“行为限度”是无法准确衡量的一个要件，也是没有任何根据的，只会徒添烦恼。

第三，防卫手段大多情况下是在防卫现场临时决定的，法律不能苛求防卫人在现场充分考虑应该采取哪种防卫手段，否则防卫人要么错过了防卫时机，要么防卫不成功，这对防卫人来说都是不利的。另外，防卫手段与防卫结果也没有必然的关系，虽然使用攻击性强的手段通常会造成重大损害结果,但是枪支一定能把人打死吗?木棒就一定不能把人打死吗?一双手都可以把人掐死。防卫的限度条件的根本意义是防止防卫人造成重大损害结果,至于防卫手段本身是什么并没有意义,关键在于防卫人如何使用防卫工具,造成什么样的防卫结果。行为无价值论者试图通过限制防卫手段的方式来限制防卫过当的成立,从而扩大正当防卫的成立范围的路径是行不通的。

第四,行为无价值论所列举的行为不过当、结果过当的例子值得商榷。上述情形四,可以通过否认行为人有过失而为其出罪。周光权曾指出,防卫人针对特殊防卫权以外的暴力侵害进行反击,"在其存在数个同等影响力的防卫手段可以选择,但结果确定是重伤的,由于无法确定防卫人究竟选择哪一手段才能使其免受因防卫力度不够而遭受的更大损害,因此,要对防卫人的防卫手段选择适用'存疑时有利于被告'原则,在造成重大损害的前提下仍然要否定防卫行为的不法性"[①]。但是面对不法侵害人的暴力侵害,本来防卫人造成不法侵害人重伤的就没有超过防卫限度,不属于造成重大损害,何需判断其手段是否过当?日本有一案例:行为人为了挣脱被对方扭住的手臂而将对方推倒,导致对方头部撞到汽车保险杠而受伤,需要住院治疗45天。日本法院认为防卫人手段不过当,所以正当防卫成立。[②] 但是这个案件在结果无价值论看来也是没有造成重大损害,本来就应该构成正当防卫。日本还有一案例:车站月台上,一个醉汉骚扰一名女子,抓住女子的衣领,女子推了推醉汉的身体,结果醉汉掉下月台,被正好进站的车轧死。[③] 这个案件在日本认定为正当防卫。但是,这个案件的案情并不完整,应该查清当时两人所站的位置、醉汉骚扰的程度、女子推醉汉的力度大小、列车距离站台的远近来综合判断。从现在给定的情节来看,笔者认为女子的行为应当是过当的。虽然在日常生活中,"推一下"的轻微行为不足以产生较大的危害后果,但是对于站在月台旁边的醉汉,推一下就足以导致醉汉掉下月台被列车扎死。而且从醉汉被轻轻推一下就掉下

---

① 周光权:《正当防卫的司法异化与纠偏思路》,《法学评论》2017年第5期。

② 参见[日]西田典之:《日本刑法总论》,刘明祥、王昭武译,中国人民大学出版社2007年版,第130页。

③ 参见[日]山口厚:《刑法总论》,付立庆译,中国人民大学出版社2007年版,第131页。

去且被进站的车轧死的结果判断，醉汉对女子实施的骚扰就显得轻微了，所以女子针对如此轻微的不法侵害，就将不法侵害人推下站台，无论如何也不能认为女子的行为是正当的。但是如果该女子并没有想到醉汉一推就倒，或者并没有意识到列车马上就要进站，则可能通过否认其有责性而为其出罪。所以，对于这个案例，行为无价值论者认为女子行为不过当，因此不属于防卫过当的前提是错误的，不能据此得出构成正当防卫的结论。我们不能为了扩大正当防卫的成立范围而无限扩大防卫限度条件。

值得注意的是，如果说要将防卫过当的判断分为手段过当和结果过当两部分，那么对于防卫人明知道可以采取轻缓手段却故意采取极端手段防卫但是却没有造成过当结果的情况，要不要认定行为人构成防卫过当的相关犯罪未遂呢？比如说，针对甲盗窃乙手机的盗窃行为，乙明明可以抓住甲制止不法侵害，但乙却掏出手枪射击甲，但是因为乙枪法不准，没有射中，此时要不要追究乙防卫过当未遂（故意杀人未遂）的刑事责任呢？毫无疑问，在这种情况下行为无价值论只会认定乙成立正当防卫。可是对于一个明明想过当却没有造成过当结果的人，按照行为无价值论的思路应该要定“未遂”才是其理论贯彻的体现。可见行为无价值论的观点本身就存在矛盾，其所主张的行为不过当、结果过当的例子，有些在结果无价值论看来本来就是没有超过防卫限度的情形，有些是行为无价值论设立的手段不过当的前提不成立，有些是通过否定因果关系和责任而为防卫人出罪。实际上，行为不过当、结果过当的情况是不存在的。

周光权曾质疑，如果防卫结果是决定性标准，那么，《刑法》第 20 条第 2 款关于防卫行为明显超过必要限度的规定岂不是“画蛇添足”？为什么不直接规定防卫造成重大损害就是过当？[①] 但是《刑法》第 20 条第 2 款规定的是“正当防卫明显超过必要限度造成重大损害的”，并没有说“正当防卫行为明显超过必要限度并且防卫结果造成重大损害的”。所以，并不能从刑法用语本身得出我国刑法关于防卫限度规定了行为限度和结果限度的双重要件。笔者认为，从刑法用语的可能含义去理解该款规定，完全可以得出正当防卫的限度条件中明显超过必要限度与造成重大损害之间是

---

① 参见［日］山口厚：《刑法总论》，付立庆译，中国人民大学出版社 2007 年版，第 132 页。

包容从属关系。因此,行为无价值论者想要直接在立法上推翻结果无价值论的主张也是行不通的。

以上对于行为无价值论关于手段限度与结果限度区分的批判正可以得出结果无价值论主张以结果过当来认定防卫限度的合理性和实践可操作性。

三、防卫限度的具体判断

前文已经论述了对正当防卫的限度条件进行判断时无须单独判断防卫手段是否过当,只需判断防卫结果是否造成了重大损害即可。但是到底什么情况下才属于“造成重大损害”呢?笔者认为首先应当确定判断的前提,其次确定判断的基准,最后结合相应法定刑综合判断。

(一)防卫限度的判断前提

防卫限度的判断前提是指在什么情况下才需要判断防卫行为是否超过防卫限度。笔者认为判断前提是防卫人造成了不法侵害人重伤或死亡以上结果。只有防卫人造成不法侵害人重伤或死亡以上结果时,才有可能属于“造成重大损害”,只要没有造成不法侵害人重伤或者死亡以上结果的,就一定不属于“造成重大损害”,彼时就不需要判断防卫限度是否过当。质言之,重伤和死亡是“造成重大损害”的必要条件,而不是充分条件。所以前文的宋某故意伤害案是绝对不可能构成防卫过当的。这一论断的根据如下:

其一,结合刑法相关条文判断。我国《刑法》第 234 条规定了故意伤害罪,根据《最高人民法院关于常见犯罪的量刑指导意见》和《人体损伤致残程度分级》的规定,故意伤害只有致人轻伤害结果的,才承担刑事责任。也就是说我国故意伤害罪的入罪标准是轻伤结果,另外故意伤害致轻伤的案件也可以自诉。所以轻伤在故意伤害罪中的刑法评价是最轻的,那防卫过当中的“造成重大损害”就只能是重伤及以上结果,否则就与刑法关于故意伤害罪的评价和规定的法定刑不相符,难称“重大”。另外,“重大损害”可以与刑法条文中的“严重结果”“严重情节”相类比。“根据刑法分则条文的规定,严重结果,通常是指致人重伤、死亡或者使公私财产遭受重大损失,以及使其他重大法益遭受严重损害。”[①]《刑法》第 267 条规定了抢夺罪,2013 年关于抢夺罪

---

① 张明楷:《刑法学》(上),法律出版社 2016 年版,第 173 页。

的司法解释规定了“导致他人重伤的”属于“其他严重情节”。[①]《刑法》第236条强奸罪第3款第(五)项规定“致使被害人重伤、死亡或者造成其他严重后果的”[②]属于法定刑升格情形之一。据此,重伤或死亡以上结果应当是“重大损害”的应有内涵。

其二,结合1997年刑法修改的立法意图。1979年刑法关于防卫限度的规定不明确,司法实践极为严格地限制了正当防卫的成立。为了扩大正当防卫的成立范围,鼓励公民正当防卫,1997年刑法将“超过必要限度造成不应有的损害”改成“明显超过必要限度造成重大损害”。这一修改使防卫限度的条件放宽许多,“许多按照1979年刑法不能认定为正当防卫的行为根据刑法(现行)的规定都可成立正当防卫而不承担刑事责任”[③]。从这个角度看,就算1979年刑法的“造成不应有的损害”可能会包括轻伤结果,那么1997年刑法中“造成重大损害”也只能是重伤及以上结果,否则难以成立从“不应有”到“重大”的转变,难以体现刑法修改的目的。

其三,结合两高相关解释、解答判断。最高人民法院刑事审判庭在阐释“赵泉华故意伤害案”的裁判理由时明确表示“重大损害不等于一般损害”。所谓重大损害,在有关司法解释没有明确之前,我们应当把握在没有造成不法侵害人人身重大损害,包括重伤以上这一限度内。[④]

综上,不管是对刑法条文相关罪名的推理,还是从刑法修改的立法意图,抑或是最高司法机关的态度,都应当认为“造成重大损害结果”至少是指防卫人造成了不法侵害人重伤或者死亡的结果。另外,现在有学者主张“重大损害结果”还包括重大的财产损害。笔者认为这种观点不妥。因为一般来说在进行法益衡量时,财产法益低于人身法益,人身法益的价值高于财产法益,所以很难说造成财产损害的结果超过了防卫限度。

(二)防卫限度的判断基准

在满足了防卫限度判断的前提即重伤或死亡以上结果的情形下,再进

---

① 2013年11月11日,最高人民法院、最高人民检察院《关于办理抢夺刑事案件适用法律若干问题的解释》第3条第(一)项。

② 孙长瑜:《正当防卫限度的认定》,《江西警察学院学报》2016年第3期。

③ 陈兴良、周光权、车浩:《刑法总论精释》(上),人民法院出版社2016年版,第269页。

④ 参见最高人民法院刑事审判庭第一庭、第二庭编:《刑事审判参考》,法律出版社2004年版,第104页。

行第二步具体判断防卫行为是否超过防卫限度。正当防卫正当化根据是法益衡量,在防卫限度的判断基准上需要进行法益衡量。前田雅英认为正当防卫的正当化根据,尽管也在于所防卫的法益与因此而使对方所丧失的法益之间的比较衡量,但是侵害者的利益并不因为是“非法的”而归于消灭,只是缩小而已。因此,尽管不要求法益均衡,但是,在防卫者的利益小于被缩小评价的攻击者的利益的场合,防卫行为的违法性不被排除。黎宏认同这种观点,他认为:“不法侵害人的法益受到否定评价,受保护的程度相对于防卫人而言,就要缩小或者降低。这样,在正当防卫中,防卫人的利益和侵害人的利益就处在一个不平等或者不对称的状态,防卫人的行为只要没有明显超过必要限度,造成重大损害,就不能说违法。”[①]张明楷同样认为:“不法侵害者的利益实质上受到了缩小评价,而且通过将防卫人造成的损害与不法侵害者可能造成的损害及新增侵害进行对比,就会发现防卫人在正当防卫的限度内所造成的损害,并没有大于不法侵害人所造成的损害,人们常说的正当防卫所造成的损害大于所避免的损害,只是一种表象。”[②]

下面笔者具体演绎防卫限度判断中法益衡量标准的适用方式。假定甲和乙的利益数值本来都是100,现在甲发动了不法侵害,对乙进行暴力殴打。根据前文观点,因为甲发动不法侵害,所以甲就处于被防卫的地位,因此甲的数值要自动降到50,也就是对甲的数值进行缩小评价。此时,如果甲准备侵害乙20数值,那乙为了制止甲的不法侵害本身就需要造成甲减少40数值,最后甲就剩10数值。此时,表面上甲只造成乙20数值的损害,而乙的防卫却导致甲90数值的损害,貌似应属防卫过当。但是实质上,甲50数值的损害是因为甲发动不法侵害而自动丢失了,并不是乙导致的,所以实际上乙只造成了甲40数值损害,与甲可能造成的20数值损害是相当的,没有明显超过必要限度造成重大损害结果,因此并不过当。而司法实务中之所以认定乙防卫过当是因为拿20和90去比较,这样不符合法益衡量标准的实质。另外,如果此时因为乙的防卫,甲新增了20的不法侵害(一般情况下不法侵害人针对防卫人的防卫行为都会新增侵害),那乙

① 黎宏:《刑法总论问题思考》,中国人民大学出版社2016年版,第316页。

② 张明楷:《刑法学》(上),法律出版社2016年版,198页。

的防卫限度又可以增加 40,最后乙甚至可以将甲的数值消灭掉。可见,正是因为在进行法益衡量时,将不法侵害人的法益进行缩小,并且考虑不法侵害人可能会新增侵害,所以实际上防卫人可以造成的损害范围就被扩大,从而扩大了正当防卫的成立范围。从这个角度看,采取结果无价值论的法益衡量标准来判断防卫限度完全能够有效保护防卫人的防卫权,并不会限缩正当防卫的成立范围。正如张明楷所言:“不法侵害人既有计划中的不法侵害,又有新的不法侵害,而且其人身法益是被缩小评价的,如果综合考虑了这些内容后再进行法益衡量,你还会认为结果无价值论会导致正当防卫较少、防卫过当增加吗?”①

(三)具体标准的探索

上述法益衡量方法似乎比较抽象,并不能为司法实践提供具体明确的判断标准。如何比较利益价值的大小? 这确实存在种种困难。② 所以有学者探索提出具体的可量化的操作方案。有人指出,防卫限度应该这样判断:“明显超过必要限度造成重大损害后果的标准应当尽量排除主观随意性,而应按照法定标准进行评价。如果侵害行为只有造成轻微伤的可能性,防卫行为造成轻伤的,可以认定为超过;如果造成重伤的,则应认定为明显超过;如果侵害行为只有造成轻伤的可能性,防卫行为造成严重重伤或者死亡的,可以认定为明显超过;如果侵害行为可能致人重伤,则属于第 20 条第 3 款规定的情况,不存在防卫过当了。”③也就是说,“重大损害”的认定标准应以上一层级相对较重的结果为依据。法益不同的情况下需要借助法定刑幅度比较。④ 依据该说,如果不法侵害人仅仅是要造成被害人 3000 元财产损失,不会危及人身安全,而防卫人造成不法侵害人较严重重伤结果的,则是过当。因为 3000 元财产损失法定刑是 3 年以下,按照上述标准防卫人造成重伤 3～10 年法定刑中较重的结果即属于“重大损害后果”;如果不法侵害人可能造成防卫人损害结果的犯罪行为对应法定刑是 10 年以上,则防卫人可以直接对不法侵害人防卫致死。

---

① 张明楷:《刑法的私塾》(之二・上),北京大学出版社 2017 年版,第 105 页。

② 参见张明楷:《刑法格言的展开》,北京大学出版社 2013 年版,第 293 页。

③ 游伟、黄祥青:《关于正当防卫“必要限度”的理解与判定》,《法学》2000 年第 1 期。

④ 参见彭文华:《论正当防卫限度的重大损害标准》,《江汉论坛》2015 年第 7 期。

笔者认为该判断方法有一定的可行性，尤其是为司法实践提供了简单明确的操作方法，但是具体案件事实很复杂，法益衡量不只是这么简单的法定刑和量刑档次的对比。这一路径首先面临的问题就是如何判断“侵害行为造成轻微伤、轻伤、重伤的可能性”。这就要求防卫人在防卫现场仔细观察不法侵害人使用的工具、强度、紧迫性、攻击的部位等因素综合判断，而且我国伤残等级可以说是个规范概念，要求防卫人准确判断不法侵害的性质是比较困难的。其次，在侵害不同法益时如何进行法益衡量？我国刑法规定可以为了国家利益、公共利益进行防卫。如果不法侵害人实施的是放火、爆炸等危害公共安全的犯罪，防卫人可以造成不法侵害人法益损害的范围相对比较宽，这一点民众普遍能够接受，因为侵害公共利益的同时就会危及个人的人身财产安全。但是如果不法侵害人实施的是巨额贪污受贿的职务犯罪，防卫人的防卫还可以依据法定刑的对比造成不法侵害人相应的损害吗？这似乎不能得出肯定的答案。但是进行法定刑和量刑档次对比的观点对正当防卫限度具体标准的探索总体来说具有一定的可行性，只是不能过度依赖，面对具体案件时仍需要具体判断。

综上，明显超过必要限度造成重大损害的防卫过当行为首先应当满足“重伤或死亡以上”的后果条件，其次要对不法侵害人的法益进行缩小评价，并将不法侵害可能造成的损害及新增侵害危险和防卫人造成的损害进行法益衡量，最后参考刑法条文相关罪名的法定刑和量刑档次进行综合具体判断。

四、特殊防卫的限度

洛克曾说：“当为了保卫我而制定的法律不能对当时的强力加以干预以保障我的生命，而生命一经丧失就无法补偿时，我就可以进行自卫并享有战争的权利，即杀死侵犯者的自由，因为侵犯者不允许我有时间诉诸我们的共同的裁判者或法律的判决来救助一个无可补偿的损害。”[①]这句话就是关于特殊防卫的典型论述。通说认为我国《刑法》第 20 条第 3 款“对正在进行行凶、杀人、抢劫、强奸、绑架以及其他严重危及人身安全的暴力

① [英]洛克：《政府论》下篇，商务印书馆 1996 年版，第 14 页。

犯罪，采取防卫行为，造成不法侵害人伤亡，不属于防卫过当，不负刑事责任”规定的是特殊防卫权。但是这一规定是注意规定还是法律拟制？

有观点认为第 3 款仅属于注意规定，是对第 2 款的补充。[①]“我国刑法典第 20 条第 3 款关于特别防卫的规定，是对正当防卫的基本条件尤其是必要限度条件的特别提示性规定。”[②]“对于一般防卫权来说，其防卫行为要受到法定的必要限度的限制和制约……而特殊防卫权，在有关法条中，并没有规定一个必要限度。因此，特殊防卫行为，可以对不法侵害人的财产权利和人身权利进行任何形式或者任何强度的反击和防卫，即使造成其伤亡，也不属于防卫过当，不负刑事责任。”[③]有的学者则主张，第 3 款是法律拟制，是第 2 款的例外。[④] 周光权曾经认为：“刑法第 20 条第 3 款的规定并非和第 1 款、第 2 款的规定毫无关联，即特殊防卫与普通防卫之间存在一般和特殊的关系，第 20 条第 3 款是对第 1 款、第 2 款的进一步阐释和特别说明，属于提示性规定。”[⑤]但是后来周光权认为：“由于刑法第 20 条第 2 款对于防卫限度的规定，同时违反防卫行为相当性（没有明显超过必要限度）和利益均衡性（并未造成重大损害）的，才属于防卫过当，而刑法第 3 款基本上只重视防卫必要性，对利益均衡原理并不特别考虑，也就是说第 3 款相比较第 2 款少了一个要件，因此可以认为刑法第 20 条第 3 款属于法律拟制（特别规定），而非注意规定。”[⑥]如果第 3 款是注意规定，则在特殊防卫的情况下也需要满足限度条件，如果认为第 3 款是法律拟制，则特殊防卫不需要满足正当防卫的限度条件。

笔者认为第 20 条第 3 款是注意规定。首先，通说认为《刑法》第 20 条第 1 款关于普通正当防卫规定了五个条件，即前提条件、时间条件、主观条件、对象条件、限度条件，缺一不可，而特殊防卫是正当防卫的一种，其成立条件只能比普通正当防卫的条件多，而不能少。所以说，特殊防卫必须满足限度条件。其次，笔者认为，被害人在面对“行凶、杀人、抢劫、强奸等严

---

① 参见王政勋：《正当行为论》，法律出版社 2000 年版，第 204 页。

② 高铭宣、马克昌：《刑法学》，北京大学出版社、高等教育出版社 2011 年版，第 134 页。

③ 王作富：《刑法论衡》，法律出版社 2004 年版，第 103、104 页。

④ 参见王作富：《刑法论衡》，法律出版社 2004 年版，第 103、104 页。

⑤ 周光权：《刑法总论》，中国人民大学出版社 2016 年版，第 210 页。

⑥ 周光权：《论持续侵害与正当防卫的关系》，《法学》2017 年第 4 期。

重危及人身安全的暴力犯罪”时,防卫人的防卫限度条件理当包括致不法侵害人伤亡,所以说并不是说特殊防卫不要考虑限度,而是说特殊防卫致人伤亡的情形,本来就符合正当防卫限度条件。“换言之,致不法侵害人死亡这一防卫损害结果虽然重大,但在防卫严重暴力犯罪这一特定情形下,它本身已经作为防卫损害的上限包含于必要限度之内,因而它的出现并不意味着防卫超过了必要限度。”[①]立法者在此处设立注意规定就是为了防止司法实践将防卫人造成不法侵害人伤亡的行为错误认定为防卫过当,是提示司法人员注意,而且在我国正当防卫罕见的大背景下,这种提示规定非常有现实意义。最后,如果说特殊防卫不需要任何限度,那么很可能会误导司法实践忽视对特殊防卫权的时间条件的判断。即在不法侵害人已经被制止,不法侵害已经结束的情况下,防卫人再致不法侵害人伤亡的防卫不适时情况就很难被发现,因为既然特殊防卫没有限度,谁还会特地关注防卫人是否事后防卫了呢?在我国并没有规定类似日本刑法中“量的过当”的情况下,这种明显的事后防卫行为若仍然认定为正当防卫,则不利于准确贯彻正当防卫的立法意图,使不法侵害人的合法权益也遭到了损害。所以,特殊防卫也需要具体判断是否符合正当防卫的限度条件。从这个角度来说,正当防卫实际上只有一种,就是一般正当防卫,特殊防卫的概念也没有存在的必要。

五、结　语

“任何刑法制度都需要在人权保障与社会保护之间保持合理的张力,正当防卫制度在保护社会的同时,也不能漠视对公民权利的保障。”[②]在判断正当防卫的限度条件时只需要判断防卫人是否造成了重大损害结果即可,没有必要单独判断是否手段过当,但是对结果是否过当的判断不能太机械。首先,只有造成了不法侵害人重伤及以上死亡结果的才可能是防卫过当,没有造成重伤及以上结果的一定不是防卫过当。另外,需要在法益

---

① 杨忠民:《对正当防卫限度若干问题的新思考》,《法学研究》1999 年第 3 期。

② 郭泽强:《正当防卫与防卫过当界限之廓清——解读刑法第 20 条第 2 款之规定》,中国人民大学刑事法律科学研究中心组织编写:《现代刑事法治问题探索》第 2 卷,法律出版社 2004 年版,第 110 页。

衡量原则的指导下将不法侵害人造成的危险及新增侵害和防卫人造成的损害进行比较。其实,不管司法实践采取行为无价值论还是结果无价值论的立场都能够合理界定防卫限度,但是现在司法实践已经远远地偏离了这两种理论的主张,走向了另一条不归路。笔者致力并期待理论界不断呼吁、澄清关于防卫限度的认定问题,不断提醒司法实践关注正当防卫,以期迎来正当防卫的春天,以期实现每一个防卫人所期待的正义!

法律边缘的正义

——刑法中的防卫挑拨

崔　建*

摘要　防卫挑拨作为我国刑法理论中存在的一种特殊情形，虽然刑法条文并无明确规定，但是却广泛存在于司法实践当中。防卫挑拨行为绝大多数被认定为非正当防卫，这显然是不利于犯罪人的，同时也不符合刑事法律精细化的国际发展趋势。为了方便与国际接轨，最大程度地保障犯罪人的合法权益，应对于防卫挑拨行为区分情况，不同处理。对于意图式防卫挑拨行为以及可非难但非意图式防卫挑拨行为，宏观上从正当防卫本质要素、正当防卫的合宪性解释和"无知之幕"理论，微观上从正当防卫的主观条件以及非权利滥用角度肯定其正当防卫的成立。

关键词　防卫挑拨；正当防卫；法益保护原则；合宪性解释；无知之幕理论；主观条件；权利滥用

我国《刑法》第20条对于正当防卫的特殊规定是：为了使国家、公共利益、本人或者他人的人身、财产和其他权利免受正在进行的不法侵害，而采取的制止不法侵害的行为，对不法侵害人造成损害的，属于正当防卫，不负

---

* 崔建，华东政法大学刑法学硕士研究生，研究方向为中国刑法和外国刑法。

刑事责任。正当防卫明显超过必要限度造成重大损害的，应当负刑事责任，但是应当减轻或者免除处罚。对正在进行行凶、杀人、抢劫、强奸、绑架以及其他严重危及人身安全的暴力犯罪，采取防卫行为，造成不法侵害人伤亡的，不属于防卫过当，不负刑事责任。正当防卫条款作为我国刑法中的违法阻却事由之一，无论是在刑事法理论还是司法实践中，其都是存在着重大及具有值得反思探讨价值的违法阻却事由。其中防卫挑拨这一并未在法律条文中规定的刑法概念，其理论价值尤为重要，其背后之人权理念、宪法价值以及所蕴含的罪刑法定原则之展开值得我们去深思，以实现刑法作为“犯罪人的大宪章”这一价值。

所谓防卫挑拨就是指行为人主观上以加害他人之目的，客观上运用挑衅、引诱等方法，促使对方对自己实施加害行为，而后自己以实施“正当防卫”为借口，对对方实施反击之行为。我国刑法理论通说认为，从形式上看，这种“防卫行为”可能完全符合正当防卫的客观条件，但因不法侵害由挑拨者故意诱发，挑拨者主观上不仅不具备正当的防卫意图，反而是出于侵害意图，因此其所谓的防卫实质上是有预谋的不法侵害行为。[①] 有学者从主客观两方面对于挑拨防卫行为否定其正当防卫之成立：这种行为之所以成立故意犯罪，不仅因为其主观上具有犯罪故意，而且因为其行为起先引起了对方的攻击行为，后来又造成了法益侵害的事实。况且挑拨行为本身就是不法侵害，是行为人的犯罪行为的一部分。防卫行为在客观上是一种避免法益受到侵害的行为，故防卫挑拨在客观上就不属于防卫行为。[②] 也有学者从正当防卫之本质出发对于防卫挑拨这一行为实行正当防卫之否定，其认为正当防卫的本质在于通过防卫人实施正当防卫，反击不法侵害，在实现保护自身法益同时也实现对于法秩序之维护，理论称之为“法确证原则”。防卫挑拨与此迥异之处在于防卫人自身对于违反法秩序之法益侵害行为存在失当之处，从而否定其正当防卫之成立。

对于防卫挑拨行为，我们刑法理论通说一概否定其正当防卫之权利，此为明显狭义角度对防卫挑拨行为之解读。笔者认为随着刑法精细化、严谨化的国际发展趋势，同时刑法作为“犯罪人的大宪章”对于犯罪之规定不

---

① 参见高铭暄、马克昌：《刑法学》，北京大学出版社、高等教育出版社 2017 年版，第 131 页。

② 参见张明楷：《刑法学》，法律出版社 2016 年版，第 205 页。

能泛泛而谈,而应区分不同情况作不同处理,对其作出更为细致划分,进而最大程度保障“行为人”之合法权益,而非“一刀切”。防卫挑拨具体可分为不法的防卫挑拨、意图式的防卫挑拨与可非难但非意图式的防卫挑拨三种情况。[①] 对于不法的防卫挑拨,行为人先前的挑拨行为本身即构成违法,对此,即便根据正当防卫一般原理亦可得出对其可进行正当防卫,而挑拨人对于被挑拨人正当防卫行为难以进行正当防卫,特殊情况下只可进行紧急避险。“如果挑衅行为本身就是不法攻击,被挑衅者的行为本身就是正当防卫。”[②]对于不法的防卫挑拨自然无所争议,但对于意图式防卫挑拨与可非难但非意图式防卫挑拨,理论界争论较大。所谓意图式防卫挑拨,指的是行为人一开始就知道相对人在什么情况下将会行动而实施不法侵害行为,该行为人为了避免侵害他人的刑事责任,遂于接续流程中,故意以言语或行动挑动相对人,使得相对人对其实施不法侵害行为,此时行为人因面对现在不法侵害的防御情状,即可对该不法侵害实施正当防御,因而以貌似阻却违法的反击手段,达成自己侵害相对人的目的。所谓非意图式防卫挑拨是指由于挑唆者并非有意透过正当防御情境规避刑责,而是其事前言语或行动引起相对人的不法侵害。[③] 对于此两种情况,由于先前挑拨行为并不涉及违法,所以笔者将对二者进行综合分析,从宏观上依次证立防卫挑拨与正当防卫之本质要素、防卫行为的合宪性解释,从微观上结合正当防卫的主观条件以及权利滥用论证防卫挑拨行为并未体现权利滥用,肯定防卫挑拨行为正当防卫之成立。

一、防卫挑拨符合正当防卫之本质要素

凡涉及类似于防卫挑拨等关于正当防卫问题之具体解释,均无法避开对于正当防卫本质问题之探讨,并以此为视角进行展开。对于正当防卫之本质,传统刑法理论较为流行的观点就是“法益保护原则”加“法秩序维护说”,即通过正当防卫对于不法侵害之反击,在捍卫自身法益的同时实现对

---

① 参见徐梦萍、王剑波:《论防卫挑拨的类型及其处理原则》,《辽宁大学学报(哲学社会科学版)》2013年第5期。

② [德]弗兰茨·冯·李斯特、埃贝哈德·施密特:《德国刑法教科书》,徐久生译,法律出版社2000年版,第224页。

③ 参见许恒达:《正当防卫与挑唆前行为》,《月旦刑事法评论》2016年第2期。

于法秩序之维护，戒令他人非经法律许可不得实施违背法规范之行为，否则其也会受到被侵害之人攻击难以得到法律保护从而实现一般预防之效果。我国刑法学界通说对于正当防卫之本质也是采取了这一观点："社会主义刑法中的正当防卫，其本质必定是制止不法侵害，保护合法权益，维护社会主义法制这三项任务的有机统一。"[①]以上所称之"法秩序维护说"乃德国刑法学界通说，我国台湾地区学说对于防卫挑拨行为之看法同德国刑法通说相同，将防卫挑拨行为对于正当防卫法律效果之影响立足于正当防卫本源问题及阻却违法的基础理念，即"法确证原则"。防御者挑起不法侵害者实施攻击行为，又再予以反击，是自己引发不法侵害，若认为防御者可以积极地反击不法侵害，则造成法确证效果的贬低。[②]

对于刑法理论中正当防卫认定标准本质立足于"法益保护"和"法秩序维护说"，笔者对此不敢苟同，仅支持"法益保护"此一价值理念，反对将"法秩序维护"作为正当防卫认定标准。所谓"法益保护原则"又称"个人保护原则"，是指在现代国家中，原本应该由国家公权力来保护个人利益，可是在某些紧急情况下，国家公权力无法及时提供保护，因此允许个人实施防卫行为以抵抗外来侵害。[③] "法秩序维护说"又称"法保护原则"。"法保护原则"是指正当防卫的行使如同国家刑罚的运用一样，都旨在维护法秩序，确保法的有效性，只不过正当防卫通过个人来确保法秩序的有效性，而刑罚则通过国家机关来确保法秩序的有效性。[④]

首先，"法秩序之维护"不能成为正当防卫本质、目的，对于"法秩序维护说"，笔者认为此一原则不符合目前我国传统的国家观学说，即不能将追求国家利益作为个人行为的义务和目的，否则将会涉以国家之名行侵害国民利益之实。同时，也会形成人人都是执法者的反法治之怪象。"当我们把国家理解成某种世俗的代表，或将其理解成自身目的时，就可以认为，对国家所制定的法加以保卫的行为，具有一种独立于社会和个人利益以外的特殊价值。"[⑤]在现代法治国家，对于法秩序之维护本身不可以成为行为人

---

① 马克昌：《犯罪通论》，武汉大学出版社 1999 年版，第 712 页。

② 参见许恒达：《正当防卫与挑唆前行为》，《月旦刑事法评论》2016 年第 2 期。

③ 参见欧阳本祺：《正当防卫认定标准的困境与出路》，《法商研究》2013 年第 5 期。

④ 参见许恒达：《正当防卫与挑唆前行为》，《月旦刑事法评论》2016 年第 2 期。

⑤ 陈璇：《侵害人视角下的正当防卫》，《法学研究》2015 年第 3 期。

行为之目的,其可以是行为人行使正当防卫行为的附带效果,然行为附带效果并不等同于本质、目的,正当防卫必然带来对于法秩序维护之效果,但是不能将之称为正当防卫之本质、目的。德国持二元论的多数学者不得不承认,法益保护才是正当防卫的基石所在,法秩序维护只是依附于法益保护之上的次要根据。[①] 正如耶舍克和魏根特所言:"法秩序的保障唯有借助于具体权利的保护这一中介,才能得以显现。"[②]对此可以类比,国家通过对侵权人进行损害赔偿之惩罚,会附带产生其他行为人不能实施侵害他人行为之法律效果,但是不能说明侵权责任法之本质、目的就在于其预防违法,只是通过对于侵权行为人的惩罚附带产生的效果而已。国家通过对于犯罪人实施刑罚处罚之做法对于强化公民礼义廉耻之观念有一定预防作用,但不能由此得出刑罚本质、目的在于对于礼义廉耻之维护。因此不能将正当防卫附带效果等同于正当防卫本质、目的。

其次,正当防卫难以实现一般预防,对于"法保护原则"内含的通过正当防卫实现的一般预防之理念,笔者并不认同。第一,当今社会,犯罪实施类型多样化,犯罪背景多元化问题日益显著,对于犯罪行为之预防愈来愈要求实行专业化,结合犯罪人家庭背景、人物性格、心理因素、精神状况等多方面因素,运用法学、社会学、心理学等多方面知识综合考量才能实现。在现代社会中,预防违法犯罪是一项专业性、技术性极强的系统工程,它早已不是"杀一儆百"之类的朴素用语所能概括。[③] 同时对于真正一般预防之法律效果与正当防卫实现预防之法律效果相比,其对于急迫性要求不同,所谓一般预防,与事中进行预防相比,在事后综合各种因素之考量对于一般预防之效果实现尤佳。将一般预防置于事后进行,不但不会对法规范的效力造成任何不可挽回的损失,反而更能保护法秩序以最为理性和科学的方式得到捍卫。[④] 第二,我国刑法贯彻罪刑法定、行为与责任同在的责任原则以及罪责刑相适应原则,此三种原则都是要求对于犯罪的惩罚要实现与其责任强度一般,不能超出其责任强度。尽管根据我国刑法理论通

---

① 参见陈璇:《正当防卫与比例原则》,《环球法律评论》2016 年第 6 期。

② 转引自陈璇:《正当防卫与比例原则》,《环球法律评论》2016 年第 6 期。

③ 参见陈璇:《正当防卫与比例原则》,《环球法律评论》2016 年第 6 期。

④ 参见陈璇:《正当防卫与比例原则》,《环球法律评论》2016 年第 6 期。

说,对于正当防卫之法益仍然采用以基本相适应说为根基的折中说,但是其对防卫限度的把握并非绝对对等,甚至可以超越利益衡量。同时根据《刑法》第 20 条第 2 款规定,对于严重危及人身安全的暴力犯罪而采取防卫行为,造成不法侵害人伤亡的,不属于防卫过当,仍然属于正当防卫,不负刑事责任。由这一特殊防卫权之条款可知,对于严重危及人身安全的暴力犯罪可以实施杀害侵害人的手段,然我国刑法目前虽然走在废除死刑之路上,但非对于极为特殊之情况很少采用实施死刑之手段实现一般预防之效果,尽管是对于严重危及人身安全的暴力犯罪。因此,很难说是通过正当防卫实现一般预防。

综上可知,正当防卫之本质要素在于其"法益保护"原则,并不在于"法秩序维护"原则,从正当防卫本质上否定了通说所认为的防卫挑拨使法确证原则降低这一基本事实。退一步讲,即便对于正当防卫本质要素并不进行否定,德国刑法有反对观点认为,不得对紧急防卫实施任何限制,由于攻击者并不仅仅针对被挑衅者的利益,而且还针对法秩序,这样,不管是否有挑衅,出于权利证明的目的,防卫都是正当的。①

二、防卫挑拨符合正当防卫的合宪性解释

随着依法治国理念的兴起以及对于法教义学研究从横向转向纵向发展的内部需求,对于法律的解释学说上逐渐兴起了从宪法角度进行研究的动向。如果从宪法学的视角观察,各个法律领域的权利冲突都可以归结为宪法层面的基本权利冲突。尽管这些冲突大多在普通法律领域就可以得到解决,但在相当多的情形下,这些冲突的解决需要纳入宪法学视域进行考量,即从基本权利角度对这些冲突进行重新衡量和分析。② 正当防卫是面临基本权利冲突时的一种在刑法上的具体体现,因此从宪法学视角进行分析和解释极为重要。基本权利在我国宪法理论上是一种公权利,是个人对于国家所要求的一种权利,对于公民的这种公权利,国家具有不得随意干涉的"消极保护"义务,还有积极通过自身行为排除妨害、创造条件"积极

① 参见[德]金德霍伊泽尔:《刑法总论教科书》,蔡桂生译,北京大学出版社 2015 年版,第 175 页。

② 参见张翔:《基本权利冲突的规范结构与解决模式》,《法商研究》2006 年第 4 期。

保护”义务。与此相对应的是我国公民享有宪法上的“消极自由”和“积极自由”之权利,正如我国《宪法》第51条规定:“中华人民共和国公民在行使自由和权利的时候,不得损害国家的、社会的、集体的利益和其他公民的合法的自由和权利。”这一条文反映我国公民具有积极行使自由和权利的“积极自由”以及“不得损害国家的、社会的、集体的利益和其他公民的合法的自由和权利”的“消极自由”。我国公民享有通过自身行为实现基本权利之权利,只要其行为符合法律要求,并未脱离法律轨道,那么其行为就是合法行为,尽管存在可能违背公民道德情感、令人难以接受之情形。然而我们不能忘记,尽管正义的情感可为法律判断提供先导和参考,但法律判断却不应沦为公众道德评价的附庸和奴仆。[①] 同时民众的道德情感具有不稳定性和易变性,同时容易被人操纵,产生多数人的暴政,因而对于法律判断要有自己独立的判断规制,避免沦为道德的奴隶。

随着人们对刑法中的法益概念的日益重视,随着强调法益侵害结果与构成要件之间具有内在紧密联系的客观归责理论的不断发展,德国刑法学中的行为无价值在其内容上越来越强烈地依赖于法益侵害,而非道德违反。[②] 目前我国将依法治国方略写进宪法,国家愈来愈重视依法治国这一基本方略,然依法治国方略不同于之前“无法”阶段的一个根本就在于,将人们的道德规范和法律规范截然分开,对于公民符合法律规范的行为尽管其在某种程度上不符合道德规范,也并不能加以剥夺和否定。“我们惩罚的不是动机,而是行为。”[③]被告人的先行行为如果不违法,也就不能认为被告人开始了不法的相互斗争行为。为此,针对由先行行为引起的违法侵害实施的反击行为,仍旧应该具有肯定成立正当防卫的余地。[④]

此外,每个人都有通过自己的规范和价值判断决定自己行为自由的权利,对于防卫挑拨,行为人是否具有正当防卫的权利也离不开宪法对于公

① 参见陈璇:《克服正当防卫判断中的道德洁癖》,《清华法学》2016年第2期。

② 参见陈璇:《论防卫过当与犯罪故意的兼容——兼从比较法的角度重构正当防卫的主观要件》,《法学》2011年第1期。

③ 陈璇:《论防卫过当与犯罪故意的兼容——兼从比较法的角度重构正当防卫的主观要件》,《法学》2011年第1期。

④ 参见[日]山口厚:《日本正当防卫新动向》,郑军男译,《辽宁大学学报(哲学社会科学版)》2011年第5期。

民行为自由的规定，每个人自由实施行为的权利，无论其动机源于何处，其都有权自主决定自己的行为。这种宪法上保障公民自由的原则在刑法上也可转化为责任原则，于防卫挑拨中，行为人对于被挑拨人是否具有正当防卫之权利的关键在于其挑拨行为是否使行为人丧失了其在宪法上依法决定自己行为自由的权利。如果行为人的挑拨行为使对方丧失了其为合法行为的期待可能性，那么对于被挑拨者实施行为的人才是真正的“操盘手”，类似于刑法中的“间接正犯”概念。但是，对于我们广泛讨论的防卫挑拨的案件，被挑拨人并没有丧失其通过合法行为行使权利的期待可能性，其依然有通过自身合法行为来捍卫自身的权利，遵守宪法对于公民权利的基本规定。“只要被挑拨者能够负责地实施行为，那么刑法同样也要求他必须尊重他人的法益。”[①]因此相对人既然存在自我决定不法侵害他人法益的行为自由，就必须承担其因此而导致的反击后果，所以对于挑拨者的正当防卫权利无须限制。

三、“无知之幕”下的防卫挑拨符合自私理性人的理性精神

对于正当防卫中的防卫挑拨行为相关的正当化根据可以结合罗尔斯的“正义论”中原初状态下关于“无知之幕”理论之假设。其认为人的行为自由等相关权利并非自始存在，而是经过在“无知之幕”背后的理性人之自由协商下的结果。“人们为了维护平和的社会共同生活，才在理性的驱使下，依据共同认可的规则，对个人的愿望与需求进行协调，确保个人可以合理地享有一定的利益。”[②]对于原初状态中的“无知之幕”假说的理论假设是类似于社会契约之理论，但是同时为了保证在“无知之幕”背后形成公平的协商，确保人人处于平等状态下作出结论，所以“他们虽然具备基本的正义观念，拥有为自己设计理性生活的能力，但却不知道一切与自己的能力、社会地位和身份相关的具体事实”[③]。由于处于“无知之幕”原初状态之中，所以每个自利理性人知道对于其协商作出的会最大程度上有利于其个

① 陈璇：《克服正当防卫判断中的道德洁癖》，《清华法学》2016 年第 2 期。

② 王钢：《法秩序维护说之思辨——兼论正当防卫的正当性依据》，《比较法研究》2018 年第 6 期。

③ J. Rawls, *A Theory of Justice*, Harvard University Press, 1971, p. 137.

人权利的行为必定不会得到其他人的认可，所以又是基于“最大最小值规则”[①]也即理性人考虑到可能发生的最坏的结果，在此最坏结果情况之下，行为人为了追求最好的结果，只能选择接受“人人平等之规则”，在此规则下确保自己在最坏状态之下得到最好的结果。又是因为“最大最小值规则”之下，自利理性的行为人对其权利已经作出了最大的让步，所以对于他人侵犯自己合法权利的行为并无容忍义务，也即产生了正当防卫的正当化根据即行为人对于他人不法侵害可以通过其防卫行为进行反击，这也是符合自利理性人于“无知之幕”背后理论假设达成之合议。另外，处于“无知之幕”原初状态之下的自利理性人考虑到“人非圣贤，孰能无过”，在“无知之幕”落下之后自己固然不会故意实施侵害他人合法权益之行为，但是也会因自己并非基于故意而实施的侵犯他人权益的行为或者自己行为在宪法允许范围内无意侵犯他人合法权益但是却引发他人“防卫行为”的反击(也即本文提到的非意图式防卫挑拨以及可非难的非意图式防卫挑拨行为)，进而引发他人进行反击侵犯自身权益状况行为的存在。此时若不允许对此实施正当防卫，就会造成行为人对自己行为畏首畏尾，防止自己无意的防卫挑拨行为或者自己在“思想无价值”之下的合法行为引发他人正当防卫侵犯自身合法权益。因为正当防卫对于防卫人来说是一种有效的防卫手段，但在“被防卫人角度”却是一把杀伤力极大的“利器”，此时会导致过于限缩行为自由，不利于行为人积极行使自身权利，阻碍社会进步发展。

四、防卫挑拨并不违背正当防卫的主观条件

目前我国刑法理论界对于正当防卫是否需要具备防卫主观条件存在争议，持行为无价值论的学者多认为行为的社会危害性不只体现在其客观造成的结果之上，还在于其行为主观目的；与此相反，结果无价值论者则认为，对于行为社会危害性采用的则是“防卫意思不要说”立场。而我国目前刑法理论的通说采取主客观相统一的原则即行为社会危害性不仅体现在其客观方面，同时也体现在主观意思。然目前存在争议的是对于正当防卫

---

① 何怀宏:《公平的正义》，山东人民出版社 2002 年版，第 148 页。

问题，是只需要具备防卫认识因素即可还是防卫认识因素和意志因素同时具备。所谓防卫认识即认识到自己的行为是对于不法侵害的反击，防卫意志则是指知道自己的行为是为了保护国家、公共利益、本人或者其他人的财产免受正在进行的不法侵害的目的。有学者认为，正当防卫的重点在于防卫认识。换言之，只要行为人认识到自己的行为是与正在进行的不法侵害相对抗，就应认为我具有防卫意识。① 通说的观点与此正好相反，正当防卫之所以被立法者视为排除犯罪性行为，主要是因为正当防卫在客观上保护了社会利益，而且行为人在主观上具有防卫合法权益的意思。因此，在认定正当防卫的时候，必须将防卫的意图作为一个重要条件予以考虑。② 所以对于防卫挑拨行为，挑拨人并不具有保护合法权益的防卫意志，只是想借助正当防卫实现法益侵害，并不符合正当防卫主客观相统一，不是正当防卫。

首先，笔者对于通说防卫意图即主观上必须具有防卫意志的观点不敢苟同，从正当防卫之规范目的出发，正当防卫立法目的在于允许行为人通过实施正当防卫进而实现自我保护，只要是其通过自我防卫实现自我保护，则不否定其正当防卫之成立。目前我国对于行为无价值的立场已经逐渐摆脱了社会道德规范，逐渐向法益侵害方向靠拢，“行为至少具有导致法益受到侵害的危险才具有行为无价值，从而排斥道德主义对刑法的影响”③。以法益侵害为导向理解行为无价值，即只要行为人认识到不法侵害事实，主观上站在了有利于实现法益保护之立场，则其行为并非无价值，尽管其主观上夹杂着不法侵害，但此主观并没有客观法益侵害相对应，法律并不处罚纯粹主观，因此对于夹杂不法侵害之主观目的场合，并不否定其正当防卫成立，防卫挑拨也不例外。当挑拨行为是合法举动时，尽管挑拨者也有借防卫之名加害对方的意图，但这仅仅还停留在主观动机的层面，由于其客观行为自始至终都完全合法，故从法律的视角来看，我们不能说他是在滥用权利，而只能认为他是在正常地行使权利。④

---

① 参见张明楷：《刑法学》，法律出版社 2016 年版，第 204 页。

② 参见黎宏：《论正当防卫的主观条件》，《法商研究》2007 年第 2 期。

③ 周光权：《新行为无价值论的中国展开》，《中国法学》2012 年第 1 期。

④ 参见陈璇：《克服正当防卫判断中的道德洁癖》，《清华法学》2016 年第 2 期。

其次,对于正当防卫问题,现实生活中也是存在着很多防卫认识和加害意图同时并存的场合,很难否定其正当防卫的成立。比如对于实践中存在的行为人预见他人将要实施侵害行为,并未回避或者请求公安机关予以帮助,而是积极准备工具制造条件迎接对方的不法侵害行为,很大程度上是防卫认识和加害意图并存,正当防卫的本质并未要求行为人具有退避之义务。在这种场合之下,行为人预见对方的侵害并积极准备工具,如果否定其防卫权的存在也即意味着在面临不法侵害行为之时,行为人只有在甘拜下风的情况下才能算是行为有价值,在毫无防备之下才能成立正当防卫,试问这样法律怎能成为保护公民法益的大宪章?此一观点实在让人难以接受。此外,对于那些不会导致侵害人法益受损的行为,根本没有讨论其是否成立正当防卫的必要。[①] 防卫意思中必然或多或少包含着追求甚至放任引起对方法益侵害后果的主观意思,也必然会导致法益侵害结果的出现,没有法益受损就没有法益冲突,无法益冲突,何谈正当防卫。

即便是将防卫认识和防卫意志并存作为学术界主流观点的德国,对于判例中防卫行为实施造成的结果是防卫行为人所不能遇见的或者不具有期待可能性的,即便其主观上防卫意识因素存在加害意图,也并不否定其正当防卫的成立。在日本,根据最高裁判所论述,以侵害对方之意图引起对方不正之侵害,并对其实施反击行为,否定正当防卫的成立。但是日本最高法院于1975年11月28日判决指出:"对于紧急不法的侵害,为了防卫自己或者他人的权利而实施的行为,即便该行为掺杂对侵害者进行攻击的意思,也是正当防卫行为。"[②]总而言之,笔者认为对于正当防卫行为的主观方面,结合正当防卫本质目的、防卫意识等因素,对于正当防卫不应该像认定犯罪那样严格实现主客观相统一,而应该适当放宽,只要具备防卫认识即认识到其对面临的不法侵害实施反击的行为即可,将出罪视角放宽有利于行为人解释,并不违背罪刑法定原则。

五、防卫挑拨行为不属于权利滥用

权利滥用是基于权利所为的"错事",而"明显违法行为则已经越出权

---

① 参见张明楷:《故意伤害罪司法现状的刑法学分析》,《清华法学》2013年第1期。

② 日本《最高法院刑事判例集》第29卷第10号,第983页。

利范围之外”。[1] 权利滥用具有明显的权利行使的外观，所以违法犯罪行为当然排除在权利滥用范围之外。此处所讨论的涉及防卫挑拨行为的权利行使只能是客观上存在行使权利外观的行为，即上述讨论的意图式防卫挑拨和可非难但非意图式防卫挑拨行为，并不包括不法的防卫挑拨行为。

对于上述两种防卫挑拨行为，学界有观点认为，通过挑拨，利用对方的反击行为，假借“正当防卫”之名，行侵害对方之实，属于刑法上的权利滥用。该学说得到了许多刑法界名流的支持，包括山中敬一、大塚仁等等，一时之间成为主流学说。“想以正当防卫为借口侵害对方而故意地进行挑拨时，是权利的滥用，很难认为是正当防卫。”[2]我国台湾地区有部分学者也是否定意图式防卫挑拨正当防卫之成立。林钰雄教授指出：“被攻击者蓄意惹起攻击行为，以便披上正当防卫的外衣来侵害他人，这是典型的权利滥用，不得主张正当防卫。”[3]另有部分学者对于防卫挑拨问题并非一概否定其正当防卫成立，可见其在去除正当防卫“道德洁癖”的道路上向前进了一步，但是权利滥用是一个一般性的法律思想，并非刑法本身存在的原则，因此对于防卫挑拨是否属于权利滥用不能泛泛而谈，而应落实到正当防卫具体的要件之中，同时结合正当防卫所产生的基本事实情况和价值原则，否则不利于实现罪刑法定原则。“权利滥用是个很抽象的概念，在刑法条文中并没有明文规定，以这种法律没有明文规定的内容作为刑法解释的根据，是件很危险的事情。”[4]

对于学界存在的学说认为正当防卫是一种权利行使的行为，其行使必然要遵循一般的权利法行使规则，而防卫挑拨则是一种主观上具有侵害他人目的的行为，对此而主张的正当防卫属于权利滥用，笔者不敢苟同。从客观角度出发，首先被挑拨者的行为的合法性与否并不取决于挑拨者，只要被挑拨者的行为属于违法行为，挑拨者即可对其正当防卫，亦属于权利

---

① John H. Crabb,“ The French Concept of Abuse of Rights”, *Inter-American Law Review* , vol. 6, no. 1(1964), pp. 1-24. 转引自彭诚信：《论禁止权利滥用原则的法律适用》，载《中国法学》2018年第3期。

② ［日］大塚仁：《刑法概说（总论）》，冯军译，中国人民大学出版社2003年版，第326页。

③ 林钰雄：《新刑法总则》，中国人民大学出版社2009年版，第195页。

④ ［日］增根威彦：《刑法的重要问题（总论）》，黎宏译，成文堂1994年版，第45页。转引自黎宏：《刑法总论问题思考》，中国人民大学出版社2007年版，第334页。

行使的行为。如果认为被挑拨者对于挑拨者的行为因为挑拨者的挑拨行为而变得违法,就会造成行为本身的独立性受到否定,对于行为的否定性评价也会因他人行为而受影响,而这与我国依法治国背景下的罪刑法定原则并不符合。我们不可以用权利滥用这一刑法中一般性的法律思想去否定"罪刑法定原则"。所以,如果要使一个行为对另一行为的法律性质产生影响,就必须在刑法理论上切实找到能够实现双方联通的桥梁。[①] 我国台湾地区实务界也是采取的这种观点,即防卫行为能否成立应直接从防卫行为观察,不应该受前挑拨行为影响。同时,对于挑拨行为,其本身合法性与否的问题自然也是会受到民法、行政法甚至刑法的调整,对其行为的法律规制并不妨碍被挑拨者行为违法性及对其实施正当防卫的权利。此外,结合被害人有过错情况下国家的处理原则亦可得出,挑拨者存在过错也并不影响被挑拨者行为的违法性及对其实施正当防卫的权利。对于被害人存在过错的情形,国家处理原则是从轻、减轻处罚,并没有因为被害人过错而否定行为人的违法性,因此即便是挑拨者存在过错,也不否定被挑拨者行为的违法性。从主观视角下的权利滥用视角出发,防卫挑拨并不属于权利滥用,权利滥用属于民法总则规定的一项基本原则,其是诚实信用原则的具体体现。对于民法上的权利滥用,主观意思是重要的一项鉴别因素,民法学界认为侵害的意思是权利滥用的一种标准形式,同时也是权利滥用的起源,但是行为人主观上是否具有侵害的意思应该立足于客观状态,不能单独从主观角度出发,否则容易造成主观归罪。"权利的行使如果既对权利人没有什么益处,又对相对人造成损害,这种'结合'就表明权利人存在损害意图。"[②]即权利行为如果除了对于被挑拨人造成损害之外,也并不会对挑拨人造成任何好处,那么就是权利滥用行为。对于意图式防卫挑拨行为,虽然挑拨人主观上存在通过自己的挑拨行为使对方行使反击行为进而借正当防卫行法益侵害之实,但是其仅存于主观,客观上并不存在行使侵害他人法益的行为,其客观是在捍卫自身合法权益,所以并不属于权利滥用行为,更何况可非难但非意图式防卫挑拨行为。

---

① 参见陈璇:《克服正当防卫判断中的道德洁癖》,《清华法学》2016 年第 2 期。

② [法]雅克·盖斯旦、吉勒·古博:《法国民法总论》,陈鹏等译,法律出版社 2004 年版,第 733 页。

六、结　语

防卫挑拨作为我国正当防卫此一刑法概念下的子概念，划分不够细致，刑法通说一概否定其正当防卫之成立，进而否定其防卫权的存在，并不符合我国依法治国视野下的刑法观以及依宪治国的理念。同时目前国际刑法视角下行为无价值逐渐以法益保护为导向，对于正当防卫的认定应当克服“道德洁癖”，减少不法理论道德化的趋势，避免因行为违反社会道德从而扩张不法范围进而否定正当防卫的成立。法律允许公民实施正当防卫，并不是因为他与侵害人相比处于劣势和窘境之中，也不是因为他在道德上有令人怜悯之处；而是因为在这场法益冲突中，侵害者已经不值得法律的完整保护，或者说是因为行为人通过制止不法侵害捍卫了法秩序的有效性。[①] 所以对于防卫挑拨行为，只要其行为在法律上值得保护，并非属于不法侵害，即便其行为存在道德瑕疵，也可以实施正当防卫行为。相信随着法益保护思想在正当防卫中不断贯彻，正当防卫中的“道德洁癖”会日渐消弭，真正实现罪刑法定，防卫挑拨行为这一被通说否定正当防卫的法律边缘上的行为终究会回到法律的中间，实现法律边缘的正义。

---

① 参见陈璇：《克服正当防卫判断中的道德洁癖》，《清华法学》2016 年第 2 期。

刑事诉权理论:质疑、反思与修正

吴宇鹏[*]

摘要 刑事诉权理论来自民事诉权理论。目前,刑事诉权的研究陷入简单化与空洞化的泥潭,简单地移植民事诉权理论将产生"水土不服"的现象,具体表现为:违背诉讼规律、刑事诉权与公诉权理论难以协调、无法合理解决刑事诉讼中的争议问题等。此外,由于未能认识到诉权是自诉讼外加以利用的权能,刑事诉权理论也造成了诉权与诉讼权利关系的误读。空洞化则表现为刑事诉权研究只有对诉权应然性的研究,而忽视诉权判断标准——诉权要件的讨论。本文在提出质疑与反思的基础上,尝试修正现有刑事诉权理论,以避免空洞化。但是,笔者认为,鉴于诉权理论逻辑起点差谬,刑事诉权理论是否为解决争议问题、赋予诉讼当事人诉讼权利的良方善法,仍值得商榷。

关键词 刑事诉权;民事诉权;诉权要件;诉讼权利

一、引 言

诚如歌德所言:"理论就是缺乏耐心的仓促理解,这种理解试图摆脱现

---

* 吴宇鹏,清华大学法学院2016级法律硕士研究生。

象，而以图片、概念甚至常常是纯粹的文字取而代之。”[①]类似地，我国刑事诉权理论移植于民事诉权理论，而对民事诉权理论的仓促理解导致刑事诉权理论存在诸多弊病。我国刑事诉权理论的研究起源于20世纪90年代。学者徐静村、谢佑平在《刑事诉讼中的诉权初探》一文中首次提出刑事诉权概念，并且开始尝试依托刑事诉权理论，解决刑事诉讼中的争议问题。随后，学者汪建成、祁建建在《论诉权理论在刑事诉讼中的导入》一文中，强调在刑事诉讼中导入诉权理论的必要性，进而讨论了刑事诉权理论带来的刑事诉讼制度创新；周永坤在《诉权法理研究论纲》一文中，对诉权理论进行了梳理，辨析了诉权的定义、诉权的性质、诉权的内容等基本概念，并且肯定了诉权理论导入刑事诉讼的意义。值得肯定的是，周永坤敏锐地察觉到了诉权与诉讼权利、诉权与公诉权、诉权与应诉权之间的区别。然而令人遗憾的是，其未能正确地认识诉权与诉讼权利之间的关系，而在本文看来，这一对概念之间的关系正是刑事诉权研究的逻辑起点。

晚近，由于受到被害人权利运动的影响，我国学者希望借助刑事诉权理论提升被害人刑事诉讼地位，赋予被害人刑事诉讼权利。韩流在《论被害人诉权》一文中，探讨了刑事诉权存在的合理性、被害人刑事诉权的正当性与相对独立性。在此基础上，韩流进一步指出被害人刑事诉权的基本内容和必要限制。韩流的“野心”并未局限于此，他在博士毕业论文《被害人当事人地位的根据与限度——公诉程序中被害人诉权问题研究》中，借助刑事诉权理论，试图在分析刑事诉讼中被害人诉讼权利的基础上，颠覆传统的等腰三角形刑事诉讼构造，极具创新地提出了“四级构造”的刑事诉讼构造。

究其本质，“刑事诉权”并非发现之物，而是创造之物；主张该理论的学者无非是想借助刑事诉权来解决刑事诉讼中的疑难问题罢了。刑事诉权理论不过是解决刑事诉讼问题的工具。然而，刑事诉权理论并非自成体系，因此正确把握民事诉权理论的核心内涵至关重要。遗憾的是，我国刑事诉权理论研究偏离了诉权理论的本质，并且存在“诉权空洞化”的研究趋势。更值得反思的是，刑事诉权理论不仅存在内部矛盾问题，其逻辑能否

---

① 转引自[德]伯恩·魏德士：《法理学》，丁晓春、吴越译，法律出版社2017年版，第9页。

适用于公诉权理论也存在相当大的问题,甚至无法合理地解决刑事诉讼中的争议问题。下面本文将具体提出关于刑事诉权理论的质疑,并反思刑事诉权理论的问题症结,最后笔者尝试给出重构刑事诉权理论的解决方案。

二、质疑:刑事诉权理论的合理性怀疑

(一)刑事诉权理论违背基本刑事诉讼规律

学界一般达成共识,诉权具有普遍、平等、全面和请求公正裁决的性质。[①] 关于平等之权:具有直接利害关系的主体必须享有诉权,才能以其为手段反映自己的实体要求和主张,使诉讼结果对自己有利。这一论述具有两层含义:第一,有利害关系必须具有诉权;第二,片面地强调诉权的对抗性。但是,在刑事诉讼中,有利害关系未必具有诉权。例如,强奸罪的被害人显然是具有直接利害关系的主体,但由于国家垄断追诉,对犯罪嫌疑人的追诉无法由被害人自身提起。片面强调诉权对抗性也忽视了刑事诉讼发现真实的面向,例如根据我国刑事诉讼法的规定,检察官可以提起有利于被告人的上诉、抗诉;检察官不仅搜集不利于被告人的证据材料,而且应当搜集有利于被告人的证据材料。

另外,支持刑事诉权理论的学者认为,被告人的诉权具体体现为应诉权和答辩权:“而一方当事人一旦起诉之后,对方享有的诉权便立即转化为行使应诉和答辩的权利。”[②]按照这种观点,在刑事诉讼中,被告人在公诉方提起诉讼时,即享有应诉和答辩的权利,也即被告人诉权的体现。基于权利的性质,诉权具有任意性和自由性,是否行使应当诉诸权利享有者的意思自由。[③] 也就是说,理论上存在被告人主动放弃应诉或答辩权利的情况。在形式上,放弃应诉或答辩的权利意味着被告人有选择不参加庭审的权利。但是,基于正当程序的考量,被告人参与庭审是刑事诉讼的强制规定,被告人对此并无意思自由。

有学者敏锐地注意到被告人的诉权问题,并且提出:“应诉权是被动的、迫不得已的,它本身不具有权利的属性,而是义务,只是在‘不经过被告

---

① 参见徐静村、谢佑平:《刑事诉讼中的诉权初探》,《现代法学》1992 年第 1 期。

② 徐静村、谢佑平:《刑事诉讼中的诉权初探》,《现代法学》1992 年第 1 期。

③ 参见张卫平:《民事诉讼法教程》,法律出版社 2000 年版,第 167 页。

的辩护不能剥夺被告的权利'的意义上，它是一种权利。”[①]然而，这种否认应诉权是诉权的观点仍然存在逻辑上的问题。否认应诉权是诉权的观点实际上等于否认被告人具有诉权，而持有该观点的学者又同时认为“诉权为因，诉讼权利为果”，那么将此种观点贯彻到底将得出被告人没有诉讼权利的结论，而此结论显然难以让人接受。

（二）刑事诉权理论与公诉权理论冲突

在学界，公诉权的含义同样未能统一。我国台湾学者陈朴生指出，可以将公诉权分为实体公诉权和形式公诉权。实体公诉权是指以请求确定为诉讼对象之刑罚请求权为内容；形式公诉权则指以请求开始及实行诉讼行为为内容，或称诉讼追行及程序上的权利。[②] 在日本诉讼法学界，有关公诉权的学说主要有实体性公诉权说、抽象公诉权说、具体公诉权说、实体性审判请求说、公诉权不要说。[③] 可见，与民事诉权理论相似，日本的公诉权学说关注刑事公诉程序以及公诉权行使的目的。相比之下，我国学者将目光投向公诉权的本质属性，争论的焦点则是公诉权究竟为行政权还是司法权。

无论是在刑事公诉程序层面，还是在公诉权本质属性层面讨论公诉权，应当承认的是：公诉权的产生缘起于国家追诉主义的确立。国家追诉主义的思想基础是，犯罪行为不仅侵害被害人的法益，亦破坏社会共同生活的和平性，国家作为法益及和平秩序的维护者，具有责无旁贷的任务去追诉犯罪，以恢复因犯罪而受损的法的和平性。国家有权利以及义务追诉犯罪，亦即对犯罪行为进行追诉程序（侦查、起诉、审判、执行）。[④] 申言之，公诉权是国家刑罚权派生出来的权力，是行使追诉犯罪权力的一种。

我国主张刑事诉权的学者认为，刑事诉权具有程序性和实体性的内涵。程序含义上的刑事诉权是指公诉机关的公诉权、刑事自诉人的自诉权、被告人的应诉权以及这三种权利的延伸（抗诉权、上诉权、申请再审权）；实体含义上的刑事诉权是指控方的实体请求权和辩方的答辩权，以及

---

① 周永坤：《诉权法理研究论纲》，《中国法学》2004年第5期。

② 参见郝银忠：《刑事公诉权原理》，人民法院出版社2004年版，第20页。

③ 参见郝银忠：《刑事公诉权原理》，人民法院出版社2004年版，第21页。

④ 参见林钰雄：《刑事诉讼法》上册，元照出版社有限公司2013年版，第46页。

期待胜诉权。[①] 也有学者将刑事诉讼中的诉权理解为国家诉权和公民诉权两种:国家诉权是指国家享有的、为了维护法律秩序而进行诉讼、追究犯罪者刑事责任的权利;公民诉权是指刑事诉讼当事人防止国家侵害或者为了维护自己受到犯罪行为侵害的权利而寻求司法救济、进行诉讼的权利。[②] 不难看出,我国主张刑事诉权理论的学者一般认为公诉权是刑事诉权的一种。换言之,按照当前刑事诉权理论的逻辑,公诉权是一种权利,而非权力。

然而,权利不同于权力。诉权是一种权利,诉讼当事人可以选择行使诉权以开启诉讼程序;也可以选择放弃行使诉权,避免开启诉讼程序。诉权的权利性质决定了诉权的行使完全基于诉讼当事人的意思自由。而公诉权的公权力属性,要求公诉机关在决定是否起诉、如何起诉时,必须考虑公共利益,而非基于公诉方的意思自由。[③] 我国主张刑事诉权理论的学者亦指出:"公诉权就其本义来说也是一种诉权,是公权力行使的诉权。它是个人诉权向公权力转移的结果。但是随着公权力与社会日益分离,它的权利色彩日渐淡化,逐渐嬗变为权力,成为公权力追诉犯罪的权力。"[④]应当肯定的是,这种观点正确地认识到了公诉权是追诉犯罪的国家权力,但却错误地将诉权想象为贯穿刑事诉讼始终的权利。

值得讨论的问题是,认为公诉权是追诉犯罪的国家权力是否违背刑事诉讼中的公平原则?刑事诉讼中的公平原则要求诉讼双方地位平等、公平对抗。在公诉权理论发达的大陆法系国家,如德国,通说认为具体实行公诉权的检察官不是"当事人",检察官的追诉活动是建立在"正义""公共利益"这样的崇高理念之上展开的,因此检察官在刑事诉讼中具有"特殊地位";而英美法系国家则对检察官的特殊地位保持警惕,认为若承认作为追诉者的检察官具有特殊地位,就有可能导致将刑事诉讼从弹劾性转为纠问性,因此检察官只是刑事诉讼中的一方当事人。[⑤] 在信奉当事人主义的英

---

① 参见陈少林、顾伟:《刑事诉权原论》,中国法制出版社2009年版,第78页。

② 参见汪建成、祁建建:《论诉权理论在刑事诉讼中的导入》,《中国法学》2002年第6期。

③ 参见张建伟:《司法竞技主义——英美诉讼传统与中国庭审方式》,北京大学出版社2005年版,第127～129页。

④ 周永坤:《诉权法理研究论纲》,《中国法学》2004年第5期。

⑤ 参见[日]松尾浩也:《日本刑事诉讼法》上卷,丁相顺译,中国人民大学出版社2005年版,第238～239页。

美法系，检察官与被告人均为刑事诉讼当事人，检察官并无基于公诉权而具有刑事诉讼中的特殊地位，因此并无讨论是否违背对抗制原则的必要。而在信奉职权主义的大陆法系，虽然检察官基于公诉权而具有刑事诉讼中的特殊地位，但是为防止公诉权的滥用，进而导致追诉方与被告人不平等的诉讼地位，大陆法系国家采取"武器装备平等原则"加以限制。[①] 可见，公诉权的行使不仅要考虑正义、公共利益的价值，也要受到"武器装备平等原则"的制约，因此认为公诉权是追诉犯罪的国家权力并不会违背刑事诉讼中的公平原则。

综上，我国主张刑事诉权理论的学者将公诉权的本质归属于诉权，而诉权是一种权利，那么必然得出公诉权也是一种权利的结论。然而，公诉权是国家行使追诉犯罪的权力，非基于正义、公共利益等因素考量不得任意放弃，公诉权的行使也并非基于公诉机关的意思自由。另外，我国有学者主张，公诉权虽为公权力，但仍具有诉权的本质属性，并且认为诉权理论是对抗制诉讼的基石。[②] 此种观点显然未能认识到诉权理论要解决的问题是"因何可以开启诉讼"，与对抗制等刑事诉讼规律完全无关。

（三）相关争议问题的责难

刑事诉权理论还可能受到来自刑事诉讼争议问题的责难，主要有以下几点：

1. 被追诉者侦查阶段权利问题

诉权理论无法正确分析侦查阶段被追诉者的权利问题。

有学者认为，刑事诉权亦存在于侦查阶段。[③] 虽然我国规定了被告人在侦查阶段也享有一系列权利，但是侦查活动严格地说是一种行政性质的活动[④]，并没有形成控辩审的诉讼结构。历史上辩护制度只适用于审判阶段，侦查中并无适用余地。在侦查阶段，检察官尚未对被告人提出正式的控诉，侦查结果也可能为不起诉。因此，侦查程序中并无如同审判中的两

① 参见[德]Claus Roxin：《德国刑事诉讼法》，吴丽琪译，（台湾）三民书局1998年版，第103页。

② 参见王新环：《公诉权原论》，中国人民公安大学出版社2006年版，第149～151页；陈瑞华：《刑事诉讼中的问题与主义》，中国人民大学出版社2013年版，第63页。

③ 参见李扬：《论国家诉权理论的导入对检察权的冲击与完善》，《法学评论》2014年第11期。

④ 参见徐静村、谢佑平：《刑事诉讼中的诉权初探》，《现代法学》1992年第1期。

造对立。[①] 即使在具有预审法官或治安法官的法国或者美国,对侦查活动的预审也并不具有刑事审判的公开、对抗等本质特征。既然侦查过程不具有审判性质,也就无法承认侦查阶段的被追诉人诉权。被追诉者在侦查阶段并不具有诉权,所以通过诉权理论无法得出侦查阶段辩护权、司法令状主义等诉讼制度。

"在侦查中赋予被告律师权,最主要的目的应在于保护被告,保护被告免于因为侦查阶段某些令人震慑的程序而作出非真实、非任意、非明智的陈述或重大决定……在审判程序中极为重要之'确保程序之公平性'或'当事人两造之对等',并非侦查中辩护制度之主要目的。"[②]侦查阶段的活动是一种行政活动,侧重于发现真相;而审判阶段的活动虽然也旨在发现真相,但是程序正当、权利保障依然是不可或缺的刑事诉讼价值。由于惧怕发现真相的价值吞噬一切,所以英美国家普遍实行司法令状主义,承认侦查阶段的辩护权。这种司法令状主义、侦查阶段辩护权是出于权力制衡、保护被追诉者权利、发现真实的考量,而非诉权理论可以解释。

亦有学者通过诉权理论得出被告人在侦查阶段不具有辩护权的结论。这种结论虽然将刑事诉权理论的逻辑贯彻到底,但是却得出了不恰当的结论[③],显然难以令人接受。

2.公诉方的自由裁量权问题

支持刑事诉权理论的学者认为,在刑事诉讼中引入诉权理论,还必须承认并扩大检察机关的起诉裁量权,因为诉权中的处分权就意味着检察机关从诉讼经济和提高效率的主旨出发,根据案件的具体情况可以作出不起诉的处分。对于酌定不起诉不应当仅仅限于轻罪,而且应当适用于重罪的免除处罚情节。[④] 然而,这种结论片面地强调公诉裁量权具有经济效率的一面,却忽视了公诉机关具有可能滥用权力的危险。

公诉裁量权的滥用主要表现为两个方面:一是滥用起诉权,即片面强调追诉犯罪的职责,对于不应当提起公诉、不能提起公诉或者可以不提起

---

① 参见王兆鹏:《美国刑事诉讼法》,北京大学出版社 2014 年版,第 370 页。

② 王兆鹏:《辩护权与诘问权》,华中科技大学出版社 2010 年版,第 73 页。

③ 参见徐静村、谢佑平:《刑事诉讼中的诉权初探》,《现代法学》1992 年第 1 期。

④ 参见汪建成、祁建建:《论诉权理论在刑事诉讼中的导入》,《中国法学》2002 年第 6 期。

公诉的案件，一味地强调提起公诉；二是滥用不起诉权，即对于应当或者必须提起公诉的案件，因为担心出现无罪判决甚至为了私下交易而以证据不足为由不予提起公诉。[①] 通过刑事诉权理论扩大酌定不起诉的范围并不会导致滥用起诉权，但是却有可能导致公诉机关权力寻租，滥用不起诉权。

我国刑事诉讼法对于公诉机关不起诉的裁量权主要通过两种方式进行限制：一是内部制约，即公安机关的复议权。《刑事诉讼法》第 179 条规定，对于公安机关移送起诉的案件，人民检察院决定不起诉的，应当将不起诉决定书送达公安机关。公安机关认为不起诉的决定有错误的时候，可以要求复议，如果意见不被接受，可以向上一级人民检察院申请复核。二是外部制约，即被害人的自诉权。《刑事诉讼法》第 180 条规定，对于有被害人的案件，决定不起诉的，人民检察院应当将不起诉决定书送达被害人。被害人如果不服，可以自收到决定书后七日以内向上一级人民检察院申诉，请求提起公诉。人民检察院应当将复查决定告知被害人。对人民检察院维持不起诉决定的，被害人可以向人民法院起诉。被害人也可以不经申诉，直接向人民法院起诉。人民法院受理案件后，人民检察院应当将案件材料移送人民法院。

然而，这两种方式并不能真正起到限制不起诉裁量权的作用。根据刑事诉讼法的规定，对于公安机关的复议决定权仍然掌握在检察机关内部，无法真正起到外部监督的作用；而被害人提起自诉虽然可以成功开启刑事诉讼程序，但是由于法律知识匮乏、证据障碍等原因，在运行层面被害人提起自诉的效果难以保证。富有的被害人可以聘用高水平的律师团队，进而弥补其法律知识的匮乏，增强其搜集证据的能力；而贫穷的被害人却只能寄希望于明察秋毫的法官，而自己却无能为力。换言之，通过被害人自诉权限制不起诉裁量权，无疑将产生财富的多寡决定刑事追诉效果优劣的不当现象，被害人自诉权实为形式上的限制，难以起到实质的限制作用。

与上述扩大公诉裁量权的观点相反，主张刑事诉权理论的学者亦有赞同限制公诉裁量权的观点："诉权是请求审判机关公正裁决之权；法律之所以赋予检察机关诉权，旨在通过其行使诉权，将案件事实（即权益争议）引

---

① 参见张智辉：《公诉权论》，《中国法学》2006 年第 6 期。

渡到审判机关面前,请求审判机关经过行使审判权,裁决国家、集体、个人的实体权益是否受到刑事侵害,是否有犯罪事实发生,是否应当适用刑罚。免予起诉本身是一种有罪结论,应当由审判机关作出,检察机关作出此种决定显然与诉权理论相违背。”[①]可见,对于同一问题,刑事诉权理论内部亦有分歧,难以调和。

综上所述,通过刑事诉权理论扩大公诉裁量权的观点并不具有现实意义,这种观点将使本就无法得到实质限制的不起诉权裁量权更加膨胀。另外,根据刑事诉权理论可以得出完全相反的结论,这也体现了刑事诉权理论的内部分歧和自身逻辑的矛盾。

3.公诉转自诉制度存废问题

持有诉权理论的学者认为,公诉转自诉制度从根本上否定了检察机关不起诉的效力,违背了起诉便宜主义的精神;而且由于被害人难以搜集证据,自诉制度在实践中也难以发挥实效。[②] 然而,起诉便宜主义与被害人自诉并不是互相冲突的制度,二者所侧重的刑事诉讼价值亦有不同。起诉便宜主义赋予公诉方起诉裁量权,是基于公共利益或者诉讼效率的价值;而被害人自诉制度则倾向于保护被害人请求赔偿的权利、尊重被害人复仇的心理。虽然在大多数情况下,公诉方的决定可以满足被害人的诉求,但是公诉方毕竟可能出于公共利益或诉讼效率的考虑而完全忽视被害人的正当诉求。因此自诉制度的存在为被害人正当权利得到救济提供了保障。换言之,自诉制度的存在使得被害人免受刑事司法的忽视,避免受到刑事司法机关的“二次侵害”,是起诉便宜主义的救济制度。

诚然,被害人搜集证据的能力不如专业的侦查机关和检察机关,但是并不能由此得出被害人自诉的权利应当被剥夺的结论。搜集证据能力与是否可以提起自诉并非同一问题:搜集证据的能力反映了被害人在自诉过程中的障碍,也起到了限制被害人滥诉、诬告的作用;而是否可以提起自诉则涉及被害人权利有无的问题。毫无疑问,当国家权力不足以保护或者国家权力不当侵害被害人权利时,应当肯定被害人有提起自诉以保障自己合理诉求的权利。申言之,搜集证据能力为权利行使问题,是否可以提起自

---

① 徐静村、谢佑平:《刑事诉讼中的诉权初探》,《现代法学》1992年第1期。

② 参见汪建成、祁建建:《论诉权理论在刑事诉讼中的导入》,《中国法学》2002年第6期。

诉则为权利有无问题。论者以权利行使困难而否定权利存在，本文实在难以赞同。

三、反思：民事诉权理论之流弊——诉权因果说

(一)诉权因果说

对于诉权与诉讼权利的关系，诉权因果说在我国占据通说地位。在我国，刑事诉权理论是从民事诉权理论导入而来，因此，上述刑事诉权与诉讼权利关系的误解必然是借用我国民事诉权理论而得出的结论。

关于民事诉权的本质，由于受到苏联诉权学说的影响，二元诉权说长期占据通说地位。自 20 世纪 80 年代中后期，我国学者开始质疑二元诉权说，进而主张一元诉权说。[①] 然而，主张二元诉权说或者一元诉权说的学者大部分都认为：诉权是诉讼程序以及当事人诉讼权利的基础；诉权的行使贯穿诉讼的全过程(审判阶段和执行阶段)；当事人所享有的各种诉讼权利共同构成诉权的整体内容；各种诉讼权利是诉权在不同诉讼阶段的不同表现形态。我国刑事诉讼法学者在引入民事诉权理论时，直接将民事诉权理论中诉权与诉讼权利的关系一并继受。在这种情况下，无论是民事诉权理论，还是刑事诉权理论，“诉权为因，诉讼权利为果”的诉权因果说均占据了统治地位。[②]

诉权因果说导致刑事诉权与诉讼权利的关系一直混淆不清，并且导致学界产生两种错误的认识倾向。有学者已经清楚地认识到：“一是两者被当成了整体与局部的关系。诉权与诉讼权利概念经常被混为一谈，尤其是

---

① 参见江伟等：《民事诉权研究》，法律出版社 2002 年版，第 44 页。

② 我国诉讼法学者有关诉权与诉讼权利关系的论述详见谭兵主编：《民事诉讼法学》，法律出版社 1997 年版，第 66 页；柴发邦主编：《中国民事诉讼法学》，中国人民公安大学出版社 1992 年版，第 280 页；李详琴：《论诉权保护》，《中国法学》1991 年第 2 期；刘荣军：《程序保障的理论视角》，法律出版社 1999 年版，第 256 页；王锡三：《民事诉讼法研究》，重庆大学出版社 1996 年版，第 141 页；周永坤：《诉权法理研究论纲》，《中国法学》2004 年第 5 期；徐静村、谢佑平：《刑事诉讼中的诉权初探》，《现代法学》1992 年第 1 期；汪建成、祁建建：《论诉权理论在刑事诉讼中的导入》，《中国法学》2002 年第 6 期；谭庆德等：《刑事诉权初探》，《净月学刊》2016 年第 4 期。值得注意的是，亦有学者基于大陆法系传统民事诉权理论提出，诉权是自诉讼外加以利用的效能，诉权是诉讼制度机能发生的原动力。诉权既非诉讼中某一阶段的权利，也非贯穿诉讼始终的权利，而是民事权益争议出现后的一种状态。参见江伟主编：《中国民事诉讼法专论》，中国政法大学出版社 1999 年版，第 20 页；刘辉：《被害人刑事诉权研究理论质评》，《中国刑事法杂志》2011 年第 3 期。

论及被害人权益保障时,以诉权的保护为旗帜,但制度构建时又置换为诉讼权利的保护。二是把两者当成内容与形式的关系。有论者坚持认为:‘刑事诉讼权利是刑事诉权的具体表现形式,刑事诉权是刑事诉讼当事人享有刑事诉讼权利的前提条件,只有享有刑事诉权的人才能成为刑事诉讼当事人,才能享有和行使具体的刑事诉讼权利。刑事诉讼权利由刑事诉权所派生,以刑事诉权为核心,是诉权在诉讼各个阶段的不同表现形态。’”[①]

(二)诉权因果说之检讨

刑事诉权理论在移植民事诉权理论的同时,也继承了民事诉权之流弊——诉权因果说。诉权因果说认为,“诉权为因,诉讼权利为果”,刑事诉权贯穿刑事诉讼程序始终。笔者认为,诉权因果说错误地理解了诉权与诉讼权利之意旨,刑事诉讼权利也不能均由诉权理论得出,刑事诉权贯穿诉讼程序始终的观点也值得商榷。下面笔者将具体阐述。

首先,刑事诉权与诉讼权利意旨不同。诉权理论旨在阐明诉讼法与实体法之间的关系,讨论诉讼程序因何得以开启;诉讼权利则主要调整诉讼运行机制或者维持诉讼程序正常运行。诉权因果说认为:诉权是指“提起诉讼和延续诉讼”的权利,诉讼权利是指“诉讼进行中”的权利。[②] 然而,“诉讼进行中”的权利当然包括使得诉讼正常进行或者使得诉讼得以终止的权利,而“延续诉讼”的权利则必然是指使得诉讼得以正常进行的权利。可以看出,“诉讼进行中”的权利与“延续诉讼”的权利是包含关系。质言之,“延续诉讼”的权利是一种诉讼权利而非诉权。

其次,刑事诉权与诉讼权利并非因果关系。若认为“诉权为因,诉讼权利为果”,那么必然要求一切诉讼权利都应当通过诉权理论推导得出。那么,刑事诉讼中是否存在与“提起诉讼和延续诉讼”无关的权利,并且是“诉讼进行中”的权利呢?例如,我国刑事诉讼法规定了检察官具有撤回公诉权。显而易见的是,撤回公诉权并不是旨在“提起诉讼和延续诉讼”,但却是公诉方在“诉讼进行中”的诉讼权利。因此,并非一切诉讼权利都可以通过诉权理论推导得出。事实上,诉权只是开启刑事诉讼的权利,与诉讼权利并无直接的因果联系。

---

① 刘辉:《被害人刑事诉权研究理论质评》,《中国刑事法杂志》2011年第3期。

② 参见周永坤:《诉权法理研究论纲》,《中国法学》2004年第5期。

再次，刑事诉权贯穿诉讼程序始终的观点有待商榷。若认为诉权在“延续诉讼”的面向上贯穿诉讼程序始终，那么根据之前的论述，贯穿诉讼程序始终的并非诉权，而是诉讼权利；若认为诉权在“提起诉讼”的面向上贯穿诉讼程序始终，那么公诉方将可以在诉讼程序进行中就同一事件再次向同一法院或非同一法院提起诉讼，此结论显然违反“一事不再理”原则，可能产生互相矛盾的裁判，动摇司法公信力。① 有力的观点是：“在起诉和受理阶段，诉权表现为起诉权；在要件审理阶段，诉权表现为获得实体裁判权。”②按照这种观点，的确可以说诉权是贯穿诉讼程序始终的权利。但是，此观点认为诉权为程序权利，与诉讼权利无涉，已经不是刑事诉权理论的诉权因果说。

综上所述，诉权与诉讼权利意旨并不相同，也并非因果关系，诉权亦不可能贯穿刑事诉讼程序始终。我国主张刑事诉权理论的学者之所以得出错误的结论，原因有二：一是未经考察即导入继承苏联的民事诉权理论。在苏联的多元诉权理论中，诉权理论从一开始就偏离了该理论的设置目的，是“诉讼工具论”的产物，也回避了诉讼法与实体法关系的讨论。因此，受到苏联诉权理论影响的我国诉讼法学者也未能意识到，诉权是自诉讼程序外加以利用的权能，与诉讼过程本身无涉。③ 二是希望通过引入刑事诉权理论，赋予诉讼当事人某些诉讼权利。④ 但是，这种认为只有享有刑事诉权的人，才能享有具体刑事诉讼权利的观点与刑事诉讼的实际并不相符。而且，此种认识限制了当事人诉讼权利（主要指被害人）的研究路径，被害人在刑事诉讼中的诉权缺失，是国家追诉主义垄断的必然结果，但这并不意味着被害人不具有刑事诉讼权利。此种认为刑事诉讼中当事人的诉讼权利必然来源于刑事诉权的观点，显然与诉权理论设立的目的背道而驰。

---

① 参见［日］三月章：《日本民事诉讼法》，汪一凡译，五南图书出版公司1997年版，第29页。

② 梁君瑜：《诉权概念的历史渊源与现代扩张》，《西部法学评论》2018年第1期。

③ 参见江伟等：《民事诉权研究》，法律出版社2005年版，第42页。

④ 在我国，晚近主张刑事诉权理论的学者，希望通过引入刑事诉权理论论述被害人当事人地位的合理性，进而给予被害人更多的诉讼权利。相关研究有陈少林、顾伟：《刑事诉权原论》，中国法制出版社2009年版；韩流：《被害人当事人地位的根据与限度——公诉程序中被害人诉权问题研究》，北京大学出版社2010年版。

四、修正:通过诉权要件的检验

(一)诉权要件的检验

刑事诉权理论的发展,无疑受到了民事诉权理论的影响。学者一般认为,民事诉讼与刑事诉讼本质上均为解决纠纷的方式,刑事诉讼虽与民事诉讼有许多不同之处,但是二者在本质上是相通的。因此,诉权理论也可以适用于刑事诉讼之中。不可否认,刑事诉权理论为解决刑事诉讼中的争议问题提供了一条全新的研究方法。然而,结论的正当并不是总能弥补手段的瑕疵,单纯的"拿来主义"亦有混淆概念、造成困惑的问题。

我国刑事诉讼法学者在引进民事诉讼诉权理论时,并未关注刑事诉权的本质。在现有刑事诉权理论研究中,只有对刑事诉权应然性的讨论,缺乏对刑事诉权识别标准、诉权实然性的研究,这导致了目前刑事诉权研究陷入空洞化。[①] 既然刑事诉权是民事诉权的导入性研究,而非自创体系,那么就应当接受民事诉权核心内涵的检验,通过此种检验也有助于澄清刑事诉权这一命题的真伪。

诉权并非天然的、客观的存在。国民要实际地拥有诉权,必须通过一定的中介,这类中介就是法律规定的诉权要件,是否具有诉权应当满足诉权的判断要件,不符合诉权要件就不能启动诉讼程序。大陆法系民事诉权理论一般认为,诉权要件应当包括当事人适格、诉的利益两个方面。[②] 我国的刑事诉权理论是通过民事诉权理论导入而来,并非自成体系,那么刑事诉权的存否亦应当通过诉权要件的检验来确定,而非想当然地得出结论。

(二)当事人适格要件

一般认为,诉权的第一个要件为当事人适格。当事人适格又称正当当事人,是指对于特定的诉讼,可以自己的名义成为当事人的资格。当事人适格或者正当当事人可分为两种:(1)实质的正当当事人,即实体法上的权利义务主体作为诉讼当事人;(2)形式的正当当事人,即非实体法上的权利义务主体,享有诉讼实施权的人。形式的正当当事人主要存在

---

① 参见刘辉:《被害人刑事诉权研究理论质评》,《中国刑事法杂志》2011年第3期。

② 采取不同的诉权学说诉权要件亦有不同。

于第三人诉讼担当的情形中，诉讼担当包括法定诉讼担当和任意诉讼担当两种。[①]

首先，在公诉案件中，公诉机关承担追诉犯罪、落实国家刑罚权的任务，因此公诉机关应当为实质的正当当事人。值得注意的是，1996年我国刑事诉讼法修改后，将被害人定义为刑事诉讼中的当事人，那么被害人在公诉案件中是否当然具有诉权意义上的当事人的地位？刑事公诉案件之所以由公诉机关启动刑事诉讼程序、行使追诉犯罪的权力，是因为一方面犯罪行为不仅侵害了公民的个人法益，也同时侵害了国家和社会的公共法益；另一方面，由国家公诉机关取代被害人追诉犯罪，可以防止报复主义的盛行，是刑事追诉理性的表现。可见，一般来说，在国家追诉原则下，被害人不具有实体法上追诉犯罪的权利，难以承认被害人在公诉案件中具有诉权意义上的当事人地位。然而，在自诉制度中，被害人承担开启诉讼、追诉犯罪的职责，故确实应当承认自诉制度中的被害人是实质的正当当事人。

其次，关于形式的正当当事人。在公诉案件中，检察官必须亲自代表国家开启诉讼、追诉犯罪，故不存在第三人代替检察官充当当事人的情形。因而，在公诉案件中不存在形式的正当当事人，公诉机关只能是实质的正当当事人。在自诉案件中，被害人可以委托诉讼代理人开启刑事诉讼，此时应当认为该诉讼代理人为形式的正当当事人(任意诉讼担当)。而当被害人因受到强制、威吓无法开启刑事诉讼，检察机关基于公共利益的考量替代被害人开启刑事诉讼时，则应当属于形式的正当当事人(法定诉讼担当)；而近亲属替代被害人开启刑事诉讼时，则应当认为仍属于形式的正当当事人中的任意诉讼担当情形。[②]

(三)诉的利益要件

对于公诉案件来说，公诉机关当然具有诉的利益(主要指公共利益)，这不言自明。在自诉案件中，被害人基于人身、自由或财产权利的损害也存在通过刑事诉讼救济权利的诉的利益。需要特别说明的是，形

---

① 参见江伟等:《民事诉权研究》，法律出版社2002年版，第177～179页。

② 《中华人民共和国刑法》第98条之规定:“如果被害人因受强制、威吓无法告诉的，人民检察院和被害人的近亲属也可以告诉。”

式的正当当事人本身并不具有诉的利益，而是基于委托关系或公共利益，代表被害人的利益以形式的正当当事人的身份提起诉讼。

最后，需要注意的是，正如前文所述，承认被害人刑事诉权仅仅意味着被害人可以自行开启刑事诉讼，而与刑事诉讼中的具体诉讼权利无涉。另外，值得警惕的是，被害人仅能实现自身法益的救济，无法代表国家和社会法益，因此在公诉案件中赋予被害人诉权意味着国家和社会受到侵害的法益难以救济，这未免走向了另一个极端。

五、结　论

我国主张刑事诉权理论的学者一方面试图通过刑事诉权理论解决刑事诉讼中的争议问题，另一方面则将诉讼当事人的诉讼权利保障寄希望于刑事诉权。然而，本文的论述已经表明刑事诉权理论在任何一方面都将无能为力。究其根本，刑事诉权理论在移植民事诉权理论的同时，也继承了民事诉权“诉权因果说”的流弊，故未能把握诉权理论所解决的根本问题——诉讼因何开启。此外，为了应对刑事诉权理论空洞化，还应该通过诉权要件进行检验。

诉权理论的导入或许为解决刑事诉讼争议问题提供了一个崭新的外部视角，但是当诉权理论适用于刑事诉讼出现了上述问题时，也就应当反思刑事诉权理论的合理性。另外，诉讼当事人的诉讼权利也并非只有通过刑事诉权理论才能得到保障。刑事司法中的公诉权、审判权本质上均为国家权力，而根据社会契约论的观点，国家权力来自公民权利的让渡。既然如此，诉讼当事人(如被害人)当然有权利要求公诉机关、审判机关合理考虑其诉求，将“合理考虑诉求”进行制度化的结果就必然是赋予诉讼当事人充足的诉讼权利。

总之，刑事诉权理论在方法论层面上具有相当程度的创新，而在应用层面则产生了削足适履的不适之感。依笔者观点，刑事诉权理论只能解决诉讼因何开启的问题，尚不能为当事人诉讼权利、诉讼争议问题等提供有效的解决方案。然而，本文修正后的刑事诉权理论也仅仅是厘清了诉权的判断标准，避免了相关概念的淆乱，可能为一些争议问题提供了解决路径。退一步言之，本文保守地认为即便是对刑事诉权理论进行

“重构”，鉴于其逻辑起点差谬、内部不自洽等固有弊端，其仍难以承担起赋予当事人诉讼权利、解决诉讼争议问题的重任。故此，本文认为，在这个意义上，刑事诉权理论存在的必要性就值得商榷了。

论我国辩护律师对侦查讯问录音录像的阅卷权

周玉洁*

摘要 侦查讯问录音录像制度具有防止犯罪嫌疑人翻供和防止侦查人员刑讯逼供的双重功能。我国2012年《刑事诉讼法》正式以立法形式确立了侦查讯问录音录像制度,但是并未对其证据属性作出规定,也没有确立相应的配套制度,再加上辩护律师"阅卷难"固有现状的影响,辩护律师对侦查讯问录音录像的阅卷权面临一系列困境。赋予辩护律师对侦查讯问录音录像的阅卷权,对于整个刑事诉讼活动来说,具有重要的理论和实务价值。因此,现阶段我国有必要采取明确侦查讯问录音录像的证据属性、确立随案移送制度、明确阅卷范围、革新阅卷方式以及确立侵权救济机制等措施来完善我国辩护律师对于侦查录音录像的阅卷权,确保其走出当前困境。

关键词 侦查讯问录音录像;证据属性;阅卷权;辩护律师

* 周玉洁,女,山东大学法学院2017级法学硕士研究生,研究方向为刑事诉讼法。

一、引　言

侦查讯问录音录像制度起源于英国[①]，它具有双重保障功能：不仅能够形成对辩护方权利的有效保障，而且还能形成对侦查人员自身侦查行为合法性的有效证明。[②] 20 世纪 90 年代末，公安部和最高人民检察院通过内部程序规定，将该制度引入国内。[③] 在长期探索和实践的基础上，2012 年《刑事诉讼法》第 121 条（2018 年修正后的《刑事诉讼法》第 123 条）[④]正式确立了我国的侦查讯问录音录像制度。该制度的确立对于防止侦查人员刑讯逼供、防范冤假错案的出现具有积极的意义，但正如安德鲁·卡门所说，在理论转变为实践的时候，每一个转折点都会出现棘手的问题。

由于我国法律规定的笼统模糊，并没有对侦查讯问录音录像的证据属性以及相应的配套制度作出规定，导致在司法实践中控辩审三方对侦查讯问录音录像制度的适用各执己见，由此产生一系列问题。而辩护律师对侦查讯问录音录像是否具有阅卷权就属于其中较为棘手的问题。虽然《刑事诉讼法》第 40 条[⑤]规定了辩护律师自人民检察院审查起诉之日起享有阅卷权，但是在阅卷时间、阅卷范围、阅卷地点和方式的规定上较为粗略，"阅卷难"成为司法实践中辩护律师阅卷的现状，况且对于侦查讯问录音录像，法律和司法解释并没有对其证据属性问题以及辩护律师能否对其享有阅卷权作出规定，这使得律师对于侦查讯问录音录像的阅卷在司法实践

---

① 英国于 1988 年通过了《警察与刑事证据法守则 E》（简称为《守则 E》），即《会见嫌疑人录音操作守则》，正式从立法上确立了讯问录音制度。2002 年，英国又通过了《警察与刑事证据法守则 F》（简称为《守则 F》），即《会见嫌疑人有声录像操作守则》，正式确立了讯问录像制度，2004 年，英国对《守则 F》进行了修订，完善了讯问录像的程序规则。John Baldwin, "The Police and Tape Recorders", *The Criminal Law Review*, vol. 11, no. 3 (June 2007), p. 696. 转引自中国政法大学刑事法律研究中心编译：《英国刑事诉讼法》，中国政法大学出版社 2010 年版，第 493 页。

② Mike Ma Conville, "Videotaping Interrogation: Police Behavior on and off Camra", *The Criminal Law Review*, vol. 103, no. 4 (April 1992), pp. 199-215.

③ 参见谢小剑、颜翔：《论同步录音录像的口供功能》，《证据科学》2014 年第 2 期。

④ 《刑事诉讼法》（2018 年修正）第 123 条规定：侦查人员在讯问犯罪嫌疑人的时候，可以对讯问过程进行录音或者录像；对于可能判处无期徒刑、死刑的案件，应当对讯问过程进行录音或者录像。录音或者录像应当全程进行，保持完整性。

⑤ 《刑事诉讼法》（2018 修正）第 40 条规定：辩护律师自人民检察院对案件审查起诉之日起，可以查阅、摘抄、复制本案的案卷材料。其他辩护人经人民法院、人民检察院许可，也可以查阅、摘抄、复制上述材料。

中更难上加难。

正因如此,才会产生最高人民法院和最高人民检察院对于“辩护律师是否享有对侦查讯问录音录像阅卷权”这一问题的批复。针对该问题,2013年广东省高级人民法院向最高人民法院请示,2014年上海市人民检察院向最高人民检察院请示,最高法和最高检分别作出批复,但是两者的批复却存在矛盾之处。最高法的批复肯定了辩护律师在审判阶段享有对侦查讯问录音录像的阅卷权,但提出了一定的限制条件,即“公诉机关已经将侦查讯问录音录像作为证据材料移送至人民法院并在庭审中播放,且不属于依法不能公开的材料的”①。最高检则完全否定了侦查讯问录音录像的证据属性和辩护律师对其享有的阅卷权,其认为讯问录音录像不属于案卷材料:在审查起诉阶段,辩护人提供相关线索或者材料申请排除以非法方法收集的证据的,可以在人民检察院查看(听)相关的录音录像;在人民法院审判阶段,人民法院可以调取讯问录音录像,但辩护律师无权自行查阅、复制。② 通过比较分析,我们可以看到两者的矛盾之处在于:第一,最高法认为讯问录音录像属于案卷材料可以作为证据使用,而最高检则认为录音录像属于案卷材料之外的其他与案件相关的材料,直接否定了其证据属性。第二,最高法赋予了辩护律师在审判阶段对讯问录音录像不完全的阅卷权,但是对未随案移送的讯问录音录像律师能否直接查阅或复制等未作规定,最高检则直接否认了辩护律师对讯问录音录像的阅卷权。③

两高批复的矛盾之处使得司法实践上对这一问题的处理更为混乱,有

---

① 最高人民法院在对广东省高级人民法院《关于辩护律师能否复制侦查机关讯问录像问题的批复》(2013年9月22日[2013]刑他字第239号)中规定:“你院请示的案件,侦查机关对被告人的讯问录音录像已经作为证据材料向人民法院移送并已在庭审中播放,不属于依法不能公开的材料,在辩护律师提出要求复制有关录音录像的情况下,应当准许。”以下简称《最高法批复》。

② 最高人民检察院政策研究室在对上海市人民检察院政策研究室《关于辩护人要求查阅、复制讯问录音、录像如何处理的答复》中规定:“讯问犯罪嫌疑人录音、录像不是诉讼文书和证据材料,属于案卷材料之外的其他与案件有关的材料,辩护人未经许可,无权查阅、复制。”“在人民法院审判阶段,人民法院调取讯问犯罪嫌疑人录音、录像的,人民检察院应当将讯问录音、录像移送人民法院。必要时,公诉人可以提请法庭当庭播放相关时段的录音、录像。但辩护人无权自行查阅、复制讯问犯罪嫌疑人录音、录像。”以下简称《最高检批复》。

③ 彭俊磊、张新凯:《论辩护律师的阅卷权》,《云南警官学院学报》2018年第3期。

些地区已明确表示辩护律师对于侦查讯问录音录像没有阅卷权[①]，而有些地区规定律师仅仅享有对于侦查讯问录音录像的查阅权而不能进行复制……各个地区混乱的规定导致控辩双方争议一直不断，辩方无法通过查阅录音录像去了解侦查人员是否存在刑讯逼供等非法讯问等行为，其辩护权的行使就大打折扣。因此，赋予辩护律师对侦查讯问录音录像的阅卷权对于发挥整个侦查讯问录音录像制度的人权保障和打击犯罪的功能应当具有重要意义。

本文通过深入分析辩护律师目前对侦查讯问录音录像阅卷困难的成因，并指出赋予辩护律师对侦查讯问录音录像的阅卷权的重要意义所在，以期待能够找到完善律师的阅卷权乃至整个讯问录音录像制度的途径，解决当前立法上和司法实践中所面临的困境。

二、辩护律师对侦查讯问录音录像阅卷困境的成因分析

造成两高批复不一致、司法实践上适用混乱的状况，归根结底还是因为法律对于侦查讯问录音录像规定的笼统和模糊，但到底还需作出哪些细化的规定来弥补法律上的空白和漏洞，这就要求我们对造成阅卷困境的成因进行详细分析，以便能够完善法律规定、建立相应的配套制度来保障辩护律师对侦查讯问录音录像的阅卷权。

（一）法律未明确规定侦查讯问录音录像的证据属性

侦查讯问录音录像证据属性的规定不明确，是造成辩护律师阅卷困境的根本原因。如果讯问录音录像具有独立的证据资格，在诉讼过程中就可能会面临移送以及辩护律师的查阅、复制、播放的问题，如果讯问录音录像仅仅作为侦查机关内部监督讯问的手段，则检察机关就可以决定是否移送法院，是否允许辩护律师查阅、复制以及是否在法庭上播放。根据《刑事诉讼法》第 40 条，辩护律师阅卷权的范围是案卷材料。而根据《人民检察院刑事诉讼规则（试行）》（以下简称《高检规则》）第 47 条第 2 款的规定，案卷

---

① 例如，江苏省高级人民法院、检察院、公安厅和司法厅于 2014 年 7 月联合发布的《关于律师刑事辩护若干问题的会议纪要》第 21 条的规定，浙江省高级人民法院、检察院于 2013 年 11 月联合发布的《关于办理职务犯罪案件调取、查阅侦查讯问同步录音录像的若干意见》第 8 条的规定，都明确否定了律师对于侦查讯问录音录像的阅卷权。

材料包括案件的诉讼文书和证据材料。因此只有确定了侦查讯问录音录像属于证据材料,辩护律师对其行使阅卷权也就具有了正当依据。但是对于侦查讯问录音录像是否属于证据材料,刑事诉讼法却并未作出明确的规定,两高的批复也存在矛盾,这就直接导致了相关规定和司法实践中对于辩护律师是否享有阅卷权的争议。

那么,侦查讯问录音录像是否属于证据呢?两高给出了矛盾的答复,我国司法理论界和实务界也存在三种不同的观点。第一种观点否定了讯问录音录像的证据属性,认为讯问录音录像是侦查机关内部监督讯问的一种手段,所能证明的仅仅是讯问的过程,而不能证明案件事实。根据《刑事诉讼法》第 50 条第 1 款[①]关于证据定义的规定,证据必须用以证明"案件事实",因此它不属于证据。[②] 第二种观点肯定了讯问录音录像的证据属性,但是对其作为证据使用的范围作了限缩,即讯问录音录像只能作为证明侦查机关讯问过程合法性的证据,而不能用于证明犯罪事实。这种观点认为讯问笔录作为法定的证据种类已经很好地固定了犯罪嫌疑人的口供,证明了犯罪事实[③],那么侦查讯问录音录像就不必再重复此功能[④]。第三种观点认为侦查讯问录音录像不仅客观记录了侦查中讯问的过程,而且它比讯问笔录更加全面、客观地记录了案件事实,因此它既可以作为证明讯问过程合法性的证据,也可以用来证明犯罪嫌疑人涉嫌的犯罪事实。[⑤]

笔者赞同第三种观点。首先,从《刑事诉讼法》第 50 条对于证据的定义来看,一项材料要想成为证据,必须载明证据事实,且该证据事实与案件事实之间要有关联性。因此,我们应当先确定案件事实的范围,之后才可以判断该项材料载明的证据事实是否与案件事实相关。根据证据法基本理论,案件事实包括实体性犯罪事实(包括直接事实、间接事实和辅助事实[⑥])、程序性

---

① 《刑事诉讼法》第 50 条:可以用于证明案件事实的材料,都是证据。

② 参见王彪:《讯问录音录像的若干证据法问题研究》,《法律适用》2016 年第 2 期。

③ 参见张军、姜伟、田文昌:《新控辩审三人谈》,北京大学出版社 2014 年版,第 48 页。

④ 参见高嘉蓬:《准确理解录音录像的法律属性》,《检察日报》2014 年 3 月 23 日。

⑤ 参见赵培显:《侦查讯问录音录像的证据效力与适用》,《人民检察》2014 年第 5 期。

⑥ 所谓直接事实,是指可以直接证明特定案件指控犯罪成立与否的事实(如目击证人的证言)。所谓间接事实,是指可能得凭之以推论直接事实的事实(如犯罪嫌疑人在现场留下了毛发对于其杀人而言是间接事实)。所谓辅助事实,即以某证据的证明力为对象的事实。参见林钰雄:《刑事诉讼法》上册,元照出版有限公司 2013 年版,第 479~480 页。

事实以及兼具实体与程序的事实(如刑事责任年龄等)。[①] 而侦查讯问录音录像所载明的证据事实主要有三类:侦查机关讯问的过程(包括讯问的方式和手段)、犯罪嫌疑人的供述与辩解、犯罪嫌疑人作为证人陈述的其他犯罪嫌疑人的犯罪事实。其中侦查机关讯问过程的证据事实可以用来证明讯问过程的合法性,与案件事实中的程序性事实具有关联性;侦查讯问录音录像中体现的犯罪嫌疑人的供述与辩解则能够直接证明犯罪事实,即与直接事实具有关联性;而作为证人证言揭露的他人的犯罪行为也能够直接证明他人的犯罪事实。因此,应当全面肯定侦查讯问录音录像的证据属性。其次,对于有些学者"讯问笔录已经很好地发挥口供固定作用从而证明犯罪事实,侦查讯问录音录像无须再重复此功能"的观点,笔者认为,侦查讯问录音录像是科技发展的产物,相对于传统的讯问笔录,它更加客观,能够更加准确真实地反映犯罪嫌疑人的口供,证明效果更好,因此我们应该紧跟时代发展的步伐,不要局限于传统证据思维,敢于接受新的证据形式,肯定侦查讯问录音录像对于犯罪事实的证明作用。[②]

(二)未确立侦查讯问录音录像的随案移送制度

确立侦查讯问录音录像随案移送制度,是保障辩护律师行使对讯问录音录像阅卷权的前提条件。根据《刑事诉讼法》第 40 条的规定,辩护律师享有阅卷权的时间自案卷材料移送审查起诉之日起。如果侦查机关不将自己制作的录音录像移送至检察院,那么除非特定情形下法院、检察院调取侦查讯问录音录像,否则辩护律师无从查阅。

然而,我国刑事诉讼法并没有确立侦查讯问录音录像的随案移送制度。侦查讯问录音录像的移送包括侦查机关向检察院的移送以及检察院向法院的移送两个阶段。[③] 在侦查机关向检察院移送材料阶段:根据《高检规则》第 73 条[④],在提请批捕、移送审查起诉时,公安机关并不需要将录

---

① 参见林钰雄:《刑事诉讼法》上册,元照出版有限公司 2013 年版,第 479～480 页。

② 参见朱孝清:《讯问录音录像三题》,《人民检察》2014 年第 12 期。

③ 参见李波:《侦查讯问录音录像制度研究》,山东大学硕士学位论文,2016 年。

④ 《高检规则》第 73 条规定:对于公安机关立案侦查的案件,存在下列情形之一的,人民检察院在审查逮捕、审查起诉和审判阶段,可以调取公安机关讯问犯罪嫌疑人的录音、录像,对证据收集的合法性以及犯罪嫌疑人、被告人供述的真实性进行审查……人民检察院直接受理立案侦查的案件,侦查部门移送审查逮捕、审查起诉时,应当将讯问录音、录像连同案卷材料一并移送审查。

音录像资料随案移送检察院。在可能存在非法取证行为时,检察院可以向公安机关调取相关的录音录像资料。检察机关的自侦案件,侦查部门应当将录音录像资料连同案卷材料一并移送审查,但这只是检察机关内部部门之间的随案移送,并不涉及其他机关。需要注意的是,根据最新修正的《刑事诉讼法》和《监察法》的规定,原本由检察院自行侦查的部分职务犯罪案件已经划归监察委调查。而根据《监察法》第41条第2款的规定,“调查人员进行讯问以及搜查、查封、扣押等重要取证工作,应当对全过程进行录音录像,留存备查”,说明监察法并未将录音录像视为证据,其只是为了“留存备查”,那么也就不会随同其他证据移送到检察院。在检察院向人民法院移送材料阶段,根据《高检规则》第74条①,检察机关提起公诉时,并非必须随案移送录音录像资料。在被告人及其辩护人提出非法证据排除申请时,检察院可以将录音录像资料移送法院。“可以”一词的使用,表明人民检察院针对被告人及其辩护人的移送申请具有自主决定权。

由此可见,相关法律并未强制侦查讯问录音录像的随案移送,在司法实践中法院、检察院也不会强制要求随案移送,侦查机关基于自身角度的考量,往往更会趋利避害,将讯问录音录像视为自己的内部资料,拒绝随案移送。② 这就导致侦查讯问录音录像制度形同虚设,极有可能异化为侦查机关自我保护以及侦查讯问的技术性辅助手段,辩护律师行使自己的阅卷权“难上加难”。

应当注意,随案移送侦查讯问录音录像是基本要求,但这并不意味着所有的案件都要随案移送,还要考虑司法成本和效率的问题。在当前“案多人少”的压力下,如果控辩双方对于犯罪事实以及讯问的合法性无争议,那么作为证据移送的录音录像,办案人员也不会仔细查看,这样就会增加司法成本,浪费司法资源,况且侦查讯问录音录像的制作要求全程性、完整性,如果强制要求办案人员查看则会浪费司法时间,不利于提升诉讼效率。所以,笔者认为应当根据案件的具体情况设立侦查讯问录音录像随案移送

---

① 该条规定:对于提起公诉的案件,被告人及其辩护人提出审前供述系非法取得,并提供相关线索或者材料的,人民检察院可以将讯问录音、录像连同案卷材料一并移送人民法院。

② 参见朱自强:《同步录音录像资料随案移送研究》,《江西警察学院学报》2016年第4期。

制度的分流机制，实行差异化的随案移送制度[①]，具体措施在后文中笔者会详述。

（三）侦查讯问录音录像自身具有涉密性等特征

侦查讯问录音录像自身具备的涉密性等特征，往往成为辩护律师行使阅卷权的技术障碍。侦查讯问录音录像不同于一般的证据材料，它具有特殊性：侦查讯问录音录像往往包含侦查机关的讯问策略和犯罪嫌疑人的犯罪线索，极有可能涉及国家秘密、商业秘密和个人隐私。侦查机关通常以讯问录音录像涉密为由拒绝辩护律师的阅卷申请，而检察院作为控方在法庭播放讯问录像时往往也会以涉密为由采取“选择性播放”的方式。[②] 譬如在被媒体誉为“全国非法证据排除第一案”的章某受贿案件中，检察机关就曾以讯问录音录像涉及国家秘密为由拒绝辩方要求播放全部录音录像的要求。[③]

这不仅阻碍了辩护律师对侦查讯问录音录像的知悉和阅卷权，甚至使得侦查讯问录音录像制度本身成为侦查机关进行刑讯逼供的保护伞。[④] 控方完全可以选择只播放对侦查机关有利的部分，而涉及非法讯问的部分则以涉密为借口拒绝辩护方的查阅、观看，这严重违背了讯问录音录像制度的立法初衷，不仅不能保障犯罪嫌疑人的基本权利，更不利于侦破犯罪从而实现案件的真正公正。笔者认为，当侦查讯问录像涉及国家秘密、案件线索时，辩护律师行使阅卷权是会带来一定的法律风险。但事物具有两面性，以涉密性为由拒绝其阅卷所带来的弊端远远大于其带来的风险，与其让整个侦查讯问录音录像制度倾塌，倒不如直面这些风险，毕竟风险是可以调控的，可以对辩护律师对讯问录音录像的阅卷权采取一定的约束措施来降低风险（下文详述）。因此，侦查讯问录音录像制度的涉密性不应当成为辩护律师行使阅卷权的技术障碍。

---

① 参见秦宗文：《讯问录音录像的功能定位：从自律工具到最佳证据》，《法学家》2018 年第 5 期。

② 参见王超：《全程录音录像制度的功能异化》，《华中科技大学学报（社会科学版）》2014 年第 1 期。

③ 参见岳耀勇、银剑：《案件真相如何，行贿人出庭作证》，《检察日报》2012 年 7 月 19 日；龙婧：《全国首例非法证据排除案的意义与价值：“规则”背后的权力再分配》，《时代周报》2011 年第 35 期。

④ 参见毛立新：《侦查讯问录音录像制度缘何异化》，《财经》2014 年第 14 期。

(四)辩护律师阅卷权的行使本身具有局限性

辩护律师阅卷权行使本身的局限性,是造成其对侦查讯问录音录像阅卷困境的重要因素。试想,如若辩护律师对于普通的案卷材料都查阅困难,那么又如何保障其对于侦查讯问录音录像这一特殊证据材料的阅卷权呢?一直以来,"阅卷难"始终是辩护律师行使辩护权的障碍,为解决这一难题,2012年《刑事诉讼法》第38条(2018年修正后第40条)对辩护律师享有的阅卷权作出了修改和完善,扩大了律师的阅卷范围。2014年最高检《关于依法保障律师执业权利的规定》第14条规定律师阅卷的次数和时间不再受到限制。毋庸置疑,这些举措为辩护律师阅卷权的行使提供了便利,一定程度上缓解了律师的"阅卷难"问题,但大部分措施仅仅停留在理论层面,在司法实践的运用上,律师行使阅卷权依然面临重重阻碍。

比如,从阅卷范围来看,2012年《刑事诉讼法》将辩护律师阅卷权的范围扩大到全部案卷材料。《高检规则》第47条把"案卷材料"解释为诉讼文书和证据材料。但是对于"证据材料"的范围,最高法和最高检的理解并不相同,这直接反映在侦查讯问录音录像的问题上,前述两高作出的不同批复就体现了这点。究其原因,还是受到自身诉讼利益的影响,检察机关作为控方往往会把一些暴露自身问题、影响诉讼目的实现的证据材料以不需要作为证据材料在诉讼中使用为由,不把它归入诉讼卷,甚至直接认为其不是证据材料而是其他材料,不准律师查阅、复制和摘抄。但法院相对中立,会考虑到辩护方的利益诉求,并且结合自身的审判利益,在案件能够获得更加公正审判结果的情况下,扩大证据材料的范围。也因如此,在司法实践中,辩护方基于自己的立场往往会尽可能扩大案卷材料的范围。比如有些律师认为,案卷材料的内容应当包括但不限于法定的八类证据和诉讼文书,它的范围更为广泛:凡是在刑事诉讼过程中产生的材料(如侦查讯问录音录像),只要客观上与案件相关、能够证明案件事实,即使不属于法定的八类证据,也都应当允许辩护律师在审查起诉阶段及时、全面查阅,而不能由检察机关先期进行排除。至于相关材料是否运用于庭审中,属于控辩双方各自的情势判断,律师的阅卷范围不应受到影响。[①] 因此应当在立法

---

① 参见胡炽:《辩护律师阅卷权实证研究》,西南政法大学硕士学位论文,2015年。

中明确辩护律师查阅的案卷材料的范围，避免控辩审三方各抒己见、司法实践混乱的情况。

从阅卷方式上来看，侦查讯问录音录像不同于普通的案卷材料，它通常以光盘等电子介质形式贮存下来，具有易更改、易剪辑、易复制等特点。因此在司法实践中，检察机关对该类材料的保存与处理更为谨慎，即使在有些允许辩护律师查阅侦查讯问录音录像的地区，也并不允许辩护律师对其进行复制。另外侦查讯问录音录像应当录音和录像同步进行，即作为一项完整的证据材料，它既要有声音还要有画面，辩护律师在进行查阅时不仅根据画面来判断犯罪嫌疑人是否受到侦查人员的殴打、虐待等暴力行为，也要根据声音察看犯罪嫌疑然是否受到威胁、引诱等非法讯问，最后辩护律师根据个人经验推断出侦查讯问是否合法、犯罪嫌疑人的供述是否自主。所以侦查讯问录音录像的阅卷方式应当不同于传统案卷材料的阅卷方式，尤其在大数据法律时代到来之际，仅仅采用传统的查阅、复制、摘抄的阅卷方式[①]往往会阻碍律师对于侦查讯问录音录像的阅卷权行使。

在权利保障方面，刑事诉讼法并没有采取一定措施来保障辩护律师的阅卷权，并未规定对侵害辩护律师阅卷权的行为的惩戒机制，虽然 2015 年两院三部《关于依法保障律师执业权利的规定》第 41 条、42 条对办案机关侵犯辩护律师阅卷权后，辩护律师如何救济作了规定[②]，但是该救济机制带有浓厚的行政色彩，过于传统，在实践中操作起来没有实际效果。[③] 缺乏有效的权利救济机制和侵权惩戒机制，导致在司法实践中，检察院和法院及其工作人员经常不提供案卷材料或者仅仅提供犯罪嫌疑人有罪抑或不利于犯罪嫌疑人的案卷材料供辩护律师查阅，这严重侵犯了刑事辩护律

---

① 虽然近年来为保障律师的阅卷权，电子阅卷系统的应用也被提上了改革的日程，但是改革的力度并不大。在司法实践中尤其是在一些偏远并不发达地区的法院、检察院，技术较为落后，辩护律师因自身习惯或者被法院、检察院硬性要求采用拍照或者复印的方式阅卷的现象也屡见不鲜。

② 2015 年最高人民法院、最高人民检察院、公安部、国家安全部、司法部印发的《关于依法保障律师执业权利的规定》第 41 条规定：律师认为办案机关及其工作人员明显违反法律规定，侵犯律师执业权利的，可以向该办案机关或者其上一级机关投诉；办案机关应当畅通律师反映问题和投诉的渠道，明确专门部门负责处理律师投诉，并公开联系方式；办案机关应当对律师的投诉及时调查，经调查情况属实的，应当依法立即纠正，并将处理情况通报其所在地司法行政机关或者所属的律师协会。

③ 参见陈瑞华：《论被告人的阅卷权》，《当代法学》2013 年第 3 期。

师阅卷权,是造成辩护律师“阅卷难”的重要因素。

三、赋予辩护律师对侦查讯问录音录像阅卷权的价值分析

目前,通过立法方式赋予辩护律师对侦查讯问录音录像的阅卷权绝非易事。既然在司法实践中有些地区已经完全否定这项权利,为什么我们不能借鉴其经验,而非要反其道而行——赋予辩护律师阅卷权呢?这是由于辩护律师对讯问录音录像的阅卷权具有重大的实务和理论价值,它不仅能够实现侦查讯问录音录像的双重保障功能,对于整个刑事诉讼活动也具有重要的意义。

正是因为法律并未明确赋予辩护律师对侦查讯问录音录像的阅卷权,在司法实践中才会产生太多引起公众热议的不公平案件。譬如,广西黎某一案中,黎某家属坚持认为黎某是受到刑讯逼供才惨死在看守所,办案机关以及针对这一事件成立的调查组都坚称不存在刑讯逼供的情况,并声称有录像为证,然而却拒绝向死者家属提供录像带。但是一年后,与黎某同一监舍的黄某在被执行死刑前却揭露黎某确实死于虐待。[①] 由此可见,没有辩护方的有效参与和监督,讯问录音录像的功能将大打折扣。而类似不公正案例在司法实践中却比比皆是[②],如果立法上再不对辩护律师侦查讯问录音录像的阅卷权提供保障,不仅不利于辩护方提出具有针对性的辩护策略来维护被告人的权利,而且影响公众对于裁判结果的信服,不利于提升司法公信力。因此,通过立法或者司法解释赋予辩护律师阅卷权,对于整个刑事诉讼活动来说,具有重要的理论和实务价值。

(一)保障人权,实现侦查讯问录音录像的双重保障功能

我国引进侦查讯问录音录像制度最初的目的是固定讯问笔录、查清犯

---

① 参见潘晓凌:《死刑犯刑前检举:“死于虐待”》,《南方周末》2008年11月6日。转引自瓮怡洁:《英国的讯问同步录音录像制度及对我国的启示》,《现代法学》2010年第3期。

② 例如,鄂州市民政局原局长廖来生贪污受贿一案中,廖来生在法庭审理中推翻自己之前的供述,坚称自己受到了刑讯逼供,但辩护律师并未查阅到完整的讯问录音录像材料;广西壮族自治区高级人民法院审理的一起大米走私案件中,8名被告人在法庭均辩称受到刑讯逼供,同样的辩护律师因为无权查阅讯问录音录像并不能很好地提出辩护策略。参见瓮怡洁:《英国的讯问同步录音录像制度及对我国的启示》,《现代法学》2010年第3期。

罪事实、防止犯罪嫌疑人诬告侦查人员或者在法庭上翻供。[①] 但是随着人权保障理念在我国的不断成熟与发展,以及近年来内蒙古呼格吉勒图案、念斌案、赵作海案等一系列冤假错案日益引起群众对冤假错案背后的刑讯逼供的关注,2012 年《刑事诉讼法》规定侦查讯问录音录像的主要目的在于防止刑讯逼供等非法讯问行为的发生,保障犯罪嫌疑人的权利。[②] 因此,侦查讯问录音录像制度其实是具有双重功能的,而这双重功能完全符合我国惩罚犯罪与保障人权相统一的刑事诉讼目的。[③]

赋予辩护律师侦查讯问录音录像的阅卷权,一方面辩护律师通过全面查阅、复制侦查讯问录音录像,才能全面了解案情,提出具有针对性的辩护策略,从而更好地维护犯罪嫌疑人的基本权利;另一方面,辩护律师通过阅卷,对于犯罪嫌疑人或者被告人提出自己遭遇到刑讯逼供的情况进行客观、全面地了解,对于侦查人员或者检察人员存在非法讯问的情况通过非法证据予以排除,而若侦查人员属于合法讯问,辩护律师则可以告诫犯罪嫌疑人诬告和翻供的法律后果,保护合法讯问的侦查人员。因此,赋予辩护律师阅卷权,有利于实现尊重与保障人权的理念,实现侦查讯问录音录像制度的双重保障功能,从而实现刑事诉讼的目的与价值。

(二)促进控辩平衡,实现实体公正和程序公正

刑事诉讼程序运行的关键在于刑事诉讼结构,在刑事诉讼结构中,保证控辩双方之间的平衡对程序公正和实体公正有着重要的作用。

首先,赋予辩护律师对侦查讯问录音录像的阅卷权,有利于实现刑事诉讼中控辩双方平等对抗的实质化,实现程序公正。我国 1996 年《刑事诉讼法》引入控辩双方平等对抗的新型诉讼结构,2012 年新修订的《刑事诉讼法》更是将这种诉讼结构向前推进了一大步。[④] 尤其是目前所倡导的"以审判为中心"的刑事诉讼制度改革,更是使得控辩双方平等对抗的雏形

① 讯问录音录像以文本的形式最早规定在 2005 年最高人民检察院发布的《人民检察院讯问职务犯罪嫌疑人实行全程同步录音录像的规定(试行)》中。参见王戬:《论同步录音录像扩大适用的证据困惑与障碍破除》,《政治与法律》2013 年第 1 期。

② 参见李波:《侦查讯问录音录像制度研究》,山东大学硕士学位论文,2016 年。

③ 参见宋英辉:《刑事诉讼法学研究述评》,北京师范大学出版社 2008 年版,第 15 页。

④ 参见宋英辉、刘广三、何挺:《刑事诉讼法修改的历史梳理与阐释》,北京大学出版社 2014 年版,第 66 页。

在我国人民法院审判阶段基本确立。[①] 但是,控辩双方在庭审中的"平等对抗"应当以刑事诉讼任何一个阶段控辩双方的"平等武装"为前提。如果不赋予辩护律师对侦查讯问录音录像的阅卷权,在审查起诉阶段,控方则会完全掌握讯问录音录像而占据优势地位,这明显违背了控辩双方"平等武装"的原则。如果没有审查起诉阶段的"平等武装",人民法院审判阶段的平等对抗也将徒具形式外表,不具有实质意义。[②]

其次,辩护律师阅卷权的保障力度,关乎着控辩双方的对抗状态,也直接影响着案件的结果,影响实体公正的实现。[③] 辩护律师在审查起诉阶段通过查阅、复制讯问录音录像,可以发现有利于被追诉人无罪或者罪轻的各种证据,制定针对性的辩护策略,并将其作为辩护证据提交法庭,这将有利于遏制检察机关的"选择性播放策略",帮助法官全面查清案件事实,从而作出正确的裁判,实现实体公正。

(三)提高诉讼效率,节省司法资源

公正与效率是现代司法的两大价值目标。[④] 一项刑事诉讼活动若要真正被公众所信服,除了保证司法公正外,还要保证诉讼效率。而赋予辩护律师对侦查讯问录音录像的阅卷权,不仅有利于实现司法公正,也能够提高诉讼效率,节省司法资源。

一方面,侦查讯问录音录像的制作需要耗费大量人力、物力和财力,国家需要在侦查机关投入大量先进的电子设备保证其录制质量,而且侦查人员为侦破犯罪会多次讯问犯罪嫌疑人,每次讯问时间也比较长,如果最终制成的讯问录音录像不允许辩护律师查阅和复制,那么势必会造成司法资源的浪费。另一方面,因为讯问过程的漫长与复杂性导致侦查讯问录音录像资料的时长也不短,有的甚至会持续几十个甚至几百个小时[⑤],如果要求法官在法庭审判过程中全程观看完这些录音录像资料,进而对每一讯问过程是否合法都作出判断必将导致诉讼的拖延。但是,如果赋予辩护律

---

① 在庭审现场,辩护律师与控方相视而坐,与控方一样平等地行使举证、质证和辩论的权利,案件由法院居中裁判。

② 参见彭俊磊、张新凯:《论辩护律师的阅卷权》,《云南警官学院学报》2018 年第 3 期。

③ 参见杨宇冠:《侦查讯问录音录像制度研究》,《中国刑事法杂志》2013 年第 9 期。

④ 参见宋英辉:《刑事诉讼法学研究述评》,北京师范大学出版社 2008 年版,第 15 页。

⑤ 参见董坤:《侦查讯问录音录像制度的功能定位及发展路径》,《法学研究》2015 年第 6 期。

师自审查起诉之日起对这些录音录像资料的阅卷权，那么辩护律师在充分地查阅与研究之后，一旦发现有非法讯问或者其他对认定案件事实有争议的情况，在审判时会有针对性地告知法官，法官有针对性地选择查看，控辩双方就有争议的录音录像资料展开质证，有利于提高诉讼效率、节省司法资源。[①]

（四）完善非法证据排除规则，遏制非法讯问行为

为解决刑讯逼供、防范冤假错案，2012 年我国《刑事诉讼法》第 54 条（2018 年修正后第 56 条）[②]正式以法律形式确立了非法证据排除制度。但是在司法实践中，非法证据的排除依然举步维艰，侦查机关并不在意排除非法证据的规定，刑讯逼供或变相刑讯逼供的问题依然得不到解决。非法证据的启动条件和程序非常困难，法官受到“有罪推定”观念的影响根深蒂固，况且我国公检法三机关办案联系密切，所以法院一般不会主动启动非法证据排除程序，而律师需要提出足够的非法证据和材料才可以申请启动，但是在司法实践中律师发现这些证据往往是困难的。[③] 一项完整的侦查讯问录音录像包含侦查人员讯问的全部过程，往往是律师发现非法证据的主要来源，如果赋予辩护律师对这些录音录像资料的查阅权，从一定程度上也将有利于非法证据排除程序的启动。

况且在司法实践中已经有辩护律师通过运用侦查讯问录音录像排除非法证据的成功先例——苏州秦某单位行贿案，犯罪嫌疑人秦某以涉嫌行贿罪被检察机关提起公诉，且秦某已经作了有罪供述，但其辩护律师通过查阅侦查讯问录音录像提出侦查机关存在逼供诱供、威胁恐吓、自制笔录等非法行为，主张排除秦某作出的有罪供述这一非法方法获得的证据，最终法院以非法证据排除了被告人 28 份有罪供述，否决了检察机关起诉的

---

① 参见瓮怡洁：《英国的讯问同步录音录像制度及对我国的启示》，《现代法学》2010 年第3 期。

② 《刑事诉讼法》第 56 条：采用刑讯逼供等非法方法收集的犯罪嫌疑人、被告人供述和采用暴力、威胁等非法方法收集的证人证言、被害人陈述，应当予以排除。收集物证、书证不符合法定程序，可能严重影响司法公正的，应当予以补正或者作出合理解释；不能补正或者作出合理解释的，对该证据应当予以排除。在侦查、审查起诉、审判时发现有应当排除的证据的，应当依法予以排除，不得作为起诉意见、起诉决定和判决的依据。

③ 参见左卫民：《“热”与“冷”：非法证据排除规则适用的实证研究》，《法商研究》2015 年第 3 期。

80 万元行贿的指控，以其他行贿数额判处被告人一年半有期徒刑。[①] 由此可见，赋予辩护律师阅卷权对于非法证据的排除具有重要的价值。辩护律师通过侦查讯问录音录像这一利器能够敏锐地找出办案人员的非法行为，从而启动非法证据排除程序，完善非法证据排除的规则。相应地，允许辩护律师查阅这些录音录像，也会对侦查人员形成威慑力，从而规范自己的讯问行为，有效遏制刑讯逼供等非法行为的产生，一定程度上减少冤假错案的出现。

四、完善辩护律师对侦查讯问录音录像阅卷权的措施

我国录音录像制度的立法性规定起步较晚，内容较为粗糙，相比较而言，作为这项制度起源国——英国的讯问录音录像制度已经十分完善，无论是对于录音录像的证据属性、犯罪嫌疑人的拒绝权、辩护方的参与权等都有着完善的规定。根据英国《守则 E》第 4 条第 16 款和《守则 F》第 4 条第 19 款的规定可知，如果犯罪嫌疑人被起诉，警方将尽可能及时地向他提供一份录音录像资料的复制品。从中不难看出，在英国，犯罪嫌疑人或者辩护方有权与控方平等分享录音录像资料。[②] 据此，我国可以借鉴英国的成功经验来完善辩护律师对侦查讯问录音录像的阅卷权。需要注意的是，英国的司法体系与我国的体系，无论是在诉讼传统、思维模式，还是在基本国情、司法实践等方面都存在显著差别。所以，我们在完善辩护律师对侦查讯问录音录像的阅卷权，借鉴英国有益经验的时候，也应当注意与我国本土司法实践的具体情形相吻合，以确保我国的讯问录音录像制度能够得到有效运行。[③] 笔者认为，在立足国情的基础上我国可采取以下完善措施：

(一)明确讯问录音录像的证据属性，完善相关法律规范

通过前文成因分析，笔者已经指出侦查讯问录音录像的证据事实与案

---

① 参见公丕国、牛星丽：《从一起成功排除非法证据的案件谈同步录音录像问题》，2018 年 8 月 8 日，http://www.king-capital.com/content/details49_10550.html。

② S. H. Bailey, *Smith, Bailey and Cunn on the Modern English System*, Boca Raton: CRC Press, 2006, p. 847.

③ 参见王永杰：《新刑事诉讼法中侦查讯问同步录音录像的程序规制：困境与出路》，《华东师范大学学报(哲学社会科学版)》2014 年第 1 期。

件事实之间具有关联性，能够证明侦查机关工作人员讯问过程的合法性和相关的犯罪事实，应当属于证据。尽管目前学界中有很大一部分学者都持此观点，但是如果不在立法中明确界定该证据属性，在司法实践的适用上依然会发生混乱。因此，应当通过立法以条文的形式明确规定侦查讯问录音录像具有证据属性。笔者建议在《刑事诉讼法》第123条增加一款规定侦查讯问录音录像的证据地位，但是法律的修改“牵一发而动全身”，是一项漫长又复杂的工程，为及时解决目前混乱的适用状况，可以先出台司法解释确定其证据地位。

另外，我国刑事诉讼法规定的八种法定证据种类并不包括侦查讯问录音录像，这导致学界对于其属于何种证据种类产生了争议。有学者根据侦查讯问录音录像的物理特征，直接将其归类为视听资料；有些学者则认为它应当属于犯罪嫌疑人供述。笔者认为，证据是证明内容和外在形式的统一，并不能直接根据其外在形式确定证据种类，还需要通过证明对象和证明目的来考察。[①] 比如一封书信，如果是通过信件的内容来证明案件的相关事实，那么这封信就是书证；如果是利用笔迹来确定犯罪嫌疑人，那么这封信就是物证。同理，录音录像形式上也是固定证据的一种载体和方式，应该归属于哪种证据类型也应该具体问题具体分析，根据其被用来证明何种内容而定。具体来说，主要有三种类型：当侦查讯问录音录像用来证明犯罪嫌疑人口供的真实性以及犯罪嫌疑人是否认罪时，它就属于犯罪嫌疑人的供述和辩解；在讯问过程中，犯罪嫌疑人检举、揭发他人犯罪行为，或者提供他人犯罪线索，这时侦查讯问录音录像应当属于证人证言；录音录像资料完整、客观地记录了整个讯问过程，当录音录像资料用来证明取证过程合法性时，它就属于视听资料。所以，笔者认为学界对于侦查讯问录音录像证据种类的争论是没有必要的，只要立法明确规定了其证据属性，再根据其证明的内容确定其证据种类即可，况且侦查讯问录音录像究竟属于何种证据种类对辩护律师的阅卷权以及随案移送等问题并没有太大影响。

除此之外，为保障辩护律师对侦查讯问录音录像的阅卷权，立法上还要完善相关法律规定来确保侦查讯问录音录像制作的全程性和同步性。[②]

---

① 参见陈瑞华：《刑事证据法学》，北京大学出版社2014年版，第86页。

② 参见汪宁越：《侦查讯问录音录像的庭审适用》，浙江大学硕士学位论文，2018年。

这是因为，司法实践中，侦查机关有时会选择性制作录音录像，而这极有可能成为侦查机关规避刑讯逼供等非法行为的手段，蒙蔽审判者的双眼。所以，尽管《刑事诉讼法》第 123 条第 2 款规定了录音录像应当全程进行，但是还要明确“全程”应当定义为所有讯问程序的全部过程，而不能理解为所有讯问程序中某一次录音录像的过程。另外，为保障辩护律师结合声音和画面对犯罪嫌疑人供述内容和情形作出判断，法律必须明确规定讯问录音和录像应当同步进行。

(二)确立随案移送制度，保障辩护律师能够阅卷

为充分发挥侦查讯问录音录像制度的功能与价值，保证辩护律师“有卷可阅”，应当在刑事诉讼法中制定统一的移送规则，明确规定侦查机关移送审查起诉阶段、检察院提起公诉阶段的随案移送制度(对于监察委行使调查权讯问犯罪嫌疑人时制作的录音录像，笔者认为它是一种调查讯问录音录像，是否应当随案移送，还需要监察法对该录音录像的证据属性进一步明确后才可以讨论，笔者在此仅讨论狭义上的侦查讯问录音录像的随案移送制度)。但是考虑到侦查讯问录音录像的全程性与完整性，为了节省司法资源、提高诉讼效率，侦查机关制作的录音录像并非全部都要随案移送，应根据案件差异，建立移送讯问录音录像的分流机制。对此，有学者建议应当建立下列差异化的讯问录音录像随案移送制度：第一，犯罪嫌疑人认罪，通过刑事速裁程序、认罪认罚从宽处理机制及简易程序处理的案件，侦查机关移送检察院审查起诉时无须随案移送录音录像。第二，对可能判处无期徒刑、死刑的案件，应当随案移送。这是因为这类案件如果成为“冤假错案”，对刑事司法秩序乃至整个法治建设，都会产生不利影响。因此，司法人员对这类案件的处理应当更为谨慎，即使被追诉者认罪，司法人员也应当仔细查看讯问录音录像，核实讯问笔录的真实性。同时，这两类案件在审判中翻供率也较高，如果频繁休庭调取讯问录音录像，反而有损诉讼效率。第三，其他通过普通程序处理的案件，如果犯罪嫌疑人移送起诉时明确认罪的，可不移送；否则，从诉讼效率考虑，应随案移送。[①] 但是需要注意，无论讯问录音录像是否随案移送，侦查机关都应妥善保存，以备公

---

① 参见秦宗文：《讯问录音录像的功能定位：从自律工具到最佳证据》，《法学家》2018 年第 5 期。

诉、审判人员、辩护人需时可及时调取。

而侦查讯问录音录像随案移送制度由法律统一确定之后，如何保障在司法实践中能够得到公检法的有效遵守呢？笔者认为，还应当借鉴英美法系尤其是美国的经验，适用不利推定原则①，对不移送录音录像、选择性移送录音录像的行为推定其承担相应的不利后果。② 现行《刑事诉讼法》第123条规定了可以进行录音录像和应当进行录音录像的情形，笔者认为，对这两种类型录音录像移送的违反所带来的不利后果也不相同。对于应当进行录音录像的情形，若发现侦查机关未进行讯问录音录像或未移送讯问录音录像，即使被告方在未能提供充足线索的情况下对讯问行为的合法性提出异议，检察机关或审判机关也应启动非法证据排除程序，并直接推定侦查人员具有非法讯问行为，犯罪嫌疑人、被告人的供述不具有自愿性。但若侦查人员能够以其他方式证明供述为自愿作出或存在其他紧急情况而未录音录像从而可以推翻这一推定结论的，被告人供述依然具有证据能力。对于刑事诉讼法中仅要求可以进行录音录像的情形，一般情况下，若侦查人员未进行全程录音录像，并不直接产生口供排除的法律后果。但如果被告人及辩护人有证据或线索表明侦查人员讯问时进行了录音录像，那么在产生讯问合法性的争议时，如侦查机关或公诉机关拒绝出示录音录像，或者谎称未进行录音录像，就应采取不利推定原则，推定存在非法讯问行为。而当侦查机关移送全部侦查讯问录音录像到检察院，但是检察机关拒绝移送到法院或者移送的录音录像不完整的，其应当承担因不移送导致案件事实无法认定时的败诉后果。③

（三）完善相关约束措施，解决因涉密性不予阅卷的难题

侦查讯问录音录像的涉密性通常成为办案机关拒绝辩护律师进行阅卷的理由。笔者认为，虽然侦查讯问录音录像包含案件线索和侦查策略以

---

① 从推定事实是否有利于被告人角度看，刑事诉讼中的推定可分为有利于被告人的推定与不利于被告人的推定。在刑事诉讼中，有利于被告人的推定主要指无罪推定，除了无罪推定，其他推定基本上是不利于被告人的。不利于被告人的推定简称为不利推定，它是指在基础事实得到证实的前提下，根据法律规定或经验法则，得出不利于被告人的推定事实。参见李富成：《刑事诉讼中的不利推定》，《中国检察官》2011年第4期。

② 参见宋英辉：《外国刑事诉讼法》，北京大学出版社2008年版，第126页。

③ 参见汪宁越：《侦查讯问录音录像的庭审适用》，浙江大学硕士学位论文，2018年。

及可能会涉及国家秘密、商业秘密和个人隐私，但是以存在这些内容作为拒绝辩护律师享有阅卷权的理由在法律理论和技术层面都是站不住脚的。

首先，现行《刑事诉讼法》第 48 条[①]和《律师法》38 条[②]已经就辩护律师在刑事诉讼中的保密义务作了规定，并没有因为案卷材料涉及不宜公开的内容就拒绝辩护律师行使阅卷权。案卷材料并不仅仅限于讯问录音录像，辩护律师对其他存在不宜公开内容的证据材料都可以享有阅卷权，也就没有理由拒绝其对讯问录音录像行使阅卷权。[③] 另外，笔者认为，可以通过立法或者司法解释，单独规定律师对于侦查讯问录音录像的保密义务以及违反这项义务泄露录音录像资料对律师的惩戒措施，即辩护律师依法查阅、复制后，应严格遵守相关法律法规和律师执业伦理，将录音录像的使用限制在相关案件的刑事诉讼过程中，对复制的录音录像资料承担保密义务并妥善保管，对违反相关规定的律师，应给予必要的惩戒。

除此之外，根据《高检规则》第 75 条第 2 款[④]的规定，当需要在法庭上播放的讯问录音录像涉及国家秘密、商业秘密和个人隐私或者其他犯罪线索时，公诉人员可以采取在一定人员范围内播放或者采取技术处理的措施预防风险。具体来讲，公诉人员在庭审中播放录音录像资料的时候若涉及上述内容可以向法院申请不公开审理，采取只允许控辩审三方观看的措施，或者为保险起见，办案机关在向辩护律师提供录音录像资料复制时，将涉及个人隐私和国家秘密的时段和内容作技术处理，并作适当说明，从而解决阅卷风险问题。

---

① 《刑事诉讼法》第 48 条：辩护律师对在执业活动中知悉的委托人的有关情况和信息，有权予以保密。但是，辩护律师在执业活动中知悉委托人或者其他人，准备或者正在实施危害国家安全、公共安全以及严重危害他人人身安全的犯罪的，应当及时告知司法机关。

② 《律师法》第 38 条：律师应当保守在执业活动中知悉的国家秘密、商业秘密，不得泄露当事人的隐私。律师对在执业活动中知悉的委托人和其他人不愿泄露的情况和信息，应当予以保密。但是，委托人或者其他人准备或者正在实施的危害国家安全、公共安全以及其他严重危害他人人身、财产安全的犯罪事实和信息除外。

③ 参见羊震：《论录音录像制度良性运行之保障》，《法律适用》2012 年第 10 期。

④ 《高检规则》第 75 条第 2 款：需要播放的讯问录音、录像中涉及国家秘密、商业秘密、个人隐私或者含有其他不宜公开的内容的，公诉人应当建议在法庭组成人员、公诉人、侦查人员、被告人及其辩护人范围内播放。因涉及国家秘密、商业秘密、个人隐私或者其他犯罪线索等内容，人民检察院对讯问录音、录像的相关内容作技术处理的，公诉人应当向法庭作出说明。

(四)明确对侦查讯问录音录像的阅卷范围,革新阅卷方式

辩护律师"阅卷难"的现状一定程度上造成了对侦查讯问录音录像阅卷的困境,因此结合侦查讯问录音录像的特殊性,从律师阅卷权自身存在的障碍上解决这一困境尤为必要。

一方面,必须对律师查阅侦查讯问录音录像材料的范围加以明确。[①] 虽然我国刑事诉讼法规定了律师可以查阅案卷材料,但因为案卷材料范围不明确、录音录像资料的证据地位不明等问题的存在,大多数时候辩护律师查阅录音录像的途径十分曲折。所以,待法律明确侦查讯问录音录像的证据属性之后,也要确定案卷材料的范围,使得控辩双方能够有着统一的理解,而非各抒己见影响诉讼活动的顺利开展。[②] 另外,为充分保障犯罪嫌疑人的权利,必须在制度构建上扩大辩护律师的权利,给予一定的查阅范围,最好能做到让辩护律师全面、细致地查阅录音录像资料。对于司法实践中有些地区仅仅允许辩护律师查阅侦查讯问录音录像资料但却不允许复制的做法,笔者认为应当通过立法或者司法解释,在全国范围内统一规定允许辩护律师对侦查讯问录音录像资料进行复制,我国目前各地区对辩护律师的复制权规定不一,不利于辩方展开工作。辩方在庭审过程中承担重要的角色,司法机关应当提供便利让辩护律师可以复制相应的侦查讯问录音录像资料,全国范围内制度的统一不仅便于实践操作,而且更有利于我国刑事司法程序的成熟。

另一方面,随着大数据法律时代和智能互联网时代的到来,基于现代计算机技术的熟练运用,要革新对于侦查讯问录音录像的查阅、复制、摘抄等传统阅卷方式。[③] 笔者的设想是建立一个控辩审三方的共享数据平台——待有关侦查讯问录音录像法律规范即配套制度建立之后,建立一个公安机关、检察机关、法院、律师都可共享的讯问录音录像资料数据平台。我国公检法基本都有自己的办案系统,登陆采用一人一数字证书机制,该平台可以参照并利用这一模式设置加密数字证书登陆。公安机关侦查人

① 参见沈德咏、何艳芳:《论全程录音录像制度的科学构建》,《法律科学(西北政法大学学报)》2012 年第 2 期。

② 参见季理华、程捷:《律师阅卷权的范围与界限》,《信阳师范学院学报》2010 年第 7 期。

③ 参见马长山:《智能互联网时代的法律变革》,《法学研究》2018 年第 4 期。

员或录音录像录制人员在讯问结束后将讯问录音录像资料上传该平台，平台技术设计该资料不可删除或更改，待案件报送检察机关后，分管办理该案件的检察官有权查看审察，案件起诉至法院后，主审法官有权查看。嫌疑人的辩护律师在经过法定程序后到检察院、法院以平台中律师的身份登录自己的账号密码调取、查看。平台设置操作记录系统将查看、复制的情况予以记录，在发生相关的违法犯罪问题时予以追责。这一共享平台设立的目的不仅仅能够解决传统的阅卷方式对律师阅卷权行使的阻碍，而且能够解决讯问录音录像的易篡改、保存难、移送情况不统一的问题，也省略了刻录资料光盘的时间和专门人员，从长远来看节省了司法资源、提高了诉讼效率。

（五）确立对辩护律师阅卷权的侵权惩戒机制

现行法律并未规定实质的侵害律师阅卷权的惩戒机制，使得侦查机关、检察机关在司法实践中随意搪塞辩护律师、拒绝律师阅卷或者减少律师阅卷时间等侵害阅卷权的行为随处可见。为了更好地保障刑事辩护律师阅卷的权利，增强对办案机关的威慑力，笔者认为应该在立法层面上落实有效的侵权惩戒机制。[①]

具体而言，在立法上除了规定刑事辩护律师在权利遭到侵犯时向上一级人民检察院申诉或控告外，还可以增加、细化规定。比如：当刑事辩护律师行使阅卷权遭到拒绝时可以向人民法院提出申请，要求公安机关、检察院、法院提供阅卷材料；还可以规定刑事辩护律师提起行政诉讼、设立行政问责制，如果辩护律师在行使阅卷权时遭到拒绝或者得到的材料不符合要求，应该由相应机关视情况进行行政处理，情节严重的，除了给予相关工作人员以行政处分外，还应该依法处罚行政领导人员，使其能够真正地重视刑事辩护律师阅卷的权利，能够在实践中切实做到积极配合律师行使阅卷权。[②]

五、结　语

侦查讯问录音录像制度的确立，可以说是我国刑事诉讼发展史上的里

① 参见郭旭：《刑事诉讼阅卷权若干问题探讨》，《中共郑州市委党校学报》2014 年第 4 期。

② 参见王敏远：《以审判为中心的诉讼制度改革问题初步研究》，《法律适用》2015 年第 6 期。

程碑式工程，对整个司法活动都具有长远的意义，而赋予辩护律师对侦查讯问录音录像的阅卷权，能够更好地发挥侦查讯问录音录像的功能与价值，对于整个刑事诉讼活动来说，具有重要的理论和实务价值。但是所有制度确立之初都会存有漏洞，侦查讯问录音录像制度在我国起步较晚、法律规定较为系统和模糊，我国刑事诉讼法并未明确规定辩护律师对侦查讯问录音录像的阅卷权，两高的批复也存在矛盾，导致司法实践中各地区对此规定不一、“乱象丛生”。因此，针对这一困境，笔者首先通过分析造成此困境的成因，看到侦查讯问录音录像证据属性、随案移送制度、侦查讯问录音录像的涉密性、辩护律师阅卷权行使固有的困难等因素对于辩护律师对讯问录音录像阅卷权带来的影响，并在此基础上，找到完善的措施，以期能够通过明确侦查讯问录音录像证据属性、确立随案移送制度、制定相关约束措施、明确辩护律师对侦查讯问录音录像的阅卷范围、革新阅卷方式等措施改变目前这一困境。但是囿于自身对理论知识的学习还不够深入以及缺乏相应的实践经验，关于我国辩护律师对侦查讯问录音录像的阅卷权的完善仍需要进一步的研究与细化，让各项措施更加有针对性和操作性。

证据评判中概率方法的本质、运用及其风险

马德焕*

摘要　证据评判的主要逻辑方法包括溯因推理、印证证明和最佳解释推理等归纳主义路径方法，而概率方法作为现代归纳逻辑的重要方法之一，从理论上来说也可以作为一项发现事实真实的重要手段。概率方法在证据评判中的运用主要集中在证据的似然比与相关性的判断问题以及证明标准的精确数字化问题上，此外有关证明标准的“合取难题”悖论还需要借助统计学的相关知识进一步厘清。概率方法的运用虽对发现事实真相具有相当的作用，但也存在着来自两个方面的风险：一是归纳方法本身的或然性风险，二是概率的“精确”数字陷阱风险。对于概率的运用应当采取合理的方式方法，并且须注意到其本身的价值在于提醒与辅助，而非对其他证明方法的替代。

关键词　概率；归纳逻辑；似然比；相关性；合取难题

随着新证据学的兴起与发展，法学家们试图将证据规范放到哲学、数学、逻辑学、心理学等不同的学科领域进行整合与理解，一时间证据学成为跨学科的主题。但法律人并非数学家，因缺乏数学和统计学等相关学科的

* 马德焕，山东大学法学院 2017 级法学硕士研究生，研究方向为刑事诉讼法。

学识，证据与概率之间关系的思考长久以来困惑着法学家们。[1] 关于概率在法律领域的适用，学界最初研究的是与证言可信性有关的概率问题。[2] 在美国，概率性证据最具有代表性的案件就是1968年的柯林斯案，此案中检方根据相关案件线索对马尔科姆·柯林斯(Malcolm Ricardo Collins)和他的妻子珍妮特·柯林斯(Janet Louise Collins)进行了指控，控方证人对两名嫌疑人的特征描述如下：白人女性、深色衣服、棕色马尾、黑人男性、黄色汽车等。为此，检方还特意请来了一位数学教授对证人证言出具了专家意见，运用概率计算的方法加强相关证据的证明力。数学教授通过一定的计算方法算出在争议时间及争议地点同时具备上述五项特征的人的概率仅为1/12000000，因此无论是从客观事实还是主观感知而言，证人所见之嫌疑人是柯林斯夫妇有很大程度的可信度。数学教授出具的专家意见得到了陪审团的认同，并基于此陪审团作出了有罪判决。但是这一判决随后在上诉审中被加州最高法院推翻，加州最高法院认为检方引入数学概率的方法不能被接受，并指出“数字审判”扭曲了陪审团和律师的角色，从而构成了误判。[3]

柯林斯案过后，英美法学界激起了一场关于概率与证据之间关系的理论探讨，许多证据法领域的专家学者在《哈佛法律评论》等著名法学期刊上引发了激烈的论战，牛津大学法学院也举办了有关概率论与诉讼证明方面的学术论坛，在此期间涌现出大量关于概率与诉讼证明的论文。[4] 但是关于概率与证据之间的关系最终也没有形成明确的一致性结论，各种不同观点和论证激发着学者们不断地对此进行学习与思考。

---

① David Kaye, "The Laws of Probability and the Law of the Land", *U. Chi. L. Rev.*, vol. 47, no. 1 (Fall 1979), pp. 34-56.

② 参见齐树浩主编：《英国证据法》，厦门大学出版社2002年版，第136页。

③ People v. Collins (1968 Cal. 2d. 319).

④ Orloff & Stedinger, "Framework for Evaluating the Preponderance-of-the-Evidence Standard", *U. Pa. L. Rev.*, vol. 131, no. 5 (April 1983), pp. 1159-1174; Underwood, "Law and the Crystal Ball: Predicting Behavior with Statistical Inference and Individualized Judgement", *Yale L. J.*, vol. 88, no. 7 (June 1979), pp. 1408-1449; Finkelstein, "Application of Statistical Decision Theory to the Jury Discrimination Cases", *Harv. L. Rev.*, vol. 80, no. 2 (December 1966), pp. 338-376; Laurence H. Tribe, "Trial by Mathematics: Precision and Ritual in The Legal Process", *Harv. L. Rev.*, vol. 84, no. 6 (April 1971), pp. 1329-1393.

在概率与证据评判的衔接与适用这一问题上,从以往相关的文献中可以发现,大多数学者的研究主要集中于以下几方面:概率推理方法是否可以运用于司法证明领域;概率推理方法的运用会带来何种影响;概率理论(如贝叶斯定理)在似然比与相关性证成层面的操作运用。笔者试图从司法证明的归纳逻辑方法与概率的关系出发,对概率与证明力、证明标准的关系角度进行阐述,从而进一步明确概率的适用范围与其存在的风险。

一、概率方法的归纳逻辑本质

(一)在证据评判上缺乏演绎推理的适用空间

我国现行《刑事诉讼法》第 55 条对于刑事案件证明标准的表述是“证据确实、充分”与“排除合理怀疑”。此外,《刑事诉讼法解释》第 105 条第 4 项规定:“根据证据认定案件事实足以排除合理怀疑,结论具有唯一性。”由此可见,我国司法机关在实践中追求的是案件事实结论的唯一性、确定性,而这种确定性结论是演绎推理或者完全归纳推理的结果。① 这样的规定体现了绝对主义的诉讼认识论。② 然而,人认知水平的局限性与现实情形的复杂多样性决定了完全归纳法在绝大多数情形下很难实现。这样的观点在司法实践中也是得到普遍认同的。于是这也就意味着,我国现行的法律与司法解释对于刑事诉讼领域的证据评判结果主张应当达到演绎推理的效果。③

根据亚里士多德关于三段论一般原则的论述,两个特称前提不能得出确定性结论。因此,在证据评判过程中,若要通过三段论式的推理得出唯一的结论,就应当存在至少一项具有确定性的前提(全称前提)。但是,首先,在推导事实的过程中,推理所运用到的大前提(经验法则或常识)几乎不存在必然性的,从根本上来说都是或然性的。其次,对于作为小前提的证据所反映的案件信息我们更难以保证其确定性,因为模糊性是证据调查

---

① 参见杜文静:《论刑事证据推理的似真性》,《法律方法》2015 年第 2 期。

② 参见左卫民:《“印证”证明模式反思与重塑:基于中国刑事错案的反思》,《中国法学》2016 年第 1 期。

③ 参见周洪波:《刑事庭审实质化视野中的印证证明》,《当代法学》2018 年第 4 期。

的基本属性，所以证据得出的结论并非是精确思维结论的“非此即彼”。[①]斯蒂芬(J. F. Stephen)认为通过具体前提结合一个普遍前提就可以必然得出某个结论，并曾试图构建一个逻辑上的三段论以解释发现事实的途径，但有学者认为他这些努力最终都以失败而告终。[②] 因此，在证据评判的逻辑方法上，演绎主义的路径是行不通的。

何家弘也指出一方面司法人员对案件事实的认识无法达到百分之百的准确，或者说案件事实在司法人员的认识中并不是非黑即白的，而是处于“灰色地带”；另一方面司法裁判过程中存在证据资源短缺的问题，因为侦查人员或者当事人收集和使用的证据往往少于客观存在的全部证据。[③]由此而言，证据评判在演绎推理的路径上存在不小的困难，不仅难以保证推理的大前提是确定的，也不能保证小前提一定是确定的，这样在大前提与小前提均为不确定的情况下，结论唯一的说法也就很难站得住脚了。

(二)概率方法是归纳逻辑的方法之一

随着司法实践的发展和法学理论的深入，学者们逐渐意识到在司法证明中演绎推理并不具有太大的适用空间。相反地，运用归纳逻辑的方法逐渐成为共识。[④] 目前我国司法证明中常用的归纳逻辑方法包括溯因推理、印证证明与最佳解释推理等。其中在学界讨论较多的司法证明方法为溯因推理，即从某个待解释现象出发，如果用某个一般性规律就能解释该现象何以如此发生，就能由此推出该一般规律有可能成立。其一般公式是：待解释现象 E，如果 H，则 E，所以，H。[⑤] 在司法证明中，如果发现或获得某一(多个)证据，而根据经验法则与常识，某一事实的发生会导致这些证据的存在，那么透过这些证据就能推导出某一事实，这通常是侦查人员与事实认定者查明事实真相的逻辑过程。张保生提出的“证据之镜”理论正

---

① 参见王均平、邓培旺：《证据调查模糊性纲论——司法三段论预设条件视域的证据调查行为检讨》，《证据学论坛》2010 年第 15 卷。

② 参见[英]詹妮·麦克埃文：《现代证据法与对抗式程序》，蔡巍译，法律出版社 2006 年版，第 5 页。

③ 参见何家弘：《司法证明方法与推定规则》，法律出版社 2018 年版，第 27 页。

④ 参见龙宗智：《刑事印证证明新探》，《法学研究》2017 年第 2 期；[美]罗纳德·J·艾伦：《证据与推论——兼论概率与似真性》，张月波译，《证据科学》2011 年第 1 期；杜文静：《论刑事证据推理的似真性》，《法律方法》2015 年第 2 期。

⑤ 参见陈波：《逻辑学导论》，中国人民大学出版社 2014 年版，第 199～200 页。

是运用了溯因推理的方法,他指出所有对案件事实的认定都是对过去客观事实的认定,是通过证据这一"媒介"去"构建"过去的事实,而借助碎片化的证据去认定案件事实的这一过程就称为"证据之镜"。[①]

归纳方法是从特殊到一般或者从过去到未来的总结,得出的结论具有不确定性,基于证据认定出的事实结论在性质上也非确定性的。这也显示出司法证明的归纳逻辑过程与证据评判的不确定性结果之间的契合。那么,概率与统计推理作为现代归纳逻辑的重要方法之一,从理论上来说其在司法证明中应当也具有适用的可能性。

二、概率方法在证据评判中的运用

对于"所有的证据都是盖然性的——并不存在形而上学的确定性"这一观点,目前英美法系证据法学界是予以普遍认同的,所以证据也就不能仅仅因为其使用了明确的概率性术语来表示而予以排除。证据评判中对各种事项的概率性判断,通常是用言语的形式将确定的概率数值表达出来。比如,"确信无疑"(beyond reasonable doubt)、"优势证据"(preponderance of the evidence)等关于证明标准的表达皆说明证明标准的不确定性和盖然性。再如,"清楚且令人信服的证据"(clear and convincing evidence)以及"可信理由"(probable cause)等关于证据证明力的评判也表明了对证据证明力的不同方面实际上都存在着概率判断。[②] 南昌大学原校长周文斌曾在其受贿、挪用公款案中当庭表示,刑事诉讼法中的排除合理怀疑、盖然性与优势证明标准等正是概率论的内容。因而从以上论述可以看出,证据评判的本质即概率性判断,概率在司法证明中必然存在其运用的空间。

关于概率在证据评判中使用的探讨,主要涉及两个维度:一个是似然比与证据相关性判断的问题;另一个是证明标准与概率的关系,即证明标准的直观概率化问题。

---

① 参见张保生:《事实、证据与事实认定》,《中国社会科学》2017 年第 8 期。

② 参见[美]特伦斯·安德森、[美]戴维·舒姆、[英]威廉·特文宁:《证据分析》,张保生等译,中国人民大学出版社 2012 年版,第 327 页。

(一)证据的似然比与相关性判断

相关性与可采性构成了证据能力与证明力的评判标准,没有相关性的证据不能采纳,那么相关性的法律含义是什么?《美国联邦证据规则》第401条作了较为清晰的表达。[①] 案件事实在某一项证据的情况下更有可能还是更无可能的判断就是证据相关性的判断。而这恰好与概率的定义也具有一致性,概率是指某一事件在一定条件下发生之可能性大小的比率。[②] 我们可以用数学语言对此进行表述:假设 $P(T,E)$ 表示考虑证据 E 存在的情况下假定的案件事实 T 发生的可能性,所以当 $P(T,E)>P(T)$ 或 $P(T,E)<P(T)$ 时,证据 E 是使得案件事实 T 更有可能或更没可能的情形。贝叶斯定理将上述问题以数学公式的形式进行了表达,试图量化计算,其数学公式为:$P(T,E)=P(E,T)P(T)/P(E)$。该公式也可变形为如下形式[③]:

$$\frac{P(T,E)}{P(\rightarrow T,E)}=\frac{P(E,T)}{P(E,\rightarrow T)}\times\frac{P(T)}{P(\rightarrow T)}$$

其中 $P(\rightarrow T)$ 表示 T 事实为假的情形;等式由左至右依次代表后验概率、似然比与先验概率,即后验概率=似然比×先验概率。假设在一个普通的盗窃案件中,检方控诉嫌疑人 A 的有罪证据中缺少指纹与脚印类证据,在搜集到这些证据之前,法官根据暂有的证据形成的有罪确信程度 $P(T)$ 与无罪确信度 $P(\rightarrow T)$ 之比,即先验概率。当搜集到指纹证据或脚印类证据之后,法官再综合查明的前有证据得出新的确信度即为后验概率。

在证据评判的贝叶斯方法中,先验概率应由法官或者陪审团确定,在没有任何证据之前,对于控辩双方的主张即有罪与无罪的确信比值一般为"1",然后根据法庭上出示的证据得到后验概率。我们可以将公式再进行简单变形:后验概率/先验概率=似然比。当先验概率为固定常数时,后验

① 美国《联邦证据规则》第401条规定:"相关证据的检验:下列情况下,证据具有相关性:(a)与没有该证据相比,它具有使一个事实更可能或更不可能的任何趋向性;并且(b)该事实对于决定该诉讼是要素性的。"

② 参见何家弘:《司法证明方法与推定规则》,法律出版社2018年版,第71页。

③ Anders Nordgaard & Birgitta Rasmusson, "The Likelihood Ratio as Value of Evidence-More than a Question of Numbers", *Law, Prob. & Risk*, vol. 11, no. 4 (December 2012), pp. 303-316.

概率与似然比完全是成正比的，即便我们无法获得公式中每个具体数值，我们也能通过对案件事实的认定得出后验概率，当后验概率越大时，也表示了似然比的数值是较大的，即代表了该证据的证明力较大。

所以似然比本身就可看作是一个取证领域，它表示先验概率发生了多大的变化，这意味着先验概率的放大或缩小，基于相同的先验概率得出不同大小的后验概率时，似然比也代表着证据本身的证明力大小。[①] 这也是特文宁所说的，似然比表明了证据的不同分量(weight)，它其实也表达了证据对于案件事实到底有多大的证明强度。[②] 将先验概率与似然比同步考虑才有意义，即两者乘积得出的后验概率才是法官(陪审团)应当关注的结果。[③] 运用贝叶斯定理的似然比方法将证据与待证事实之间联系起来，为证据相关性的证明提供了理性分析工具。同时，值得注意的是在证据的证明能力与证明力评判中，因为先验概率与似然比具有抵消的作用，有时根据科学证据得出的似然比看似非常大时，不应该盲目地认定结论。

(二)证明标准的精确数字化

前一部分的论述已说明，似然比之于单个证据的证明能力与证明力具有证成相关性的辅助作用，那么综合全案证据形成的证明标准与具体的概率之间具有怎样的衔接？从本质上而言，证明标准在是关于过去事实存在与否的一种确信性程度，或称为可能性程度或盖然性程度，数学上的概率一词也是这样的含义。但是法律意义上的“概率”与数学上的概率不尽相同；尽管也有学者将其等同，然而在司法实践中，这两种用法很少能够并用，因此有学者认为数学概率必须被纳入法律意义的概率评估中，同时必须给予适当的权重。[④]

---

① Anders Nordgaard & Birgitta Rasmusson, “The Likelihood Ratio as Value of Evidence-More than a Question of Numbers”, *Law*, *Prob.* & *Risk*, vol. 11, no. 4 (December 2012), pp. 303-316.

② 参见[美]特伦斯·安德森、[美]戴维·舒姆、[英]威廉·特文宁:《证据分析》,张保生等译,中国人民大学出版社 2012 年版,第 336 页。

③ Anders Nordgaard & Birgitta Rasmusson, “The Likelihood Ratio as Value of Evidence-More than a Question of Numbers”, *Law*, *Prob.* & *Risk*, vol. 11, no. 4 (December 2012), pp. 303-316.

④ Bernard Robertson & G. A. Vignaux, “Probability—The Logic of the Law”, *Oxford J. Legal Stud.*, vol. 13, no. 4 (Winter 1993), pp. 457-478.

相对于民事诉讼证明标准,刑事诉讼的证明标准转化为数值来表达是十分困难的。因为民事诉讼的目的是为了解决纠纷,而非发现事实真相,其对事实证明的要求并不高,只需一方所主张的事实比另一方更为可信(可信度概率超过 0.5),满足优势证据规则即可。而刑事案件关涉到处分被告人的人身自由与生命的问题,需要避免无辜之人被定罪的一切合理可能性,所以证明标准要求达到排除合理怀疑,这本质上是对似真性的一种追求。但如果将刑事诉讼证明标准量化为具体的数值,就等于承认了这种错判可能性的存在。也正因为这个原因,法院不愿意在这条路径上走下去。[①]

但是,刑事诉讼中的辩方利用概率或概率性证据来反驳该案已达到证明标准的做法是具有合理性的。值得一提的是,在原南昌大学校长周文斌受贿、挪用公款案中,被告人周文斌试图运用概率方法与数学排列组合论证控方存在非法取证的情形,其辩护律师也给予了帮助,但是遗憾的是法庭并没有采纳被告人周文斌的观点。[②] 在侦查人员出具的讯问笔录上,被告人周文斌和行贿人在无事先串供的情形下均交代贿赂的事实发生在 5 月份,但是检察院侦查人员根据二人的供述无法查到该时段的取款记录后,二人又一并在供述中将贿赂时间修改为 10 月份。也就是说行贿人与受贿人供述同时出错,随后又同时修改,且修改后的时间再一次重合,周文斌对此运用概率论与数学排列组合等方法证明发生这种情况的概率只有 1/20736,可能性微乎其微。[③] 辩方对侦查人员取证行为的质疑到底是基于证据本身,还是缘于非法取证行为在所不问。但是作为刑事案件的辩方,当然可以运用各种方法提供非法取证的线索,从而申请启动非法证据排除程序,这是合理且合法的做法。当辩方对取证行为的合法性提出了具有相当合理性的质疑,就需要控方进一步证明自己行为的合法性,否则所涉证据将不得作为定案依据。当然,证据相关性的正确计算结果并不意味着达成了全部证明目的,裁判者应当有清醒的认知,概率性证据的计算方

---

① 参见[澳]安德鲁·立格特伍德:《法庭科学的表述与法律证明》,汪诸豪译,《证据科学》2014 年第 4 期。

② 参见(2014)洪刑二初字第 29 号。

③ 参见朱明勇:《无罪辩护》,清华大学出版社 2015 年版,第 281 页。

法、过程乃至结果的正确并不意味着要裁决概率性证据提供方胜诉,这仅仅是诸多待证事实的其中一个证据的微小组成,不是全案结果的概率。

(三)合取难题与辛普森悖论

在民事诉讼证明标准中,概率的运用具有更大的空间,但也存在着潜在的悖论。国外证据法学领域对概率在证明标准中的具体应用主要存在两种主流观点:一种观点认为应当采取哪个故事更为真的方式,由陪审团去判断当事人双方叙述之相对合理性①;另一种观点认为要将每个要素(证据)证明至优势,并且结合所有要素都能达到优势的程度。② 如果采用第二种观点,便会出现一个奇怪的问题:根据优势证据规则,民事案件证明标准需超过 0.5,那么每个要件证明到何种程度不仅取决于每个证据的证明力大小,更主要取决于要件的数量。如果综合全案证据认定更具优势的证据大于 0.5,那么有两个独立要件的案件中每一个要件至少要超过 0.707($0.707\times0.707\approx0.5$),那么证据越多反而要求证据的证明力要达到更高的程度。③ 第二种观点所体现出来的问题就是所谓的"合取难题"。

合取难题的词义本身其实是"Simpson's Paradox",即"辛普森悖论"。④ 统计学中有关辛普森悖论解决路径的学说与理论将有助于解决这一问题。辛普森悖论源于一个有趣的真实案例,1973 年加州大学伯克利分校在招生问题上被起诉,原因是分校总数据显示的男性录取率为 44%,女性录取率为 35%,因而被认为在招生时存在歧视女性申请者的情形。但是出乎意料的是,当每个学院的录取数据被公示时,绝大多数学院的录取数据恰恰相反,女性申请人的录取率显著高于男性申请人(具体数据见

① Dale A. Nance, "Naturalized Epistemology and the Critique of Evidence Theory", *Va. L. Rev.*, vol. 87, no. 8 (December 2001), pp. 1551-1618.

② Dale A. Nance, "A Comment on the Supposed Paradoxes of a Mathematical Interpretation of the Logic of Trials", *B. U. L. Rev.*, vol. 66, no. 4 (July 1986), pp. 947-952.

③ 在一宗简单的案件中,原告要证明其案件(C),只必须证明两项要件(A 与 B),同时说服责任通过优势证据予以证明,并且这些要件既彼此独立且概率相同,因此,$P(C)=P(A)\times P(B)$,并且 $P(A)>P(B)$;那么,对于原告实际上要承担的说服责任[$P(C)>0.5$]而言,陪审团将不得不发现 $P(A)=P(B)>0.707$。也就是说,每项要件的概率皆大于 0.707,而不是陪审团接受指示的那样,为 0.5。假设存在四个要件的谋杀案与六个要件的诈骗案,对于诈骗案的证明反而比谋杀案更加困难,因为每个要件都要确信无疑。

④ 参见[美]罗纳德·J·艾伦:《证据与推论——兼论概率与似真性》,《证据科学》2011 年第 1 期。

表1和表2[①])。这种在总体中的统计关系在子总体中发生反转的情形就是辛普森悖论。[②]

表1　　学院总体录取情况

性别	申请人数(个)	录取率(%)
男	2691	45
女	1835	30

表2　　各学院录取情况

学院	男		女	
	申请人数(个)	录取率(%)	申请人数(个)	录取率(%)
A	825	62	108	82
B	560	63	25	68
C	325	37	593	34
D	417	33	375	35
E	191	28	393	24
F	373	6	341	7

关于悖论定义的通说为:悖论是一个从真前提出发的论述,且经过明显合理地推导,结果却导致了自我矛盾或者逻辑上不可以接受的结论。[③]辛普森悖论是如何形成的?班德亚帕德耶提出是可坍塌性原则[④]导致了辛普森悖论;而珀尔认为是确定性原则[⑤]导致了辛普森悖论,还指出班德亚帕德耶提出的可坍塌性原则本身就是错误的推理方法,那么从真前提出发却运用错误的推理得出矛盾的结论,这恰恰证明了辛普森悖论不是一个

---

① 参见冯姣:《辛普森悖论对描述性统计分析的启示》,《中国统计》2017年第8期。

② 参见吴小安:《辛普森悖论——逻辑进路和因果进路之争》,《自然辩证法通讯》2018年第5期。

③ 参见牛津词典对英语"悖论"的定义,2018年10月31日,https://en.oxforddictionaries.com/definition/paradox。

④ 在子总体中成立的变元关系在总体中也必然成立。

⑤ 在每一个子总体中,如果行为 C 提高了事件 E 的概率,那么行为 C 也必然在总体中提高事件 E 的概率。

悖论。[①] 在处理辛普森悖论问题上，无论是班德亚帕德耶还是珀尔，他们有着一致的见解：对于统计数据到底是聚合（合取概率）还是分离（要件概率）的数据更合理？我们需要做的是考量“数据背后的故事”。[②] 对此，也有学者指出在样本筛选时需要给予某些要素更高的权重，如果简单直接加总，则相当于给予了二者相同的权重，势必又落入数据陷阱之中。[③]

因此，根据以上论述，在推理方法上，合取难题的前提是假设要件之间的相互完全独立，案件事实的合取概率是计算独立要件的乘积。而实际情况并非如此，任何案件能够证明案件事实的各个要件之间彼此独立几乎是不可能的，所以乘积法则的运用犯了与班德亚帕德耶的可坍塌性原则相同的错误，即运用了错误的计算方式。而且对于案件的不同要件或者证据，每种不同的证据（要件）对于待证事实而言，权重不可能完全相等。此外，类似的案件中同类的证据根据个案的特性，事实认定者的裁决也会不同，那么合取难题对于要件假定为独立并且赋予相同的权重也是错误的。班德亚帕德耶利用错误的推理方法恰恰证明了辛普森悖论并非悖论，而我们正在用错误的前提假设和错误的计算方法试图去解决“合取”难题得出的结论恰恰是谬误。另外，运用辛普森悖论的场合是以必然性前提为标准的且有客观数据的支撑，而查明案件事实是归纳逻辑推理的过程，它不存在必然性的前提，且概率数据不可避免地带有主观性，无论是控辩双方对科学证据的解释还是事实认定者内心的确信都具有主观色彩。最后我们发现，合取难题同样不能称之为是证据法学上的一个悖论。

合取难题的产生源于学者们对概率引入到证明标准上存在错误认识，证明标准的量化绝不代表着审理案件的机械化或程式化。可以说，将“优势证据”规则表述为原告需要把主张的事实证明到大于 0.5 的概率，这也仅仅意味着原告要证明他所说的事实比被告的事实更具“优势”，其概率上的结果大于 0.5 罢了。无论是陪审团还是法官审理案件，依靠的都是自由心证，其最基本的常识、经验乃至直觉是必不可少的。对此，波斯纳教授写到，在考虑了所有可以选择的情形后，陪审团可能会相当自信地认为：“只

---

① 参见吴小安：《辛普森悖论——逻辑进路和因果进路之争》，《自然辩证法通讯》2018 年第 5 期。

② 参见吴小安：《辛普森悖论——逻辑进路和因果进路之争》，《自然辩证法通讯》2018 年第 5 期。

③ 参见冯姣：《辛普森悖论对描述性统计分析的启示》，《中国统计》2017 年第 8 期。

有从整体考虑了这一案件之后，我们才能意识到，究竟有多大可能原告证明的就是案件事实。”①

三、证据评判引入概率方法的风险

(一)归纳方法本身存在一定的风险

运用归纳方法本身就是一种冒险，归纳逻辑方法必然会存在结果出错的可能，这也是使用归纳方法必须容忍的缺陷，因而在司法证明活动中，便不能期待证明结果必能达到100%准确。

一方面，判决是针对过去发生的事实作出的，而诸如贝叶斯定理等概率计算方法的基础数据是在总结过去事件的典型和一般因素的基础上得出的，这是归纳逻辑的过程。但是，总结具有一般性，而案例故事具有特殊性，将一般化的归纳和概括运用到个案中去裁决具体特殊的事实缺乏一定的说服力，这就注定了有时证明结果将有违公正。因此有学者认为，将普遍化的“规律”运用到个案的裁决从而剥夺个人的人身自由乃至生命，在有些情形下并不能达到真正的排除合理怀疑和内心确信，有违道德也缺少公正。同时，有些依据概率证据作出对某人不利的事实认定不是基于有力且可靠的概率计算，而是因为采用的概率本身存在一定的个人化偏好。② 故在司法证明中应该注意到的是，归纳逻辑结论的或然性属性是不可能得到演绎逻辑的必然性结论。如投掷一枚硬币，决定抛硬币结果的规则是力学定律，其结果要么正面朝上，要么相反，而它有一半可能是正面朝上只是我们预测的，而不是发生的结果本身。但与投掷硬币的概率规则不同，审判是考虑过去的事件，必然存在不完整的信息，而法庭的任务就是在对相关证据进行评估的基础上作出决定，尽管法庭试图追求一种确定性，而这本身就是不可能实现的。

另一方面，运用数学统计模型(如贝叶斯定理)实际上是利用大数据归纳实现“类案类判”。然而，这一功能的实现很容易使法官对具体案件的认

---

① [美]理查德·A·波斯纳:《证据法的经济分析》，徐昕等译，中国法制出版社2004年版，第101页。

② 参见[英]詹妮·麦克埃文:《现代证据法与对抗式程序》，蔡巍译，法律出版社2006年版，第60页。

识形成先入为主的偏见,这与主审法官向上级请示裁判意见无本质差别,对法官的独立性造成了威胁。为此,我们该做些什么呢?贝叶斯定理的似然比应用与证据证明力的证成是完全吻合的,概率论的最主要的价值是提供一种辅助证明即从数学的角度提供另外一种思路。当然面对具体案件,我们能够考虑到案件的特殊之处才是必要的,被广泛采用的DNA证据不仅是基于实证的基础,更是因为其应用考虑到了具体情形,个别亲子关系的特殊情况也考虑在内。对于一些命题,如果我们总是片面地去积累全然支持或者全部反对这个假设的案例,在此后的应用中,只要有一个相反的案例就会证伪这个假设。所以在运用诸如贝叶斯定理等概率计算方法时,其中已经蕴含了一定的风险。

(二)概率也可能导致"精确"数字陷阱

在信息爆炸的时代,各种数字、数据与报表频频出现,如果难以判断这些信息的真实性,我们就会作出错误的选择或决定。在法庭证明中,如果控辩双方呈现出精确的统计数据与百分比结果,作为事实认定者有必要保持谨慎与理性。在面对精确的百分比数字时,关注数字背后的基础数据才会让我们对结论本身有更好的理解。因为不仅是归纳方法本身存在风险,被统计归纳的基础数据本身也会存在诱导性。无论是在柯林斯案还是周文斌案,控辩双方在使用概率性证据时,均选取合乎自己需要的基础数据,使得出示的概率证据的百分比显得畸大或畸小,以影响裁判者的判断,使其形成有利于自己的偏见。这一情形或多或少地体现了"精确"数字陷阱的问题。

就加州大学伯克利分校招生问题而言,基本上每个院系男生比例都小于女生比例,但是最终伯克利分校的男生比例占据优势,这是因为每个院系女生报考基数较男生小很多。若不关注概率背后的基础数据,我们会相当草率地得出伯克利分校招生存在歧视的情形。此外,前面提到"先验概率×似然比=后验概率",从等式中不难发现先验概率与似然比具有一定的抵消作用,若先验概率非常小,即使似然比很大,也不一定得到很大的后验概率。概率性证据的证明价值往往会因为法官(陪审团)的直觉而大大提高,这样一来就相对削弱了其他证据的证明力。因而,作为事实裁判者要足够理性,当控辩一方提出了一个具有相当大证明力的概率性证据时,不是表明案件有了倾向性结果,事实裁判者同时要关注此证据的似然比并结合同类作用的证据才能进一步得出结论。

有的国外学者基于法官(陪审团)往往不精通数学的理由对"数字审判"提出质疑,其中劳伦斯·却伯认为把艰涩神秘的数学概率计算引入到司法证明当中,会使审判者难以参透其中纷繁复杂的假设条件与计算过程的奥秘,但往往会被这些科学措辞所"深深打动",以致不能做到理性地衡量证据的真正价值。[①] 然而,理查德·伦伯特却指出一个现实,即概率性证据在当时美国的司法环境中越来越多地被使用到,概率方法的证明手段在审判实践中逐渐得到普遍接受,这些方法和手段确实可以为审判者的理性思考提供指导。[②]

我国司法实践在经历周文斌一案后,证据的概率分析方法必然会给刑事辩护与追诉犯罪带来一定的启发性作用,这样的概率分析方法在今后的司法实践中必然会再次出现,其中的数字陷阱的问题也必须得到重视。这实际上将会对法官的理性和知识提出更高的要求,因为法官不仅需要能够阅读当事人运用的概率公式,还必须解读出概率背后的基础数据所蕴含的价值。

(三)在证据评判中规避概率方法风险的建议

对于如何正确地在证据评判中运用概率证明方法,需要注意到以下几个方面。

首先,应当意识到,概率性证据对案件事实的证明更多地体现为一种事实相关性而不具有特定的因果性。正如格伦·谢弗提出的:如果我们说在 A 出现的情况下 B 的概率就会很高,由此得出 A 引起了 B,这常常缺乏特定性因果。[③] 所以,对于概率性证据也只是具有相关性的证明,不应被直觉夸大证明价值。此外,单个证据本身就需要其他证据的支撑从而形成

---

① Laurence H. Tribe, "Trial by Mathematics: Precision and Ritual in the Legal Process", *Harv. L. Rev.*, vol. 84, no. 6 (April 1971), pp. 1329-1393.

② Richard Lempert, "The New Evidence Scholarship: Analyzing the Process of Proof", *B. U. L. Rev.*, vol. 66, no. 3 (May/July 1986), pp. 439-478.

③ Glenn Shafer, "A Mathematical Theory of Evidence Turns 40", *International Journal of Approximate Reasoning*, vol. 79 (December 2016), pp. 7-25.

相互印证,印证链条上的证据越多、越广,就意味着对应案件事实的倾向性与结论性。

其次,要肯定法官的自由心证权力并为之创造良好的环境。与概率性证据的归纳而得出的数学统计模型或不断发展的智能司法辅助系统相比,自由意志是人脑的根本优势。基于数据输入与内部算法机制而得出结论的模型或辅助系统,不存在自由意志,也不像人一样拥有顿悟和反思,所作出结论的合理性与正确性有待商榷。然而,法官在审判中运用逻辑与经验去判定证据价值与事实真相,甚至需要细致入微地捕捉当事人或证人的神情、肢体动作,以判断陈述或证言的真实性,遵循内心确信的标准,这是统计模型或辅助系统所不具备的。

最后,为避免影响事实裁判者的独立性与中立地位,必须考虑倾向性不同的证据。就如L.乔纳森·科恩所言,案件事实的认定应当考虑更多的证据,但并不是说证据数量越多证据的完备性就越好,证据的分量就越大,"更多的证据"意味着完全不同的东西,即提供迄今为止缺失的各种信息,以便将证据纳入先前未确定的相关事实认定中。[①] 由于我们国家过于依赖相互印证的证据检验模式,只考虑同一倾向性的证据极易导致错案,所以事实裁判者不能排斥与现有证据相矛盾的证据信息,而应当综合更多的证据信息。

四、结　语

将概率方法引入证据评判中,其重要的价值应当是作为一种提醒和辅助。首先,当我们面对不确性的法律难题,概率评估是一种相对理性和有用的方式。其次,对于一项证据是否具有相关性,贝叶斯定理的似然比是重要的处理工具,其计算的结果对证据是否具有相关性有重要的证明作用。最后,贝叶斯定理要求随着新证据的获得,我们也应当刷新自己对概率的评估,进而影响事实的判断和认定。上述对运用概率性证据的建议在一定程度上能够克服归纳方法的风险与"精确"数字陷阱风险。虽然这无法解决概率在证明评判中的全部问题,但也可以为概率性

---

① L. Jonathan Cohen, "The Role of Evidential Weight in Criminal Proof", *B.U. L. Rev.*, vol. 66, no. 4 (July 1986), pp. 635-650.

证据的使用以及对法官如何判断提供有价值的参考。在司法证明理论不断深入和扩展的今天，概率方法与证据评判的结合不再是一种纯理论的探讨，它更应着眼于司法实践中的相关问题及解决对策。每一次新的讨论、新的思考都会为司法证明的理论与实践研究注入新鲜的“血液”，提供持久的动力。

前沿探讨

认罪认罚从宽制度中值班律师的有效参与

——结合260份公开判决

张　璐*

摘要　值班律师制度的构建和完善对于保障被追诉人的诉讼权利和认罪认罚的自愿性具有重要意义。新《刑事诉讼法》明确,认罪认罚从宽制度中,值班律师的法律定位是提供"法律帮助",其应当作为守护被追诉人认罪认罚自愿性的协助者、量刑结果的协商者和诉讼程序的监督者。基于对判决样本的分析:认罪认罚从宽制度的适用范围具有广泛性;在大部分案件中,被追诉人没有辩护人;值班律师发挥的作用主要是法律咨询。值班律师制度存在的问题是认罪认罚从宽案件中值班律师的覆盖率低;呈现"见证人化";无法保障被追诉人认罪认罚的真实性和自愿性。该制度的完善路径是明确认罪认罚从宽制度中值班律师的角色定位和值班律师制度的具体规则(介入条件、辩护权利和职责),建立健全相关的配套机制。

关键词　认罪认罚从宽;值班律师;有效参与;法律援助

* 张璐,女,山西运城人,山东大学法学院硕士研究生。

一、研究背景及问题的提出

近两年，轻微刑事案件占全部刑事案件的比重上升至约90%。[①] 为了配合庭审实质化改革，提升刑事案件的办理效率，实现"繁简分流"，从2016年开始，为期两年的认罪认罚从宽制度的改革试点工作[②]在全国18个城市[③]进行。然而，在办案机关忙于提升效率时，不精通法律的犯罪嫌疑人或被告人的辩护权利就更容易被忽视，这时有效的法律帮助就显得十分关键。因此《关于在部分地区开展刑事案件认罪认罚从宽制度试点工作的办法》(以下简称《试点办法》)中明确规定，由值班律师为犯罪嫌疑人、被告人提供法律帮助。[④] 2017年8月，《关于开展法律援助值班律师工作的意见》(以下简称《值班律师意见》)对于值班律师的职责和权利义务进行了更为具体的规定。

目前，认罪认罚从宽制度的试点工作已经结束，2018年10月26日新修订的《刑事诉讼法》在法律层面进一步明确。第一，"由值班律师为犯罪嫌疑人、被告人提供法律咨询、程序选择建议、申请变更强制措施、对案件处理提出意见等法律帮助"[⑤]。第二，检察院应当听取值班律师就"被追诉

---

① 近两年的司法数据显示，被判处5年以下有期徒刑的有541913人，占43.96%；被判处缓刑、管制、拘役及单处附加刑的有556259人，占45.12%；被判处免于刑事处罚的有18020人，占1.46%。这些案件被称为轻微刑事案件，占到全部刑事案件比例的90%。有学者指出，其中有相当一部分案件的被告人对被指控的犯罪事实没有异议，希望通过认罪认罚换取从宽处理。参见姚莉：《认罪认罚程序中值班律师的角色与功能》，《法商研究》2017年第6期。

② 2016年7月，中央全面深化改革领导小组第二十六次会议审议通过《关于认罪认罚从宽制度改革试点方案》(以下简称《试点方案》)。2016年9月全国人民代表大会常委会授权最高人民法院、最高人民检察院(以下简称"两高")在结束刑事速裁程序改革的全国18个城市开展了为期2年的认罪认罚从宽制度的改革试点工作。

③ 根据《全国人大常委会关于授权最高人民法院、最高人民检察院在部分地区开展刑事案件认罪认罚从宽制度试点工作的决定》，试点的18个城市分别为北京、天津、上海、重庆、沈阳、大连、南京、杭州、福州、厦门、济南、青岛、郑州、武汉、长沙、广州、深圳、西安。

④ 《试点办法》第5条规定："犯罪嫌疑人、被告人自愿认罪认罚，没有辩护人的，人民法院、人民检察院、公安机关应当通知值班律师为其提供法律咨询、程序选择、申请变更强制措施等法律帮助。"

⑤ 《刑事诉讼法》第36条规定："法律援助机构可以在人民法院、看守所等场所派驻值班律师。犯罪嫌疑人、被告人没有委托辩护人，法律援助机构没有指派律师为其提供辩护的，由值班律师为犯罪嫌疑人、被告人提供法律咨询、程序选择建议、申请变更强制措施、对案件处理提出意见等法律帮助。"

人涉嫌的犯罪事实、罪名及适用的法律规定,从轻、减轻或者免除处罚等从宽处罚的建议,认罪认罚后案件审理适用的程序”等事项发表的意见,检察院听取值班律师意见的,应当提前为值班律师了解案情有关情况提供必要的便利。[①] 第三,犯罪嫌疑人自愿认罪,同意量刑建议和程序适用的,应当在辩护人或者值班律师在场的情况下签署认罪认罚具结书。[②]

基于认罪认罚从宽制度改革对于案件分流机制和优化司法资源配置的突出作用,该项制度一直是新一轮司法改革的重点[③],同时引发了刑事诉讼法学界的热烈讨论。学界对于认罪认罚从宽制度的研究主要集中在其概念内涵和外延,如与我国现有制度、国外辩诉交易等制度以及“以审判为中心”改革的关系,适用范围和阶段、证明标准、审理方式等具体的制度设计和运行等问题。[④] 以值班律师为出发点研究认罪认罚制度的成果主要涉及有效辩护的重要性、标准[⑤],辩护律师的有效辩护[⑥],值班律师的角

① 《刑事诉讼法》第173条规定:“人民检察院审查案件,应当讯问犯罪嫌疑人,听取辩护人或者值班律师、被害人及其诉讼代理人的意见,并记录在案。辩护人或者值班律师、被害人及其诉讼代理人提出书面意见的,应当附卷。犯罪嫌疑人认罪认罚的,人民检察院应当告知其享有的诉讼权利和认罪认罚的法律规定,听取犯罪嫌疑人、辩护人或者值班律师、被害人及其诉讼代理人对下列事项的意见,并记录在案:(一)涉嫌的犯罪事实、罪名及适用的法律规定;(二)从轻、减轻或者免除处罚等从宽处罚的建议;(三)认罪认罚后案件审理适用的程序;(四)其他需要听取意见的事项。人民检察院依照前两款规定听取值班律师意见的,应当提前为值班律师了解案件有关情况提供必要的便利。”

② 《刑事诉讼法》第174条规定:“犯罪嫌疑人自愿认罪,同意量刑建议和程序适用的,应当在辩护人或者值班律师在场的情况下签署认罪认罚具结书。”

③ 《最高人民法院、最高人民检察院关于在部分地区开展刑事案件认罪认罚从宽制度试点工作情况的中期报告》显示,截至2017年11月底,18个试点地区共确定试点法院、检察院各281个,适用认罪认罚从宽制度审结刑事案件91121件103496人,占试点法院同期审结刑事案件的45%。其中检察机关建议适用的占98.4%。

④ 参见陈瑞华:《“认罪认罚从宽”改革的理论反思——基于形式速裁程序经验的考察》,《当代法学》2016年第4期;顾永忠:《关于完善“认罪认罚从宽制度”的几个理论问题》,《当代法学》2016年第6期;孔令勇:《论刑事诉讼中的认罪认罚从宽制度——一种针对内在逻辑与完善进路的探讨》,《安徽大学学报(哲学社会科学版)》2016年第2期;李本森:《法律中的二八定理——基于被告人认罪案件的定量分析》,《中国社会科学》2013年第3期。

⑤ 参见闵春雷:《认罪认罚案件中的有效辩护》,《当代法学》2017年第4期;熊秋红:《“两种刑事诉讼程序”中的有效辩护》,《法律适用》2018年第3期。

⑥ 参见韩旭:《辩护律师在认罪认罚从宽制度中的有效参与》,《南都学坛(人文社会科学学报)》2016年第6期。

色定位和有效介入(介入时间、方式、完善路径)[①]等问题。通过整理文献笔者发现,目前有关认罪认罚从宽制度中值班律师参与情况的研究大多侧重于价值评断,属于静态的制度层面分析,而较少涉足案例分析,缺乏系统的司法实践资料支撑。目前认罪认罚从宽制度改革结束,改革的成效需要结合实践进行考察。

所以笔者试图结合司法实践中的案例,结合理论与实践,分析认罪认罚从宽制度中值班律师的有效参与情况并提出完善路径。为了实现上述研究目的,笔者以较权威的中国裁判文书网和聚法案例作为来源数据库,同时输入"刑事""认罪认罚具结书"[②]"值班律师"三个关键词进行检索,共取得文书 267 篇。除去其中的重复文书等不符合条件的文书,共得文书 260 篇。需要说明的是,本文录得的 260 篇原始文书是全样本的,而非抽样的结果。之所以采用全样本分析,是因为虽然抽样调查是科学的,但是不管采取何种抽样方式,"推断与总体的实际之间总是存在偏差";而全样本分析则更为客观,避免了任何投机行为的发生。但是因为值班律师参与刑事诉讼活动主要集中在审判前程序中,可能出现值班律师进行的活动被遗漏的情形,使得统计结果出现偏差。下文首先从应然层面对认罪认罚从宽制度中值班律师的法律定位和功能进行分析,然后结合选取的 260 个实践案例分析司法实践中的值班律师制度的落实情况和存在的不足,最终分析问题产生的原因,提出完善路径。

二、认罪认罚从宽制度中值班律师的定位及功能

(一)认罪认罚从宽制度内涵

借鉴《试点办法》第 1 条对于认罪认罚从宽制度的规定[③],新《刑事诉讼法》第 15 条从法律层面确立了认罪认罚从宽制度[④]。尽管对于其内涵学界

① 参见姚莉:《认罪认罚程序中值班律师的角色与功能》,《法商研究》2017 年第 6 期。

② 选择"认罪认罚具结书"作为筛选条件之一,是因为《试点办法》第 1 条明确规定,适用认罪认罚从宽制度需要签署具结书。

③ "犯罪嫌疑人、被告人自愿如实供述自己的罪行,对指控的犯罪事实没有异议,同意量刑建议,签署具结书的,可以依法从宽处理。"

④ 《刑事诉讼法》第 15 条规定:"犯罪嫌疑人、被告人自愿如实供述自己的罪行,承认指控的犯罪事实,愿意接受处罚的,可以依法从宽处理。"

仍有争论，但主流观点认为，认罪认罚从宽制度是集合性法律制度。[①] 其中，“认罪”是指被追诉人自愿承认被指控的行为构成犯罪，但被追诉人无须对自己行为性质(罪名、犯罪形态等)有认识[②]；“认罚”是指被追诉人对检察机关建议判处的刑罚种类、幅度及刑罚执行方式均没有异议，而非最终量刑结果的认同；“从宽”的效果体现在案件实体结果的从宽和适用程序从简两方面。[③] 就适用案件而言，除《试点办法》第 2 条规定的四类情形[④]外，只要案件符合《试点办法》第 1 条规定的条件，就可以适用认罪认罚从宽制度。因此，适用认罪认罚从宽的案件也不局限于速裁程序，简易程序和普通程序都可以适用该制度。

不同于美国的辩诉交易中被追诉人的罪名、刑期和程序都可以协商[⑤]，我国的认罪认罚制度严格遵循罪行责相适应的原则，建立在追求案件实质真实的基础之上，即使被告人认罪，也要达到“事实清楚，证据确实、充分”的程度，法院才能认定有罪。但是一旦被追诉人选择认罪认罚，即其适用程序可能简化、审限缩短，便意味着其放弃了一部分诉讼权利，案件审判的精细程度降低。这时，对被追诉人认罪认罚的自愿性和真实性的保障十分必要。尽管被告人对案件事实十分清楚，但是大多案件审理涉及大量复杂的法律适用问题，这使得被告人自己很难作出正确的法律决定，需要专业训练的辩护律师协助，才能最大限度地维护被告人的合法权益。[⑥] 作

---

① 有学者提出，认罪认罚从宽制度指在刑事诉讼中，从实体和程序上鼓励、引导、保障确实有罪的犯罪嫌疑人、被告人自愿认罪认罚，并予以从宽处理、处罚的由一系列具体法律制度、诉讼程序组成的集合性法律制度。参见顾永忠:《关于完善“认罪认罚从宽制度”的几个理论问题》,《当代法学》2016 年第 6 期。

② 参见陈光中:《认罪认罚制度实施问题研究》,《法律适用》2016 年第 11 期。也有学者或地方性法律文件提出需要被追诉人对罪名准确认识。

③ 参见孔令勇:《论刑事诉讼中的认罪认罚从宽制度——一种针对内在逻辑与完善进路的探讨》,《安徽大学学报(哲学社会科学版)》2016 年第 2 期。

④ 《试点办法》第 2 条规定:“具有下列情形之一的，不适用认罪认罚从宽制度:(一)犯罪嫌疑人、被告人是尚未完全丧失辨认或者控制自己行为能力的精神病人的;(二)未成年犯罪嫌疑人、被告人的法定代理人、辩护人对未成年人认罪认罚有异议的;(三)犯罪嫌疑人、被告人行为不构成犯罪的;(四)其他不宜适用的情形。”

⑤ Yehonatan Givati, “The Comparative Law and Economics of Plea Bargaining: Theory and Evidence”, Discussion Paper No. 39, Harvard Law School, 2011.

⑥ Judith L. Maute, “Allocation of Decision-making Authority Under the Model Rules of Professional Conduct”, *University of California Davis Law Review*, no. 17 (1984), p. 1058.

为试点中维护被告人诉讼权利的利器，值班律师究竟能否如制度设计者所想，提供有效的法律帮助？其定位究竟仅仅是法律咨询者还是辩护人抑或其他？功能又如何？

（二）值班律师的定位

值班律师制度最早出现于法律援助制度中[①]，具有初步性、便捷性和及时性的特点。[②] 认罪认罚从宽制度中的值班律师属于法律援助值班律师中的一种，为了配合认罪认罚从宽制度的施行，这类值班律师被赋予了新的任务："为自愿认罪认罚的被追诉人提供法律咨询、程序选择建议、申请变更强制措施、对案件处理提出意见等法律帮助，犯罪嫌疑人签署认罪认罚具结书时应当有值班律师在场。"[③]

因为新《刑事诉讼法》及其他规范性文件将值班律师在认罪认罚从宽制度中的角色定位为提供"法律帮助"，这种新提法使得值班律师的角色定位内涵具有一定的模糊性，学界对此意见不一。有学者认为值班律师不是辩护人[④]，有学者提出应当明确值班律师的辩护人身份[⑤]。笔者更加支持第三种观点，即值班律师作为"法律帮助"者，具有"准辩护人"的权利属性，理由如下：

1.现行法律规范下，值班律师具有部分辩护人的权利义务

《刑事诉讼法》对辩护人的责任进行了界定[⑥]，明确"辩护律师在侦查期间可以为犯罪嫌疑人提供法律帮助；代理申诉、控告；申请变更强制措施；向侦查机关了解犯罪嫌疑人涉嫌的罪名和案件有关情况，提出意

---

① 法律援助值班律师是指由法律援助机构指派，在警察讯问、法庭审判等诉讼阶段免费为当事人提供即时法律咨询、指导，或者作为被指控人的代理人，帮助被指控人申请延期审理、进行保释听证或者处理其他法律事务的律师。参见郑自文、郭婕：《探索建立中国特色的法律援助值班律师制度》，《中国司法》2006 年第 12 期。

② 参见王迎龙：《值班律师制度研究——实然分析与应然发展》，《法学杂志》2018 年第 7 期。

③ 《刑事诉讼法》第 36 条、第 173 条及《值班律师意见》第 2 条第 3 款规定。

④ 参见韩旭：《辩护律师在认罪认罚从宽制度中的有效参与》，《南都学坛（人文社会科学学报）》2016 年第 6 期。

⑤ 参见闵春雷：《认罪认罚案件中的有效辩护》，《当代法学》2017 年第 4 期。

⑥ 《刑事诉讼法》第 37 条规定："辩护人的责任是根据事实和法律，提出犯罪嫌疑人、被告人无罪、罪轻或者减轻、免除其刑事责任的材料和意见，维护犯罪嫌疑人、被告人的诉讼权利和其他合法权益。"

见"[①]。

结合《刑事诉讼法》对值班律师的规定，值班律师的权责具有部分辩护因素：第一，无论是提供法律咨询还是帮助进行程序选择抑或是申请变更强制措施，均属于辩护权的范畴，这与《刑事诉讼法》规定的辩护律师在侦查阶段的权能大体一致。"值班律师"承担的就是侦查阶段的辩护职能。第二，值班律师有权对检察机关的量刑建议提出意见，这说明其与办案机关形成权利义务关系，不仅仅局限在"法律咨询者"的身份。[②]

2. 现阶段值班律师不具有辩护人的某些权利，无法等同于辩护人

第一，从权利内容来看，辩护人具有阅卷权、会见权、申请调查取证权和出庭辩护权等核心权利。但是法律对于值班律师的权利，仅采用"人民检察院……应当提前为值班律师了解案情有关情况提供必要的便利"的模糊表述，这种"必要的便利"究竟是否包括阅卷权、调查取证权等权利，尚不明确。如果将不享有上述三项权利的值班律师看成辩护人，会降低辩护的标准，不符合刑事辩护的基本要求。[③] 第二，不同于辩护人，值班律师不承担"代理申诉、控告"的职能。从《刑事诉讼法(修正草案)》二审稿开始，对值班律师职责进行了调整，将提供"辩护"修改为提供"法律帮助"并删去"代理申诉、控告"的内容，同时在相关条文中对人民检察院审查起诉案件听取值班律师意见、犯罪嫌疑人签署认罪认罚具结书时值班律师在场作出规定。这种变化将值班律师在认罪认罚案件中的职责降格。[④] 第三，从《刑事诉讼法》表述看，将"辩护人"与"值班律师"并列使用[⑤]，也侧面说明"值班律师"并不承担"辩护人"角色。

综上，将具有部分辩护因素的值班律师定位为"准辩护人"更为合理。

(三)值班律师的功能

笔者认为，在认罪认罚从宽制度中，值班律师的功能有三：

---

① 《刑事诉讼法》第 38 条。

② 参见姚莉：《认罪认罚程序中值班律师的角色与功能》，《法商研究》2017 年第 6 期。

③ 参见陈光中、肖沛权：《刑事诉讼法修正草案：完善刑事诉讼制度的新成就和新期待》，《中国刑事法杂志》2018 年第 3 期。

④ 参见胡铭：《律师在认罪认罚从宽制度中的定位及其完善——以 Z 省 H 市为例的实证分析》，《中国刑事法杂志》2018 年第 5 期。

⑤ 如《试点办法》第 15 条第 2 款规定："……犯罪嫌疑人签署的具结书及证明签署具结书时辩护人或值班律师在场的材料……"

1. 守护被追诉人自愿性的协助者

保证被追诉人在认罪认罚时的自愿性是该项改革的重点所在[①]，值班律师在其功能范围内，为被追诉人提供法律咨询、程序选择的建议，弥补被追诉人法律知识的欠缺，确保被追诉人充分了解自己享有的诉讼权利义务，知晓认罪认罚的法律后果，协助公权力机关保证被追诉人认罪认罚的自愿性。

2. 量刑结果的协商者

我国认罪认罚从宽制度中的协商主要针对量刑问题，协商的基础是双方地位平等和信息对称。不具备专业法律知识的被追诉人需要律师的专业帮助，即使值班律师不应被定位为被追诉人的辩护人，其角色也不应为司法机关的合作者，而应视为"准辩护人"，即为争取对被追诉人有利的量刑结果而与控方积极沟通的协商者角色。新《刑事诉讼法》明确，检察院应当听取值班律师就"被追诉人涉嫌的犯罪事实、罪名及适用的法律规定，从轻、减轻或者免除处罚等从宽处罚的建议，认罪认罚后案件审理适用的程序"等事项发表的意见。

3. 诉讼程序的监督者[②]

值班律师作为诉讼程序的见证者和监督者，维护认罪认罚的案件的真实性和自愿性。如在第一次讯问和量刑这类对被追诉人实体利益有重大影响的诉讼阶段，值班律师主要发挥监督程序正义的程序功能，值班律师应以维护被追诉人实体利益为出发点。《刑事诉讼法》要求，犯罪嫌疑人、被告人签署《认罪认罚从宽制度告知书》和《认罪认罚具结书》时，应当有辩护人或值班律师在场监督。这些都是其具有程序见证者和监督者功能的具体体现。

三、值班律师参与情况的现状及问题

（一）样本选择情况

（1）样本来自认罪认罚从宽制度改革试点的 18 个城市（见表 1）。

---

① 参见李立家：《我国值班律师制度的设想与实践——以刑事案件速裁制度到认罪认罚从宽制度的变化为视角》，《中国司法》2017 年第 6 期。

② 参见陈文聪：《值班律师制度的反思与重构》，《中国律师》2016 年第 10 期。

表 1　　样本

项目	数量	项目	数量
北京市人民法院(中院、基层院)	35	南京市人民法院(中院、基层院)	13
天津市人民法院(中院、基层院)	26	沈阳市人民法院(中院、基层院)	22
上海市人民法院(中院、基层院)	25	济南市人民法院(中院、基层院)	21
大连市人民法院(中院、基层院)	11	广州市人民法院(中院、基层院)	27
青岛市人民法院(中院、基层院)	23	深圳市人民法院(中院、基层院)	16
重庆市人民法院(中院、基层院)	26	西安市人民法院(中院、基层院)	15

(2)审判年份集中在 2017～2018 年(见图 1)。

(3)从法院层级来看,基层法院占 95.05%,中层法院占 4.95%(见图 2)。一审程序占 96.41%,二审程序占 3.59%(见图 3)。

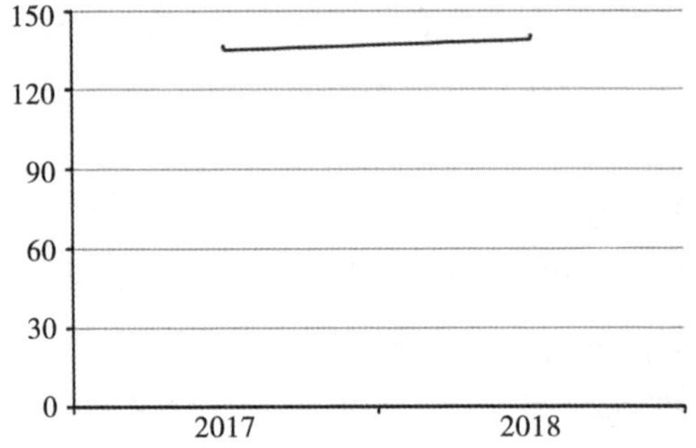

图 1　审判年份

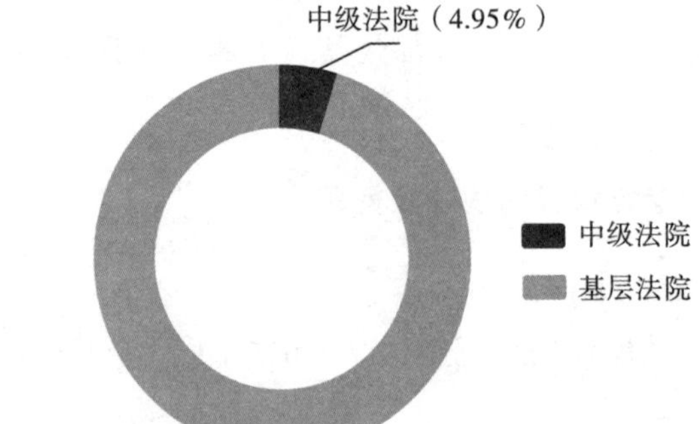

图 2　法院层级

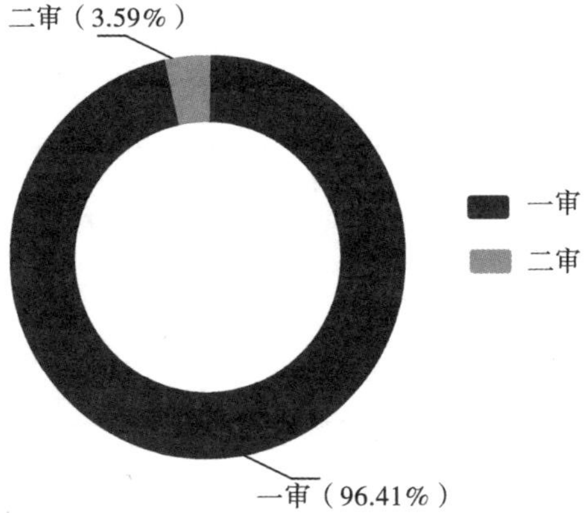

图 3 审理程序

（二）案件统计结果

（1）认罪认罚从宽制度的适用范围具有广泛性。

首先，案件涉及 22 种罪名[①]，其中危险驾驶罪占比最大，为 41.5%。占比较大的罪名见图 4。

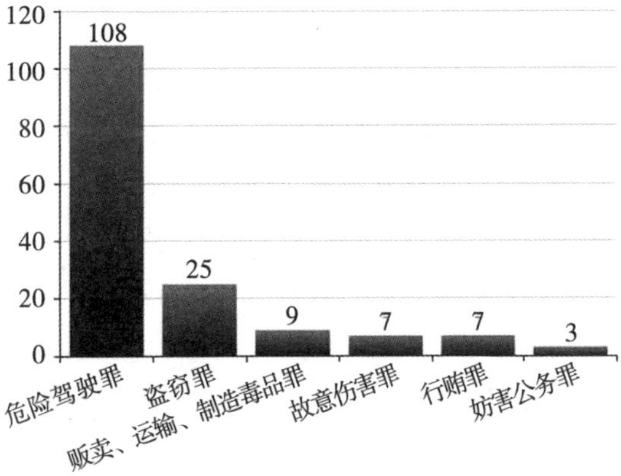

图 4 罪名

① 涉及的罪名主要有：危险驾驶罪，盗窃罪，走私、贩卖、运输、制造毒品罪，故意伤害罪，行贿罪，妨害公务罪，容留他人吸毒罪，非法持有毒品罪，交通肇事罪，抢劫罪，开设赌场罪，寻衅滋事罪，组织、强迫、引诱、容留、介绍卖淫罪，非法拘禁罪，抢夺罪，诈骗罪等。

其次，认罪认罚从宽制度多适用在速裁程序、简易程序和普通程序中(见表2)。

表2　　适用程序

程序	数量	比例
速裁程序	136	52.3%
普通程序	81	31.2%
简易程序	43	16.5%

(2)在大部分案件中，除值班律师外，被追诉人没有辩护人(见表3)。没有辩护人的情形主要出现在危险驾驶罪、盗窃罪等罪名中，大多出现在刑事速裁案件中。

表3　　有无辩护人

有无辩护人	数量	比例
有辩护人(委托或指定)	71	27.3%
无辩护人	189	72.7%

(3)值班律师发挥的作用主要是法律咨询，在值班律师在场的情况下让被追诉人自愿签署认罪认罚具结书。不同的法院表述不同，主要有“值班律师为其提供法律帮助，并在其签署具结书时到场见证”[①]“在律师的见证下向被告人告知了认罪认罚从宽制度诉讼权利”[②]等。

(4)绝大部分案件(96.8%)[③]对当事人认罪认罚情况的描述都是“被告人对公诉机关指控的事实、罪名及量刑建议没有异议并签字具结，且在开庭审理过程中亦无异议，值班律师为其提供了法律帮助”。

(三)样本反映的问题及原因分析

1.刑事案件中值班律师的覆盖率较低，未能实现“刑事案件全覆盖”

笔者试图在中国裁判文书网和聚法案例网上同时输入“刑事”“认罪认

---

① (2017)辽0211刑初448号。

② (2017)京0115刑初1663号、(2017)京0115刑初1472号等。

③ 如(2018)粤0113刑初460号。

罚具结书”两项进行搜索，找到 7325 个案例，但是如果再加上“值班律师”，范围便被限缩到 260 个案例。也就是说，认罪认罚从宽制度中，被判决书记载下来的有值班律师参与的案件仅占到全部案件的 3.54%，此数据尽管存在偏差，但是仍能反映值班律师在认罪认罚从宽制度中的覆盖率较低。

究其原因，笔者认为是值班律师启动程序的非强制性，使得办案机关对被追诉人的权利告知不充分。故值班律师并非强制性的法律帮助，只有在被追诉人没有辩护人的情形下，办案机关才会委派值班律师向其提供法律帮助。① 被追诉人因为法律知识的欠缺，加之办案机关对其权利义务告知不充分，并不知道可以申请值班律师的法律帮助，申请值班律师帮助的比例偏低，影响了值班律师制度功效的发挥。② 这有违《刑事诉讼法》对“犯罪嫌疑人、被告人没有委托辩护人，法律援助机构没有指派律师为其提供辩护的，由值班律师为其提供法律帮助”的规定。

2. 值班律师呈现“见证人化”，难以提供有效的法律帮助

在笔者选取的 260 个案例中，大部分(96.8%)的判决书中都记载“值班律师为其提供法律帮助，并在其签署具结书时到场见证”。但是对于值班律师帮助被追诉人进行“程序选择、申请变更强制措施”的却鲜有提及，仅有 13 个(5%)案例明确提及值班律师帮助进行程序选择或申请变更强制措施，剩余判决完全未作出任何说明。对于“法律咨询”的内容也不作说明，仅仅用“值班律师提供了法律帮助”一笔带过。这不免让人对值班律师的履职情况心生怀疑。只在被追诉人需要签署认罪认罚具结书时“走个过场”，值班律师难以实现其作为被追诉人自愿性保护者和程序监督者的功能，反而更像是“司法合作者”。

产生值班律师“见证人化”的原因来自办案机关、法律缺陷和值班律师自身等很多层面。从办案机关角度来说，办案机关对值班律师的职能定位认识有偏离，很多检察官抗拒值班律师对于认罪认罚从宽程序的监督作

---

① 根据《试点办法》第 5 条的规定，犯罪嫌疑人、被告人自愿认罪认罚，没有辩护人的，人民法院、人民检察院、公安机关应当通知值班律师为其提供法律咨询、程序选择、申请变更强制措施等法律帮助。

② 参见吴小军：《我国值班律师制度的功能及其展开——以认罪认罚从宽制度为视角》，《法律适用》2017 年第 11 期。

用,将值班律师仅等同于签署具结书时的见证人,忽略其应有的法律帮助的功能。从制度设置角度来说,其法律缺陷在于尽管赋予值班律师协助进行控辩协商的任务,却没有明确规定其阅卷权和调查取证权等权利,使得值班律师在提供法律帮助时始终处在被动局面,无法实现控辩平等。而从值班律师自身问题的层面考虑,有的值班律师本身法律素养就不高,无法承担起有效参与的责任;值班律师不断轮换,又迫于地方执业的压力,缺乏认真履职的动力。

3.值班律师无法保障被追诉人认罪认罚的真实性和自愿性,存在"认假罪"情形

笔者选取的案例中,尽管判决书基本都记录"被告人对公诉机关指控的事实、罪名及量刑建议没有异议并签字具结,且在开庭审理过程中亦无异议",但是在某个案件中,被告人在二审中指出,自己当时因为法律意识淡薄错认了500元的犯罪所得,签署认罪认罚具结书也是因为工作人员说"签了就可以尽快结案"。[①] 这说明尽管有值班律师作为见证人,被告人认罪认罚的自愿性仍未能保障;被告人在认罪认罚时值班律师可能并不在场。此外,也有其他学者在著作中提到类似主动[②]或因法律意识淡薄被动"认假罪"[③]的情形。

造成上述问题的一个重要原因是法律对值班律师介入认罪认罚从宽程序的时间规定不明。从试点情况来看,未明确规定值班律师在刑事诉讼各阶段介入的时间,在关键时点如被侦查机关第一次讯问或采取强制措施之日,审查起诉阶段同意量刑建议、签署具结书时,值班律师介入时间的迟延无法有效地保障被追诉者的认罪认罚的自愿性。尤其是在被告人除值班律师外没有辩护人的案件中(85.1%),值班律师对被追诉人来说是唯一

---

① (2017)粤01刑终2069号。上诉人梁志刚上诉称:(1)其只贩毒两次,第一次卖了400元的毒品,第二次就是被抓获当日的这次卖了500元的毒品。其归案后因受派出所误导而自认贩毒、自认其钱包中的500元是贩毒的毒资。其当时知道自己错了,一定会认罪认罚,且其视力差,供词任由派出所怎么写,其就认罪签字,法律意识薄弱。(2)其当时签署认罪认罚具结书,是因为办案人员告诉其签了就可以尽快结案,只会判其一年多或者几个月。

② 参见彭波:《刑事速裁程序试点实施一年不仅仅是为了办案快》,《人民日报》2017年7月22日。

③ 参见田文昌:《"认罪认罚从宽"必须有法官和律师参与》,2018年8月10日,http://www.pkulaw.cn/fulltext_form.aspx?gid=290127。

懂法的人，其在关键节点的缺位可能对被追诉人认罪认罚自愿性和真实性产生极大影响。其他原因与值班律师“见证人化”的原因存在重合，故此处不再赘述。

四、值班律师有效参与的完善路径

针对上述认罪认罚从宽改革中值班律师制度存在的问题，借鉴学者在著作中提出的思路[①]，笔者认为认罪认罚从宽改革中值班律师制度的完善具体可从以下三个层面展开：(1)明确值班律师的角色定位是前提条件；(2)完善认罪认罚案件中值班律师制度的规则：介入条件、辩护权利和职责；(3)应建立健全相关的配套机制以促进值班律师制度更好地落实。

(一)明确值班律师的角色定位

新《刑事诉讼法》在措辞上将值班律师的职能概括为“法律帮助”，值班律师在认罪认罚从宽制度中扮演的角色可以理解为“准辩护人”。从其诉讼权利和功能来看，第一，值班律师在认罪认罚从宽制度中的定位并非仅限于简单地提供法律咨询意见，而是具有“提供法律咨询、程序选择、申请变更强制措施”等部分辩护性权利。第二，在认罪认罚从宽案件中，值班律师主要在审前阶段发挥职能，主要是在控辩双方对犯罪事实、量刑建议以及程序适用达成合意的审查起诉阶段，确保值班律师的有效参与。

另外，值班律师在诉讼过程中应同时承担守护被追诉人认罪认罚自愿性的协助者、量刑结果的协商者、诉讼程序的监督者三种职能。

(二)完善认罪认罚案件中值班律师制度的规则

在《刑事诉讼法》的实施阶段，应在值班律师的介入条件、辩护权利和职责等方面予以明确：

1.值班律师的介入条件及时间：落实权利告知机制，实行值班律师强制在场制度

尽管《试点办法》将“认罪认罚”作为值班律师介入的前提条件[②]，新

---

① 参见贾志强：《论“认罪认罚案件中的有效辩护”——以诉讼合意为视角》，《政法论坛》2018年第2期。

② 《试点办法》第5条第3款规定“自愿认罪认罚，没有辩护人的”犯罪嫌疑人、被告人才能获得值班律师的帮助。

《刑事诉讼法》并未对值班律师的介入时间和条件进行限制，明确规定“人民法院、人民检察院、看守所应当告知犯罪嫌疑人、被告人有权约见值班律师，并为犯罪嫌疑人、被告人约见值班律师提供便利”。

为了防止办案机关怠于履行告知义务，受限于我国有限的法律援助司法资源，笔者赞同学者提出的实行值班律师强制在场制度①，增加办案机关应当告知而没有告知的法律后果，如排除相关供述、程序回流、对办案人员进行惩戒等措施，保障被追诉人的知情权。

2. 值班律师的权利

第一，明确其阅卷权。阅卷是律师了解案件事实的基础途径，但目前的法律规定中均未明确值班律师是否有阅卷权。值班律师需要在阅卷后了解案件事实的前提下，解决信息不对称的问题，保证被追诉人认罪认罚中实体和程序选择的自愿性和真实性。一些试点地区赋予了值班律师阅卷权，同时也并未影响到诉讼效率的提高。例如在福州市台江区，值班律师享有会见权和阅卷权。②

第二，落实值班律师在整个诉讼进程中的在场权。《试点办法》仅规定了值班律师在被追诉人签署具结书时的在场权③，但值班律师要发挥作用，应全程参与控辩双方的协商过程。

检察机关与犯罪嫌疑人之间的协商及合意达成主要发生在审查起诉阶段的“提审环节”，检察人员在提审犯罪嫌疑人时，应同步通知值班律师到场，从而使得犯罪嫌疑人、值班律师、检察官三者能够“面对面”地沟通协商。赋予值班律师在场权的意义在于：一方面，确保控辩协商对话的平等性，防止被追诉人受到胁迫和强制，保障被追诉人相关意思表示的真实性；另一方面，为值班律师进行法律帮助提供必要的空间和时间条件，值班律师能够及时发表相关意见，尤其是为被追诉人争取量刑方面的利益。

3. 值班律师的“法律帮助”职责

赋予值班律师必要的辩护性权利，其实是为了让其履行必须尽到的职

---

① 参见王迎龙：《值班律师制度研究——实然分析与应然发展》，《法学杂志》2018年第7期。

② 参见《福建法院刑事诉讼改革调查：从刑事速裁到认罪认罚从宽》，2018年11月13日，http://www.court.gov.cn/zixun-xiangqing-49932.html。

③ 《认罪认罚试点办法》第10条第2款规定：“犯罪嫌疑人自愿认罪，同意量刑建议和程序适用的，应当在辩护人或者值班律师在场的情况下签署具结书。”

责。作为被追诉人在没有辩护人时的“准辩护人”，值班律师应有实质性的参与，为被追诉人提供有效的法律帮助。而不应像一些试点地区那样，只是作为“见证人”，走走过场，为整个程序的正当性和合法性做“背书”。值班律师的“主战场”应在审查起诉阶段，重点围绕诉讼合意的达成，其主要职责包括以下几个方面：

第一，全面履行告知义务。值班律师应明确告知被追诉人其所享有的一系列诉讼权利，详细解释认罪、认罚以及适用简化程序的性质和法律后果，客观说明适用认罪认罚从宽制度可能带来的“好处”，确保被追诉人在“明知”和“明智”的前提下自愿作出认罪、认罚及程序选择的意思表示。

第二，结合案件情况，申请变更强制措施。这里主要是针对被羁押的犯罪嫌疑人而言，同时也是我国所面临的一个“特色问题”。在一些试点地区，认罪认罚案件同样也有着较高的羁押率。看守所的恶劣条件、羁押所带来的无助和恐惧感等因素可能会对被追诉人产生一种心理上的强制效果，进而影响其认罪认罚的真实性和自愿性。值班律师应积极申请羁押变更，摆脱因羁押而带来的不利处境。

第三，审查起诉阶段，值班律师应当在场。在诉讼合意达成的关键阶段，值班律师的在场权既是其权利，也是其义务。值班律师应维护被追诉人的诉讼权利，将被追诉人涉嫌的犯罪事实、罪名及适用的法律规定和从轻、减轻或者免除处罚等从宽处罚的建议告知人民检察院。

（三）完善值班律师制度的相关配套机制

第一，拓展值班律师工作点的设立范围。目前值班律师工作站仅设立在看守所和法院，针对被羁押的犯罪嫌疑人，检察机关指派驻守在看守所的值班律师。为了顾及非羁押状态下的被追诉人，应将值班律师工作点拓展到检察院等办案机关。① 第二，加强对值班律师履职的保障。从优化硬件设施、为值班律师行使相关权利提供充足的时间保障和提高经费保障水平等三方面为律师履职提供保障。② 第三，加强对值班律师的培训及考核。一方面，司法行政机关、律协等有关部门应对值班律师办理认罪认罚

① 参见林中明：《上海：认罪认罚从宽制度全面铺开成效初显》，《检察日报》2017年4月25日。

② 参见陈永生：《刑事法律援助的中国问题与域外经验》，《比较法研究》2014年第1期。

案件进行业务培训,使值班律师明确自己的职责;另一方面,建议相关主管机关制定值班律师援助质量标准,建立评估考核机制,确保值班律师认真履职。第四,加强科技手段的运用。实现电子化阅卷,降低时间及金钱成本,提升效率。如深圳市福田区等地已实现了案卷电子化,并设立了电子阅卷室,值班律师能够快捷便利地获取相关案卷。

论网络服务提供者刑事责任的归责模式

——以拒不履行网络安全管理义务罪为切入点

吕笑笑*

摘要 拒不履行网络安全管理义务罪是一种纯正的不作为犯罪，刑法没有明确规定"安全管理义务"的内容，更没有在区分不同种类的行为主体的基础上赋予区别化的安全管理义务，这成为本罪在实践中发挥其应有价值的阻碍。本文试图在现行刑法以及刑法学理论的基础上，以拒不履行网络安全管理义务罪名为切入点，探究以保证人地位为核心的网络服务者刑事责任归责模式的适用。

关键词 网络服务提供者；保证人；假定因果关系；客观处罚条件

随着互联网技术的发展，各色网站及其提供的网络信息丰富和便捷了人们的生活，但同时，网络技术的发展降低了违法信息传播和违法活动实施的成本，成为滋生违法犯罪行为的"港湾"。网络犯罪数量和种类的上升也给传统的刑法规制带来诸多挑战，迫于法律解释方法越来越不能满足复杂网络犯罪案件刑法适用的困境，制定专门的网络刑事法律随即被推上历

---

* 吕笑笑，中国海洋大学法学院本科生，刑事法方向。

史的舞台。《刑法修正案(九)》的出台似是能解燃眉之急,但是,新的法律条文在实践运作中却频繁出现模糊地带,尤其是新增的拒不履行网络安全管理义务罪,由于法律条文并没有明确本罪的犯罪主体概念以及作为义务的内容,本罪在目前为止的司法实践中适用次数为零。

本文试图以拒不履行网络安全管理义务罪为切入点,探索以保证人地位为核心的网络服务提供者刑事责任的归责模式的适用。只有明确网络服务提供者在本罪名下的归责模式,方能正确适用刑法条文,使立法与司法实践进行有效连接,最终使刑法条文发挥其应有的价值。

一、问题核心——作为义务的来源与内容

(一)刑法框架内网络服务提供者的责任

现行刑法关于网络服务提供者的刑事责任的特殊规定主要是第六章妨害社会管理秩序罪的第 286 条之一拒不履行网络安全管理义务罪以及 287 条之二的帮助网络犯罪活动罪,除此之外,网络服务提供者作为一般主体也能够成立其他分则罪名。总结来看,在现行刑法框架内,网络服务提供者可能涉及的刑事责任主要分为三种情况:第一,自身以作为的方式违反刑法的禁止性规定,成立单独犯罪。网络服务提供者构成普通罪名单独犯的情形,由于网络服务提供者与其他行为主体没有实质区别,因此进行刑事归责时没有实践或理论领域的障碍。第二,与其他主体成立共同犯罪,在成立共同犯罪的情形下,要根据刑法规定,区别适用共犯正犯化的刑法规定和普通的共犯理论。第三,不履行网络安全管理义务,造成法定的严重后果的,成立纯正的不作为犯罪,即构成本罪。《刑法修正案(九)》增加了本罪,将维护网络安全的管理义务以刑法规范的形式施加于网络服务提供者,且不探究归责原因,单是以刑法教义学的视角对本罪进行分析,可以得出以下几点:(1)本罪的行为主体是特殊主体,即身份犯;(2)本罪是纯正的不作为犯罪,只有行为人不履行或不完全履行作为义务才能够构成本罪;(3)本罪是结果犯,只有导致法定的危害结果的发生才成立本罪。[①]

---

① 参见梁根林:《传统犯罪网络化:归责障碍、刑法应对与教义限缩》,《法学》2017 年第 2 期。

（二）本罪的模糊地带

针对本罪，理论界有诸多不同的争论[①]，主要的争论之一便是：网络信息时代信息技术日新月异，难以界定网络服务提供者在何种情况下的何种行为属于“不履行网络安全管理义务”。[②] 问题具体描述为：刑法没有明确规定网络服务提供者安全管理义务的内容，更没有在区分不同种类的网络服务提供者基础上划分责任的轻重。为解决这一问题，首先需要解决的是网络服务提供者作为义务来源的问题。作为义务的来源实质考察的是行为主体与被保护的法益之间的关系，因此明确行为主体是明确作为义务来源的前提。刑法及相关司法解释并没有明确规定本罪行为主体“网络服务提供者”的概念以及分类，其他部门法律法规虽然对网络服务提供者进行了简单的类型化，但是不同的法律法规的划分不同，多有交叉与难以涵盖之处。例如《中华人民共和国反恐怖主义法》区分电信业务经营者与互联网服务提供者，而在《中华人民共和国网络安全法》中将二者统称为网络服务提供者。其次要解决的是作为义务的内容，实质上在明确了作为义务来源的情况下，作为义务的内容会相应地被确定。立法中行为主体类型与作为义务内容的缺失或许蕴含着立法者的权衡，或出于形势政策方面的考量，认为信息技术迅猛发展的时代，为避免法律的滞后性及挂一漏万的现象，则交由行政法规来具体规定。但是，目前来看关于网络规制的行政法规不甚完备，行政执法与刑事司法衔接不足，导致网络服务提供者安全管理义务的内容模糊不清，同时，在不加区分的基础上赋予不同网络服务提供者相同的安全管理义务，严重违背罪刑相适应的刑法原则。

另一个问题是，“监管部门责令采取改正措施而拒不改正”的性质，属于本罪的客观处罚条件还是构成要件要素？若为客观处罚条件，则不需要证明行为人“拒不改正”的主观方面出于故意（分析“拒不”的字面含义，排除行为人主观处于过失状态的可能），只要经适格行政机关进行过行政处理，行为人没有改正的事实客观存在，即可追究其刑事责任；若为构成要件

---

① 主要的争议有：（1）网络行政法规不完善，安全管理义务不明确，违背罪刑法定原则；（2）监管部门处罚不明确，罪名的设置将会阻碍网络技术的发展；（3）分辨信息是否违法超出网络服务提供者能力范围，违背期待可能性；（4）网络服务提供者是否采取改正措施难以界定，实践操作困难。

② 参见周光权：《网络服务商的刑事责任范围》，《中国法律评论》2015 年第 2 期。

要素,则需要处于主观有责的基础上,即需要证明行为人“拒不改正”是出于故意,才能追究其刑事责任。

若归责体系不完善,其效果会走向两种极端,一端是本罪的滥用,另一端便是使本罪成为“僵尸条款”,极大浪费立法资源。但是,不管是立法者还是刑法学者,都认为网络服务提供者违反安全管理义务的行为,有必要通过刑法加以规制。基于此,建立一种较为普遍的归责模式以适应不断发展的信息技术,阐明网络服务提供者作为义务来源以使其作为义务明确化便成为一种有价值的探索。

二、以保证人理论为核心的归责模式的选择与适用

(一)理论选择

纯正的不作为犯罪只能由行为人的违反作为构成,因此通常情况下,作为义务的内容会通过刑法条文明确规定,行为人没有履行刑法规定的义务之外的义务不会成立犯罪,因此一般不会存在归责障碍。不纯正的不作为犯罪的场合,事实上是将行为人的消极不作为与积极侵犯法益的行为等置,那么便产生这样的疑问:行为人何种情况下存在保护法益的义务?义务内容为何?为什么将行为人消极不保护法益的行为与积极侵犯法益的行为等置?总结来说,即不纯正不作为犯罪中行为主体的作为义务来源与义务内容的问题。为解决这一问题,具体的理论主要有保证人理论和监督过失理论。本罪虽然属于纯正的不作为犯罪,但是如前所述,本罪存在作为义务来源与内容不清的缺陷,因此学界常常引用讨论不纯正不作为犯罪的作为义务的理论来研究本罪。

1. 监督过失理论的适用

监督过失理论是指由于监督者没有履行或者没有完全履行对于被监督者的监督义务,使被监督者的行为直接引起了危害结果发生,监督者因此应承担刑事责任的情形。[①] 表面上看,本罪似乎符合监督过失理论所探讨的情形,网络服务提供者对于其提供的网络信息、网络空间等处于监督者的地位,监督者在具有结果预见可能性以及结果避免可能性的前提下的

---

① 参见韩玉胜、沈玉忠:《监督过失论略》,《法学论坛》2007 年第 1 期。

不作为实行行为引起了危害结果发生时，便可以通过监督过失理论实现归责。作为义务的来源和内容都是对于特定场所、特定物的监督义务。但是，仔细分析会发现，监督理论在本罪的适用中存在几个不容忽视的问题：第一，监督过失理论解决的是过失犯罪问题，分析本罪的犯罪构成可以得知本罪属于故意犯罪，因为在“经监管部门责令改正仍不改正”的情况下，行为人对于危险结果的发生不可能处于“应当预见而没有预见”或者“已经预见而轻信能够避免”的状态。第二，监督过失理论所要求的危害结果，必须是处于监督者支配之下的被监督者的行为直接引起的，但是在本罪情境中，网络用户利用网络服务提供者提供的平台或者信息等实施犯罪行为，无论是该犯罪行为还是网络用户都不处于网络服务提供者支配之下。第三，监督过失理论不能点出具体情境中的“监督义务”为何，无法根据不同的网络服务提供者的现实角色区分其监督义务，实质上只是把“安全管理义务”替换成“监督义务”，产生的效果没有太大差别。基于以上三点，笔者并不赞同运用监督过失理论来探究行为的作为义务来源与内容。

2.保证人理论的适用

保证人理论认为不纯正不作为犯罪的行为人是否具有作为义务，关键要看行为人是否具有保证人地位，只有具有保证人地位同时能够履行保证人义务的情况下怠于履行，从而发生危害结果，才会发生不作为与作为等置的问题。[①] 在此，保证人理论的优势在于它能够同时解决行为主体的作为义务来源与内容两个方面的问题，即可以通过网络服务提供者在现实中的角色分类判断行为人是否处于保证人地位并能够履行保证义务，从而在分类的基础上，合理界定不同种类的网络服务提供者的作为义务内容以及当违反作为义务时，危害结果与实行行为之间的因果关系。

关于保证义务的发生根据，理论界有不同的学说，主流观点认为保证义务主要来源于：(1)对于特定法益的保护义务；(2)对危险源的监督管理义务。对于特定法益的保护义务，是指与行为人有特殊关系的人陷入危险时，行为人帮助其脱离危险的义务。其包含以下几种情形：(1)基于自然联系产生的义务，例如父母子女之间的抚养、扶养义务；(2)基于密切共同体

① 参见宫厚军：《“保证人说”之演变及其启示》，《法商研究》2007年第1期。

产生的义务，在共同体内部，成员之间基于高度的相互信赖关系产生相互依存和救助的义务；(3)基于自愿承担行为产生的义务，也就是我们常说的“救人救到底”的情况。

当能够确定网络服务提供者的保证义务的性质属于以上何种时，便可以在该种作为义务性质的基础上探讨网络服务提供者对于什么样的危害结果的发生具有实质支配力，在具有相应的支配力的情形下，违反作为义务导致法定危害结果发生情形就可以进行刑事归责。详言之，网络服务提供者与其他主体之间没有上述自然联系、密切共同体关系，以及没有自愿承担的行为，因此不负担对于特定法益的保护义务。那么，网络服务提供者提供各种网络服务的行为属于先行行为吗？所谓先行行为，实质是指足以使他人陷入危险的行为，换句话说，先行行为必须创设或者提升了一种不被社会普遍观念所能接受的风险。在信息日益庞杂、人与人交流日益密切的时代，提供互联网接入服务、在互联网上传信息内容、提供搜索引擎、电商平台以及网络社交平台、提供代理缓存或者存储服务等行为可能滋生诸多危险，但是，正如只要司机驾车在道路上行驶就有危险发生的可能性一样，这种行为所创设的可能危险相较于其带来的收益而言，是被社会普遍观念所能够接受的，为了追求有用性，允许人们冒着这种危险行事。同时，按章驾驶的行为本身没有使他人的人身、财产陷入危险境地，真正使他人陷入危险的是司机的肇事行为。同理，网络空间提供服务的行为不会使他人的人身、财产陷入危险，因此网络服务提供者的服务行为不是先行行为。

实质上，网络服务提供者的保证人义务来源于对自己所支配的领域发生的危险具有管控义务。由于网络服务提供者对于与其所提供的服务相关的网络空间具有决定性的影响①，他就具有排除在该特定空间发生危险的义务。由此看来，问题的关键是“支配领域”或者“决定权”。也就是说，只要是网络服务提供者所能够支配的领域发生的危险，其都具有排除危险的保证义务。这样一来，网络服务提供者的作为义务内容的问题就转化成了网络服务提供者对哪些危险具有支配力的问题，而这一问题则可以根据

① 参见[德]乌尔里希·齐白：《网络服务提供者的刑法责任——刑法总论中的核心问题》，王华伟译，《刑法论丛》2016年第4卷。

网络服务提供者在实践中的现实角色以及技术力量等加以区分和确定。

(三)以保证人理论为核心的归责模式构建

1.网络服务提供者类型化

采用保证人理论要解决的问题是:“谁”具有履行“什么义务”的法律义务。因此首先要解决的是本罪的犯罪主体问题,对网络服务提供者的保证人地位的探讨应当首先建立在对其进行类型化的基础之上。

关于对网络服务提供者的分类,国内刑法学界存在较大的争议,有的主张以所保护法益为基础的三分法,认为本罪保护的法益是网络空间的秩序,因此将网络服务提供者划分为网络空间的开辟者、运行者、维护者①;有的主张以服务功能为基础的三分法,即网络接入服务提供者、网络平台服务提供者、网络内容和产品服务的提供者②;有的则是以服务内容为分类依据的四分法,网络内容服务提供者、代理缓存和存储服务提供者、接入服务提供者和搜索引擎服务提供者③;有的结合服务内容与功能,将其划分为中间服务提供者、互联网信息服务提供者和第三方交易平台服务提供者④。事实上,国内刑法学界对网络服务提供者的分类探讨是在借鉴德国与欧盟法的基础上进行的,2007年德国《电信媒体法》区分了四种类型的网络服务提供者,这也是德国一直沿用至今的立法分类,其分类的依据是网络服务的内容。

如前所述,对网络服务提供者进行分类的目的是在网络服务提供者的现实功能与保证义务之间架起一座沟通的桥梁,因此,根据网络服务提供者提供的服务内容或者服务功能进行划分是最行之有效的划分方法。上述以服务内容为分类依据的四分法存在分类上的不完整,即不能包含电商平台、交友平台等平台服务提供者;以服务内容和功能相结合的三分法中的“中间服务提供者”又存在外延不明的缺陷,严格来说第三方交易平台也是一种中间服务,这种外延上的模糊与交叉为定性带来困难。因此,笔者赞成将网络服务提供者按照服务内容分为接入服务提供者、平台服务提供

① 参见李世阳:《拒不履行网络安全管理义务罪的适用困境与解释出路》,《当代法学》2018年第5期。

② 参见谢望原:《论拒不履行信息网络安全管理义务罪》,《中国法学》2017年第2期。

③ 参见梁根林:《传统犯罪网络化:归责障碍、刑法应对与教义限缩》,《法学》2017年第2期。

④ 参见皮勇:《论网络服务提供者的管理义务及刑事责任》,《法商研究》2017年第5期。

者、内容服务提供者的三分法。接入服务提供者是指为接入信息网络提供各项配套服务的人,最突出的例子是各种电信服务商;平台服务提供者则包含搜索引擎、网络存储、社交平台、电商平台等服务的提供者,例如360搜索引擎、滴滴等均属于平台服务;网络内容服务提供者即制作并上传网络信息的主体,例如百度文库、新浪等。

需要说明的是,在网络信息技术日新月异的时代,虽然固定分类具有天然的滞后性特征,但是正如法律具有滞后性一般,这是立法和法学理论永远无法解决的问题,不能因法律的滞后性特征就此否定成文法的价值,对于网络服务提供者的分类亦是如此。分类只是表象,不同的服务者承担着不同角色背后蕴含的保证义务各有不同才是问题的实质。在实践运作中,网络服务提供者的类型变成了网络服务提供者现实角色与其保证义务之间的"CPU",一端输入网络服务提供者在现实生活中的服务内容和方式,另一端输出的是其是否具有保证人地位以及保证义务的内容。

2.类型化基础上的保证人地位判断

如前所述,网络服务提供者具有基于对其支配领域的管控义务产生的保证人地位。在互联网领域,这种关系可以总结为:离特定的信息越近的网络服务提供者,其对信息安全的支配力越强,因此承担的监督义务越早或者越强。[①] 基于以上分类,距离信息最远的是网络接入服务提供者,只要能确定网络接入服务提供者具有对网络信息的"决定权",就能确定其他种类网络服务提供者的"决定权",即赋予他们管控义务。笔者看来,网络接入服务提供者客观上存在这种"决定权",只要其切断接入通道或者拒不提供信息传输服务,违法信息就不会进入网络空间,甚至可以说,网络接入服务提供者所具有的"决定权"具有源头治理的地位。但是,具有对危险源的监督义务,就一定产生保证人地位吗?为了解决这一问题,我们不得不进行更深层次的思考,那就是实质的支配力问题。

保证人地位包含两层逻辑关系:首先是有作为的义务,前文已详述;其次是行为人对他人的生命、身体、财产有排他的、实质的支配力,只有同时具备作为义务及实质支配力的情形下才能赋予行为人保证人地位。所谓

① 参见王华伟:《网络服务提供者的刑法责任比较研究》,《环球法律评论》2016年第4期。

“实质支配力”，需要同时符合以下条件：(1)行为人能够控制危险的发生；(2)行为人防止危险的发生是容易的；(3)存在结果发生的重大危险；(4)只有极少数人能防止危害结果发生，行为人是其中之一；(5)行为人和被害人之间具有根据法律或者合约所规定的联系。[①] 具体到网络服务提供者，网络服务提供者与被害人一般存在合同或者服务关系，借鉴德国法的相关规定[②]，判断是否具有现实支配力，可以从以下几个方面考察：(1)行为人知道他人利用其提供的服务进行违法犯罪活动；(2)阻却这种行为的发生在技术上具有操作可能性；(3)实施该种技术不超出其能力范围。笔者认为，此处“实质支配力”判断与期待可能性的判断异曲同工，期待可能性理论可以运用于判断不同种类主体对违法信息是否具有“实质支配力”。

其一，从实质支配力的角度来看，对于接入服务提供者而言，他们只是提供网络接入服务，距离特定的违法信息十分遥远，如果将网络信息比作水流，那么接入服务提供者就是架起水管的人。除非让其切断所有服务通道，否则不能控制具体的信息内容以及信息传播途径，或者只能进行极为有限的控制，例如在办理网络接入服务时审查行为人的资质条件等，但是实践中这种控制带来的效果是微乎其微的。然而，若令网络接入服务提供者通过切断服务通道的方式来履行安全管理义务，则无异于饮鸩止渴，这意味着网络信息技术从此走向穷途末路。也有学者以中立行为理论来解释网络接入服务提供者所提供的服务[③]，生活中某些日常行为的实施在无意中直接或间接为违法行为的实施提供了帮助，但是这些行为被社会所接受，甚至是社会发展必不可少的，运用法经济学的思考模式，这种行为产生的社会收益远高出其创造的危险，因此这种行为就不应当为刑法所规制。网络接入服务提供者在此处的情境类似于：如果有人在水源中投毒造成饮水的人死亡，那么起初架起水管的人不能因此被追究责任。因此，网络接入服务提供者在其提供的服务领域不具有保证人地位。

其二，对于网络平台服务提供者而言，从技术层面观察其对所提供的服务内容的支配力，在一定程度上有能力实现对于明显违法信息的事先审

---

① 参见[日]前田雅英：《刑法总论讲义》，曾文科译，北京大学出版社2014年版，第95～96页。

② 参见王华伟：《网络服务提供者的刑法责任比较研究》，《环球法律评论》2016年第4期。

③ 参见车浩：《谁应为网络时代的中立行为买单？》，《中国法律评论》2015年第3期。

查操作,通过在程序中设置规避关键词或者自动检索关键词句可以形成一张大的“过滤网”。所有信息在进入该平台之前先由系统自动进行第一步“过滤”。当然,实践中不乏通过技术方法或者玩弄文字技巧的方式规避审查的情况,因此这种过滤机制带来的效果十分有限。即便如此,也不能赋予平台服务提供者更重的事先审查义务以及实时监督义务,可以从三个角度来解释这个问题:第一,若赋予平台服务提供者过重的事先审查义务,则意味着个人信息要受到过分严格的审查,在公共安全与个体自由的博弈中,个体的通信自由及隐私权将会被过度牺牲。第二,世界范围内普遍确立了著作权领域的“避风港归责”,刑法作为比民法规制的手段、后果等更加严厉的规制方法,根据举轻以明重的法律逻辑,网络服务提供者的刑法义务应在“通知移除”的范围之内。第三,正所谓“法不强人所能”,事先审查以及实时监督可能不仅是成本问题,恐在技术上难以实现,如果不加区分地赋予平台服务提供者事先审查和实时监控的义务,必然使其承担过重的负担而束缚网络技术的发展和网络服务提供者的经营自由。当然,应当肯定的是,平台服务提供者对被告知违法信息后的删除、切断行为一般情况下具有现实支配力,即平台服务提供者在知晓违法信息数据的情况下,若不履行删除、切断等安全管理义务,则能够成立本罪。但是,这种实质支配力并非绝对,应当在具体案件中进行具体判断。例如,违法信息数据数量过于庞大以致超出平台服务提供者技术操作的能力范畴,或者信息数据被采取加密措施等导致不能进一步实施技术措施等,这些情形的出现均可能会阻断平台服务提供者的保证人地位。

其三,网络内容服务提供者又因其提供服务的具体方式不同而产生不同的责任形式。当其本身是违法信息的制作主体或者明知是违法信息而上传时,其构成刑法分则具体罪名,是一种以作为的形式构成的犯罪,虽然具有网络服务提供者的主体身份但是能以本罪归责。只有当网络内容服务提供者不知信息违法而上传或者不能证明其明知信息违法而上传的情形下,才会涉及本罪的适用问题,此时,需要考察其保证人地位是否成立。网络内容服务提供者所提供的网络服务处于与信息数据相隔最近的环节,对于其提供的信息具有完全的支配力,自然有义务保证上传的信息合法合规,避免侵权及违法犯罪行为的发生。保证义务的内容不仅包括通知删除的义务，甚至还可能存在一定的实时监督和事先审查的义务。

需要强调的是，即使通过以上方式能够确定某种网络服务提供者对于信息数据安全有保证人地位，他的这种保证人义务的内容也应当仅限于报告删除义务，即被动监督义务，只有在被通知信息内容违法的情形下，负有删除信息、切断通道的义务。事先审查和实时监督的义务只有在个别情形下才应当被赋予网络服务提供者，个案中的判断应当着重从刑事政策以及技术现实性的角度考量。

三、归责模式中的其他问题

（一）因果关系问题

不作为犯罪只有发生危害结果才能追究刑事责任，因此因果归责是不作为犯罪中的关键问题。在作为犯罪中，以客观归责理论确定因果关系的方法可以简称为“如无，则不”，即如果行为人没有实施刑法禁止的行为，那么在符合一般规律的情况下特定的危害结果不会发生。在不作为犯罪的场合，客观归责理论可以相应被演变为“如有，则不”，即行为人如果实施了刑法所期待的行为，则危害结果不会发生。但是，这种因果关系的判断在本罪环境下可能遇到障碍，当某个具体的网络服务提供者不提供相关接入服务或平台服务时，违法行为人依然可以通过其他的网络服务者或者其他通道传播或者获取违法信息从而导致危险结果的发生。也就是说，即使某个网络服务提供者履行了安全管理义务，特定的危害结果仍然可能通过其他途径发生。事实上，这个问题涉及刑法理论中的假定因果关系问题，假定的因果关系是指假定行为人不存在时，结果也会由其他行为人或者自然力引发。在假定因果关系的场合，客观归责是否受到阻碍呢？正如徐成教授所言：“刑法规范不能因某一法益存在多个危险就放弃对法益的保护。”[①]同时，考察行为是否构成犯罪的唯一依据是是否违反刑法规定，该行为是否加重了被害人的不幸不是犯罪构成层面的问题。具体到本罪，即使某个特定的网络服务者履行了安全管理义务，也不能必然阻止危害结果的发生。但是，在存在大量可替代性的犯罪主体的情况下，所有在法律上

① 徐成：《假定因果关系、合义务替代行为与法所不允许风险的实现》，《刑事法评论》2016年6月30日。

具有结果避免义务和结果避免可能性的人都全部被考虑进来，只要其中之一没有履行法律期待的作为义务从而导致了特定危害结果的发生，就应当承认单个主体的不作为与危害结果之间的因果关系。

(二)客观处罚条件问题

在探讨本罪的构成要件时，我们留有一个疑问，罪状中所描述的经行政机关处理后仍不改正，是本罪的客观处罚条件还是本罪的构成要件要素？

通说认为，客观处罚条件是指某种行为举止独立于不法和责任，由于与行为密切相关而被作为犯罪成立要件之外的、决定行为可罚与否的实体要素，具有限制处罚范围的功能。通俗讲，即满足什么客观条件才能对行为人进行处罚，所以处罚阻却事由事实上是其另一种说法，我国刑法有许多“阻却处罚的根据”的规定，主要包含三类[①]：(1)个人的处罚阻却事由，由于个人存在特殊身份而不予处罚，例如享有外交豁免权的主体；(2)事实的处罚阻却事由，因为某种事实不存在而不予处罚，例如刑法中关于逃税罪不予处罚的规定；(3)个人的撤销处罚事由，主要指中止犯的情形。那么，本罪此项内容是否属于事实的处罚阻却事由呢？我们可以类比刑法关于逃税罪的规定，行为人经过行政机关处理并缴纳罚款和滞纳金后，不追究其刑事责任。通说认为，该项规定属于事实的处罚阻却事由，即行为人如果不存在不接受行政处罚的情形，则不会对行为人的逃税行为进行刑事处罚。本罪同样可以进行如下解释：如果行为人不存在经监管部门责令改正而不改正的行为，则不会对其进行刑事处罚。由此观之，本罪此项内容属于事实的处罚阻却事由，也就是属于客观处罚条件，因此无须证明行为人“拒不采取改正措施”的主观方面出于故意或者过失，即使在无法查明的情况下，仍可以本罪追究其刑事责任。这可以有效解决实践中难以查明行为人在收到行政机关处理通知后未进行改正的主观方面属于故意还是过失的问题，提高本罪的可操作性。

四、总　结

在涉及网络服务提供者不履行安全管理义务，导致法定的危害结果出

---

① 参见周光权：《论内在的客观处罚条件》，《法学研究》2010 年第 6 期。

现的场合，考察网络服务提供者的刑事责任，需要首先根据网络服务提供者的现实角色进行初步归类，在归类的基础上判定其是否具有保证人地位，其保证人地位实质来源于对自己支配的领域的监管义务，因此重点考察该种网络服务提供者对其提供的服务或者危险的发生有多大的实质支配力。当确定行为人具有保证人地位后还不能由此判定其承担刑事责任，还应当考察是否引起了法定的四种危害结果，因果归责是否成立以及是否符合客观处罚条件。

笔者试图在现有刑法规范与刑法理论的基础上探究网络服务提供者的归责模式，但在研究过程中笔者发现，障碍不断涌现，不是刑法条文本身的缺陷，也不是理论研究得不够透彻，而是刑法理论与司法实践的脱节。本罪是行政法规制与刑法规制衔接的又一典范，然而司法实践中这两种规制手段的衔接机制却并未有效建立。“立法先行”的法治理念固然有其自身优势，但是司法实践如何紧跟理论的步伐，对新的法律规范和法学理论作出有效回应，这是我们应当进一步思考的问题。

人工智能民事主体地位研究

王风瑞*

摘要 民事主体是一个开放的范畴，从“家父”到“法人”，民事主体是社会发展使得特定社会存在在民法制度中取得必要地位的结果。人工智能的本质属性在于意志性，即对于外部世界能够进行规律性认识并作出理性反应，基于联结主义和行为主义的人工智能已经具备了成为民事主体的本质要件。人工智能的类人化发展使得其取得民事主体地位成为大势所趋，但是并非所有的人工智能均能够达到民事主体所要求的程度，法律应当为人工智能成为民事主体设定条件和程序，使得在一定范围内从事民事活动的人工智能取得民事主体地位，独立承担民事责任。

关键词 人工智能；民事主体；联结主义；行为主义

一、问题的提出

人工智能即“artificial intelligence”，是将智能科技、自动化技术等创新拓展，用于研究并开发出能模拟人类思考、行动的科技产品。[①] 近些年来，人工智能的智能化发展颠覆了人们的传统认知，AlphaGo 系列机器人

---

* 王风瑞，男，山东大学法学院本科生，民商法理论方向。

① 参见邵语千：《人工智能的现状及发展趋势》，《科技传播》2018 年第 10 期。

接连打败李世石、柯洁等众多顶尖棋手，沙特阿拉伯授予香港汉森机器人公司生产的机器人索菲亚公民身份等事件，使得人们必须重新审视人工智能。2017年7月，国务院印发《新一代人工智能发展规划》(国发〔2017〕35号)，更是一石激起千层浪，各领域对于人工智能的研究如火如荼。该规划指出，在移动互联网、大数据、超级计算、传感网、脑科学等新理论新技术以及经济社会发展强烈需求的共同驱动下，人工智能加速发展，呈现出深度学习、跨界融合、人机协同、群智开放、自主操控等新特征，其中类脑智能蓄势待发，呈现出强劲的动力。在依托大数据、云计算、互联网的背景之下，人工智能的自主性必然使其摆脱绝对的工具地位。机器人的自主性越强，就越难将其当成是其他主体(比如制造商、所有人、使用者等)手中的简单工具。① 人工智能是否能够摆脱绝对客体的地位取决于法律的定位，在信息技术爆炸式发展的时代，法律的功能不再限于定分止争，而是必须做到未雨绸缪，符合时代潮流。

人工智能不仅在全球范围内建立其自己的生态格局，而且对人类生活造成重大冲击。在人工智能类人化方向的发展之下，类人化的地位是法律所要解决的重点。在科技伦理与人类伦理、科技生产与自然繁衍、道德治理与法律治理的博弈之下，法律是否赋予人工智能主体地位，是信息时代社会主体重构的结果。作为各法律部门的母法，民法在信息时代举足轻重。人工智能在与外部世界进行交互作用、维度刻画的过程中，已进入民法领域，使民法陷于滞后的境地。在拥有深厚底蕴与严密体系的前提之下，人工智能并不能打破传统民法之框架，人工智能的民事主体地位问题需要在传统理论中准确嵌入。

二、民事法律主体的性质

"主体"一词，本属哲学之范畴，指对客体有认识与实践能力的人。在各门社会科学中，"主体"总是意味着某种自主性、自觉性、自为性、自律性，以及某种主导的、主动的地位。② 法律主体并非自然衍生之概念，而是法

---

① 参见司晓、曹建峰：《论人工智能的民事责任：以自动驾驶汽车和智能机器人为切入点》，《法律科学》2017年第5期。

② 参见张文显：《法哲学通论》，辽宁人民出版社2009年版，第257～258页。

律抽象的结果,是对于参与法律关系的对象进行法理概括的结果。

法律主体,狄骥将其定义为"可以成为主观权利执掌者的分子"。"由于客观法是命令或禁止作为某些事情的全部规则的总体,是一般意义上的命令规则总体,很明显这些规则只能适用于自觉的意志,但只有以个人身份出现的人才具有一种自觉的意志",因此狄骥认为只有以个人身份出现的人才是法律的主体,将儿童、疯人和社团法人排除在外。狄骥的理论将法律主体定位于"自觉的意志",即"必须在社会制裁下有禁止或命令他做某件事情的社会规则,即必须有这样的规则:一经违反就要引起有相当完全组织的集体反应"。[①]

与狄骥相左,凯尔森却完全持实证主义的观点,认为法律主体并不具有自然人的身份,仅仅是法律规范的人格化,"法律上的人并不是'它的'权利和义务之外的一个分立的主体,而不过是它们人格化了的统一体,或者由于义务与权利就是法律规范,所以不过是一批法律规范的人格化的统一体"。自然人其实就是一种"法"人,其与法人没有实质的区别,法人纵然是虚构的,但是有自己的意志,"它具有一个它自己的、并非其成员意志的意志,法人的意志是真正的意志,是国家所承认的"。可见对于法律主体,凯尔森继承了罗马法中"persona"的法律意义,认为其是法律的构造,这种观点对于今天建构法律主体制度,大有裨益。[②]

在法律主体的内涵上,拉伦茨与凯尔森的主张具有相通性,其亦认为法律主体是法律上的构造。"《德国民法典》中使用的'人',是一个形式上的人的概念,构成这一概念的必要条件只有权利能力","对人的概念的形式化,使法律制度可以将人的概念适用于一些形成物。他们虽然不是伦理学意义上的人,但法律制度赋予它们'权利能力'"。而法律主体的属性,在于具有自我意识,应当自主地决定自己的存在,相对于人则更应当承担起责任。同样作为实证主义的定义,拉伦茨与凯尔森对于法律主体的认识异曲同工,只不过凯尔森将自然人与法人视为法律上一种无差别的法律构

---

① 参见[法]莱翁·狄骥:《宪法论——法律规则和国家问题》,钱克新译,商务印书馆1959年版,第323～331页。

② 参见[奥]凯尔森:《法与国家的一般理论》,沈宗灵译,商务印书馆2013年版,第151～172页。

造，而拉伦茨在给定伦理人的范畴时，并未将法人纳入其内。①

对于法律主体，我国学者李锡鹤强调必须从主体与客体的相对关系中界定法律主体。“能在另一方上实现自己意志”，“可以支配稀缺资源之存在”的即是法律主体。“主体可以在对象上实现自己的意志，故主体必须有意志。所谓主体支配客体，其实是主体的意志支配客体。意志是主体的核心和灵魂。”②虽然李锡鹤强调从相对关系中界定法律主体，并且将相对关系提升到支配关系的层次，但是其并没有离开法律主体的核心要素——意志，其理论的归属仍在于意志。

通过以上学者的论述，我们不禁要对法律主体的内涵进行反思。而此处的反思，是指因为所有对象、性质、事变的真实性、内在性、本质性及一切事物所依据的实质，都不是直接地呈现在意识的前面，也不是随对象的最初外貌或偶然发生的印象所提供给意识的那个样子。③

虽然各学者对法律主体内涵的界定大相径庭，但却是殊途同归。狄骥的理论将法律主体的落脚点放在了“自觉的意志”上，而所谓意志，其在于“使得这世界成为应如此”④，通过行为使得客观世界达到自己理性认知的状态；自觉，是自我的发现与实现，维护和发展自由的真实实现；自觉的意志，便是理性地认识到世界是如此，并使其如此。狄骥之所以认为唯有人具有“自觉的意志”才能成为法律主体，乃取决于社会物质条件，理论受限于当时自然科学对于人生理功能的认识以及法人治理体系和治理结构的不完善性。狄骥所指称的“自觉的意志”是法律主体的本质属性，是法律主体区别于客体所在。虽然拉伦茨与凯尔森均认为法律主体是法律上的构造，不是自然发展之结果，但是法律构造的法律主体必须有自然或社会上的区别性，否则法律便成了一种任意构造的工具，法律主体也从法律上失去了意义。而此种区别性凯尔森认为是“意志”，拉伦茨总结为“自我意识”。凯尔森认为自然人与法人均具有国家所承认的、独立的意志。这种

① 参见[德]卡尔·拉伦茨：《德国民法通论》，王晓晔等译，法律出版社 2003 年版，第 56～57 页。

② 李锡鹤：《民法哲学论稿》，复旦大学出版社 2009 年版，第 22～32 页。

③ 参见[德]黑格尔：《小逻辑》，贺麟译，商务印书馆 2015 年版，第 422 页。

④ 参见[德]黑格尔：《小逻辑》，贺麟译，商务印书馆 2015 年版，第 74 页。

意志是“导致原始人以‘灵魂’赋予自然中的事物那种万物有灵论的信念”[①],即人能够认识客观世界并作出理性反应。而拉伦茨的自我意识是建立在康德的哲学之上,其基础是善良意志——善良意志并不单纯是一个愿望,而是能汇集我们力量中所有手段的意志。善良意志“只存在于规律自身的概念中”,“单纯对规律自身的符合”,就是意志的原则。对于善良意志来说,“理性是绝对必要的”,因为“理性的正当功能必定是产生在其自身即是善的意志,而不是产生仅仅作为手段的善”。[②] 理性不仅指人类认识并感知世界的事物及其规律性的能力,而且也包括人类识别道德要求并根据道德要求处事的能力。从这一角度讲,凯尔森与拉伦茨所强调的法律主体的本质在于对于客观世界的理性认识,并且基于此认识而作出的理性反应。李锡鹤从主客体的关系出发,认为法律主体是支配客体的存在,而支配的形式是于客体之上的意志的实现。因此在法律主体的认识上,所有学者对于主体最根本的性质似乎达成了一种默示的统一,无论是坚持实证主义还是坚持自然主义者,均将意志作为法律主体不可或缺的本质特征。“主体的本质属性,在于其意志性。意志是主体存在的根据,法律主体有别于客体在于其意志之自由,免于被支配之地位。主体本质上是意志之存在形式,人身本质上就是主体之存在形式。”[③]

想要识别法律主体,我们必须首先识别意志,但是现实中我们往往将任意作为一种自由的意志。“当我们说到意志的自由时,大都是指仅仅的任性或者任意,或指偶然性的形式意志而言。”[④]意志并非是任意的意思表示,而是有生命东西的一种因果性,是一种自律的意识。自由意志,是“那种其准则任何时候都把普遍规律当作内容的意志”,“这就是说,意志所固有的性质就是它自身的规律了”。[⑤] 只有对客观世界及其规律有理性认识并作出合理反应的意志才是自由的意志,而客观世界既包括自然界也包括

---

① [奥]凯尔森:《法与国家的一般理论》,沈宗灵译,商务印书馆2013年版,第171页。

② 参见[德]伊曼努尔·康德:《道德形而上学基础》,孙少伟译,江西教育出版社2014年版,第6～18页。

③ 李锡鹤:《应寻找民事主体之“法理门槛”——民事主体成为民事主体前之共性》,《上海政法学院学报》2018年第5期。

④ [德]黑格尔:《小逻辑》,贺麟译,商务印书馆2015年版,第303页。

⑤ 参见[德]康德:《道德形而上学原理》,苗力田译,上海人民出版社1986年版,第101页。

人类社会。

意志的行使必有结果的负担，负担是意志的附属品，也是意志的必然产物。负担作为法律责任的形态出现在法律中，使得法律责任成了民事主体的应有之义。基于法律责任的本质，西方法学家提出了影响较大的三个理论，即道义责任论、社会责任论和规范责任论。道义责任论以自由意志论为基础，假定人的意志是自由的，有自觉行为和行使自由选择的能力，因此违法者应对自己出于自由意志而做出的违法行为负责。社会责任论以决定论为基础，假定一切事物有其规律性，违法行为之发生是由于客观因果规律而非意志自由之选择，因此只能根据客观存在决定其责任性质。规范责任论将法律责任视为一种违反法律规范的否定评价，是法律价值判断的结果。[①] 前面我们已经论述，自由意志是法律主体最基本的要素，作为法律主体其最基本的能力便是基于自己的理性判断作出合理的反应，其意志的选择和行为的行使并非取决于客观因果规律，而是有其内在的自由性，就此而言，法律主体自身应负担自由意志选择的结果。从法律关系的角度出发，法律关系是确立的法律主体对于稀缺资源支配的一种秩序，而此种秩序是以权利和义务为框架建立起来的。法律主体欲实现对于客体之支配，必须具有实现权利与义务基础内容的要素。法律义务是法律关系的第二要素，“责任”本身即是义务的一个方面，是由于违反第一性义务而引起的第二义务。“除了权利主体与义务主体之外，法律主体还应当包括责任主体这一内容。实际上，‘责任’本身就是‘主体’的应有之义。”[②]正如约翰·马丁·费舍所言：“人是通过某些机制承担责任从而使机制成为他们自己的。”[③]法律主体只有通过法律规范承担责任，才能使得法律规范以法律主体为中心建构起来，形成系统的法律秩序。

习惯法时期的民事主体制度与后来的民事主体制度最为显著的区别就是动物、超自然的物、无生命的物可以成为民事法律主体。[④] 而罗马法采取家父代表的方式，一个生物学意义上的人并不必然是民事主体，只有

---

① 参见张文显：《法理学》，高等教育出版社 2007 年版，第 169 页。

② 胡玉鸿：《法律主体概念及其特性》，《法学研究》2008 年第 3 期。

③ [美]约翰·马丁·费舍、马克·拉维扎：《责任与控制——一种道德责任理论》，杨绍刚译，华夏出版社 2002 年版，第 231 页。

④ 参见蒋学跃：《法人制度法理研究》，法律出版社 2007 年版，第 24 页。

具备必要的条件,被视为家父时,才能成为民事主体。家父作为一个基本的概念单位,其权利的对象除包括一些物,还包括隶属于家父的自由人。[①]近代民事主体最大的发展在于法人制度的产生。纵观民事主体制度的发展历程,民事主体发展有其自身的特点。可见民事主体制度并不是哲学推演的结果,也不是法学自然发展的附属品,而是社会历史发展反向推动的结果,其具有法律性和社会性。所谓法律性,是指法律关系主体由法律规范而定,不得任意参加法律关系;而社会性则是指法律关系主体的决定有赖于社会物质生活条件。[②] 近代以来民法发展的一个重要方面在于民法的工具性诉求日益加深,"现代民法是以自由和效率为目的的,换言之,民法也是一种理性的工具,它以权利—义务模式,将市民之间的关系归结为一种可以计算的关系,人被归结为一种数字操作"[③]。近代民法对于民事主体的追求,在于权利与义务的承担,其生物性、伦理性、道德性已经被法律制度的时代发展所抛弃,这也是法学作为社会科学独立发展的必然结果。

三、人工智能的"主体性"基础

什么是人工智能,这是人工智能领域最基本的概念性问题,也是一个极具逻辑思辨的哲学概念问题。一般来看,人工智能是指人类生产的具有类脑性思维的智能工具,与自然演进的人类智能相对应。人工智能是对人脑的模拟与扩展,是研究人造的智能机器或者智能系统来延伸人类智能的一门科学。自20世纪50年代以来,基于对"智能"不同的理解,人工智能领域先后形成了符号主义、联结主义和行为主义三种模式。

符号主义以物理符号系统假设和有限合理性原则为基础,蕴含着深厚的数理逻辑思想。"物理符号系统"和"启发式搜索"是符号主义最重要的两条定律,前者是理解人工智能的根本性质和特征的假设,后者则告诉人们这一系统如何运作。[④] 符号主义将人类认知的过程视为一个信息加工

---

① 参见[意]朱塞佩·格罗索:《罗马法史》,黄风译,中国政法大学出版社1994年版,第11页。

② 参见包玉秋:《法理学研究》,人民出版社2007年版,第66~67页。

③ 谢鸿飞:《现代民法中的"人"》,《北大法律评论》2000年第2期。

④ 参见王颖吉:《作为形而上学遗产的人工智能——休伯特·德雷福斯对人工智能的现象学批判》,《南京社会科学》2018年第3期。

的过程，把人类认知的信息抽象成各种物理符号，通过人类逻辑规则假设生成物理符号系统。物理符号系统通过已有的条件进行智能检索，并将获得的潜在可能的解进行智能匹配与验证，进而通过串行搜索的方式求得最优解。人工智能的符号主义范式的发展经历了三个阶段：第一个阶段以表征与搜索为主，第二个阶段以“微世界”分析程序、场景分析程序等为主，第三个阶段以专家系统与知识工程为主。这条发展线索逐步把人工智能研究的目标，从最初通过建造智能系统来理解人类智能扩大到应用领域。① 但是，符号主义存在着自己天然的缺陷。由于目的表征是一个生理性的过程，具有内部意思分解与重构的过程，符号主义不可能具有目的表征性，依据符号主义所得出的各种解不具有任何的意图。判断 X 能否理解 Y 不是一个简单的判断谓词是否符合的过程，其存在内部判断性。还原论的理性主义方法无法对非线性、非系统的复杂问题进行有效的处理，简单的线性分解会使得系统性遭到破坏，且形式化的处理方式对于常规问题处于回避状态。② 基于符号主义所产生的人工智能系统，其本质在于符号的排列与数理计算，本身不具有对客观世界的识别功能，对于外部表象不可能作出理性认知并基于此进行合理反应，完全处于一种被动的状态。由于符号主义完全依赖于已经设定的符号规则，符号规则不变则运算进路不变，基于符号主义产生的智能产品不具有自主的变动性与进步性，这使得该智能产品最基本的功能——计算也完全区别于人类的逻辑，从而也就成为一种完全静止的系统性工具。因此，基于符号主义所产生的人工智能不具有“自由意志”，不具备成为民事主体的基础。

联结主义以神经网络、神经网络的外部空间联结机制和学习算法为基础，其认为智能在于以神经元为结构基础的信息处理系统，通过考察人类神经系统网络，从而模拟人类神经中枢的层级结构，建立起智能中枢。联结主义认为认知活动是神经元经验结构的结果，通过对于神经元的解构与模拟，实现对于信息的分步递归与处理。联结主义也并不否认计算是认知的核心，但是其进行的计算不同于符号主义的数理逻辑计算，而是一种生

---

① 参见成素梅：《人工智能研究的范式转换及其发展前景》，《哲学动态》2017 年第 12 期。

② 参见王广赞、易显飞：《人工智能的三大流派：比较与启示》，《长沙理工大学学报（社会科学版）》2018 年第 4 期。

物计算和神经计算,并且这种计算具有连续性,区别于符号主义的非连续性的符号模型。联结主义的复兴得益于深度学习技术的发展,深度学习技术通过局部递归构成和刻画不同的维度,形成局部特征识别的功能,并能够存储和递进到更高维度进行高维特征,这使得多层神经网络通过局部递归实现局部优先特征而忽略次要细节,并使局部优先特征加入整体结构的模拟。多层神经网络的构造相当于原来的一个小型的神经网络被嵌入到大的神经网络之中,形成认知网络功能上的集群化。[①] 这种无监督的自我学习方式,使得人工智能可以进行类人脑性的归纳式总结学习,建立一种自下而上的认知范式,其对于客观世界已经具有理性认知的基础。同时与符号主义的外部表征不同,联结主义采取了内部表征的方法。对于内在表征而言,它所表征的对象的结构与表征本身的结构具有相似的内部约束,表征所需要的逻辑关系是内在于表征本身,而不是由外部赋予的。也就是说,它是诉诸表征与对象之间的相似性来建立表征关系的。[②] 而这种内部表征赋予了所定义符号以语义性,从而使得人工智能的认知是有意向的。由此可以看出,深度自我学习使得人工智能在特定领域可以实现对客观世界的自我认知,这种认知是一种无监督式、持续性、自主性的过程,使得人工智能对于客观世界的认识具有了主动性,这也是 AlphaGo Zero 版本能够通过三个月的自我学习成为顶尖棋手的原因。同时,这种多层级的类人脑神经系统使得人工智能对于信息的处理具有了系统性、层次感,使得其在与外部世界的不断交互之中对于问题的解答不断优化,避免了符号主义简单线性分解的难题。基于联结主义,人工智能既可以实现对于外部世界自主性、持续性的认知与学习,又可以在交互之中选择合理的解,这就打破了人工智能被动性的僵局,使其具备了民事主体"自由意志"的基本特征,具有成为民事主体的潜质。

行为主义是基于控制论建立起来的,所谓控制论,是指"在自控理论、统计信息论和生物学的基础上发展起来的,机器的自适应、自组织、自学习功能是由系统的输入输出反馈行为决定的",从而引入了一部分心理学的

---

① 参见张寅生:《认知科学对人工科学的引领趋势》,《学术界》2015 年第 12 期。

② 参见夏永红、李建会:《人工智能的框架问题及其解决策略》,《自然辩证法研究》2018 年第 5 期。

要素。行为主义的人工智能是通过对外部世界的交互感知来做出相应的行为，通过模拟人类的进化机制，使得人工智能取得自动适应的能力。人工智能与外部环境相适应的协调机制本身是一种学习机制，人工智能基于内部已经建立的学习模型，通过对外界环境的不断学习，保留优秀的规则，以达到处理复杂情况的效果，进而其能够在未知的环境中运行，具有类人性学习处理未知问题的能力。行为主义人工智能区别于联结主义的最大特征在于行为主义能够实现主体之间的协调。行为主义人工智能具有自主性和自治能力，既可以与其他人工智能主体进行协调行为，也可以对其他主体的请求进行响应或者拒绝，甚至可以通过战略选择在不同的交互模式中进行转化。例如基于互惠战略可以与其他人工智能主体强化合作，相互学习；基于竞争战略可以研究对方之缺点，加强遏制。[①] 行为主义人工智能不仅具有了人类经验主义特征——通过与外界环境的交互积累经验，作出合理反应，而且使得人工智能具有了社会性——能够实现与其他人工智能基于不同的目的而选择不同的相处模式，或学习，或抵制，或合作，或竞争。这就意味着人工智能已不仅仅是一个个体存在，而已成为群体存在，其已经具备足以成为社会主体的先决条件，这些条件对于人工智能成为法律主体不仅充分，而且必要。

统筹考量人工智能的发展状态，符号主义人工智能显然不具备成为民事主体的条件，其仅能够对客观环境进行静态、非反复、简单线性拆解，对于非系统性问题不具有可应对性。基于联结主义和行为主义的人工智能，它们可以实现对于客观世界自主、无监督式地学习，基于客观世界不断变化的情况能够作出有效应对，可以在经验积累的基础上不断与外部环境实现交互，其已具备民事主体本质的意志性要素。民事责任承担问题本身是一个法技术性问题，并非人工智能本身技术发展的问题，有赖于法技术性规定加以解决。

四、人工智能的民事主体地位探究

将民事主体的范畴封闭，将一切时代发展的产物拒于民事主体的门外

---

① 参见徐心和、么健石：《有关行为主义人工智能研究综述》，《控制与决策》2004 年第 3 期。

是对于法律作为社会科学本质的否定，基于联结主义和行为主义模式所建构的人工智能已经具有自发性、自觉性，已经具备了成为民事主体的潜质。但是，轻易作出定论将人工智能纳入民事主体的范畴，在没有配套理论、制度的支撑之下必将造成民法自身的混乱。将人工智能纳入民事主体范畴虽然是一条结局可能性之路径，但理论必须条分缕析，对其民事主体资格的获得作进一步探究。

对于人工智能的民事主体地位问题，之前学界普遍流行的观点有电子奴隶说、代理说和工具说。这些学说均属于“否定说”，认为人工智能不能够成为民事主体，其仅为增进人类利益的工具。基于目前对于人工智能产品民事主体地位的重新审视，我国学者提出了众多新的观点，但是各学者所持立场大相径庭，观点莫衷一是。

“电子人说”从自然人、动物或无生命体法律主体的历史演化，现有法律主体根植之本体、能力与道德要素角度出发，认为人工智能具备自主性、自动性，已不再是单纯受法律支配的客体，应赋予其“电子人”的法律地位。[①] “人工类人格说”从民事主体构成的要素出发，认为民事主体必须具备生理学要素、心理学要素和社会学要素，即健全的人体和人脑、独立的意志、能够充当特定的社会角色。由于人工智能不具备生理学要素，并且在心理学和社会学要素上也有不完善性，因此人工智能只享有人工类人格——人类制造的人格。[②] “有限人格说”认为，人工智能与其他科技产品有着巨大的区别，其具有独立思考的能力，但人工智能仍作为工具存在，仅应具有有限的法律人格，仅享有有限的权利义务。即便人工智能发展到具有自我意志的程度，其构造结构、生产方式与人类存在根本性的不同。[③] “否定说”目前仍占据主导地位，但其依据各不相同。有的学者认为适格的法律主体既是理性主体，但同时也必然是欲望主体，唯其如是，才能成为适格的利益负担者，人工智能是纯然“理性”的算计，不具备、也无法模拟人类欲望运作的机制，它不是欲望主体，因而也无法成为适格的法律主体。[④]

---

① 参见郭少飞：《“电子人”法律主体论》，《东方法学》2018 年第 3 期。

② 参见杨立新：《人工类人格：智能机器人的民法地位——兼论智能机器人致人损害的民事责任》，《求是学刊》2018 年第 4 期。

③ 参见袁曾：《人工智能有限法律人格审视》，《东方法学》2017 年第 5 期。

④ 参见龙文懋：《人工智能法律主体地位的法哲学思考》，《法律科学》2018 年第 5 期。

有的学者认为人造机器没有自身的目的，其工作目的非常特定，且为人类设计者所设计；同时，机器人没有自身积累的知识，其机器知识库的知识都是特定领域的，并且都是人类输入的。模拟和扩展“人类智能”机器人虽具有相当智性，但不具备人之心性和灵性，与具有“人类智慧”的自然人和自然人集合体是不能简单等同的①，从而排除了人工智能成为民事主体的可能性。更有学者认为，探讨人工智能是否具有法律主体资格实际上显得多余，也毫无必要，因为即便赋予其法律人格，最终的责任承担者都是人。②

上述学说虽各有千秋，但是严密性有待商榷。“电子人”认为人工智能具有伦理价值、道德责任是有待商榷的，从目前人工智能的发展状态来看，人工智能尚不具有伦理、道德层面的价值，并且“电子人格”是同自然人格内涵相同还是具有独立内涵并不明确，该学说并不周严。“人工类人格”认为民事主体应当具有生理学要素、心理学要素、社会学要素，但是现代民法的工具性诉求日益加剧，以自由和效率为目标的特点日益凸显，对于民事主体生物性、伦理性、道德性的追求已经为时代所抛弃，生理学要素和心理学要素很难再成为民事主体的必要要素；并且该学说并未赋予人工智能民事主体地位，其甚至都不属于主体与客体之间的过渡地带，是最高类型的、享有伦理物格的物。既然人工智能仍然属于物，赋予其所谓“人工类人格”没有任何意义，故该学说本质上仍然是对人工智能民事主体地位的否定。民事主体作为进入民事法律关系领域的资格，本身不具有程度性，“有限人格说”仅赋予人工智能以有限人格，是对于人格概念之误解。无论是自然人，抑或是法人，法律均不曾赋予其有限主体地位。所谓的无民事行为能力人、限制行为能力人是从行为能力上予以限制，法人的经营范围是从法人的权利能力上予以限制，亦未曾限制其主体资格。除此之外，“有限人格说”认为应当在民事责任方面采取“刺破人工智能面纱”原则，这既是对“刺破法人面纱”原则的牵强附会、生搬硬套，也是对于人工智能主体身份的根本否定。

前文我们已经述及，纵观民事主体发展的历史，民事主体的范畴具有社会性，依赖于一定的社会物质基础，人工智能能否进入民事主体领域依

---

① 参见吴汉东：《人工智能时代的制度安排与法律规制》，《法律科学》2017 年第 5 期。

② 参见郑戈：《人工智能与法律的未来》，《探索与争鸣》2017 年第 10 期。

赖于人工智能发展的现实状况和智能程度;民事主体的类型从来不是哲学推演的结果,而是法律规定的产物,人工智能民事主体地位取决于民法的规定。

要判断人工智能能否成为民事主体,关键在于人工智能能否满足民事主体所应具备的要件。民法在抛弃对于民事主体生物性、伦理性、道德性的追求之后,自由意志便成为民事主体最本质的要素——对于客观世界进行理性认识并作出合乎规律性的反应。虽然我们现在不能准确预言未来人工智能的发展方向,但是凭借现在已出现的技术,未来人工智能发展可见一斑。首先,目前人工智能已经达到对于客观世界理性认识的水平。以AlphaGo为例,Master版本已经不需要同人类对弈,其通过强化学习的方式进行自我学习,这是一个不需要人为干预的学习过程,就像我们小时候学了基础的数学知识后,可以自主地去推理、思考,这已经突破了人类的固有思维。同时,人工智能已经不再单纯依靠计算作为逻辑规则,其已经能够对客观世界作出合乎规律性的反应。AlphaGo之所以异于传统人工智能设备在于其具备了选择功能,Lee和Master版本均拥有"策略网络"和"价值网络",并将二者合为一体。"策略网络用于判断局面,预测下一步行动,而价值网络用于计算盘中胜率,进而选择最优落子","快速走子系统可以在稍微牺牲走子质量的前提下提高运算速度"。[①] 可见,目前人工智能已经具有预判性,并且不再是在计算的基础上进行最终唯一解的确定,而是进行优化选择。这表明未来人工智能完全可以实现对客观世界进行理性认识,并根据规律作出反应。在具备自由意志的本质要素之后,人工智能进入民事主体领域的理论通道已经打通,其障碍在于民事责任的承担。民事责任作为民事主体的应有之义,是民事主体必须应予解决的问题。

对比人工智能与法人,可发现二者存在着众多相似之处。二者均以自然人的意思表示为基础,法人是在自然人意思表示的基础之上形成法人的独立意思,而人工智能则是以自然人的意思表示作为内部系统的逻辑规则,在自然人设定的意思表示的基础上作出选择。正如人工智能在围棋棋局中无论是以"点三三"开局也好,抑或以"二连星"开局也好,无论是"跳",

---

① 参见李文恺:《从阿尔法元的诞生看人工智能的发展趋势》,《河南科技》2017年第12期。

是“飞”,是“靠”,都是建立在自然人对于围棋规则的设定。同时,二者对于自身创造的财产均不具有客观的价值需求。法人作为组织体,其所创造的价值对其自身并不具有任何的增进性,因此法人对于财产没有需求,法人财产需要依赖于法律规定;而此特点同样属于人工智能,人工智能对于财产亦不会有任何的要求,因此假使人工智能成为民事主体,其财产也有赖于法律规定。对于非自然人的民事主体而言,财产是其承担民事责任的基础,在人工智能进入民事主体领域时,法律设置人工智能财产的限制,便使得人工智能承担民事责任具备了可能性。

法人制度的发展经历了漫长的过程,法人性质的争论也持续了几个世纪,但是法人制度最终还是为民事主体制度注入了新鲜的血液,实践也证明法人制度是现代市场经济发展的必需。尽管目前众学者对于人工智能的态度大相径庭,这本身是人工智能法律制度发展所必须经历的阵痛,理不辩则不明,只有通过学者争论才能更好地解决人工智能成为民事主体过程中的众多问题。但是通过对于民事主体制度以及人工智能的认识,人工智能成为民事主体是时代发展的需要,法律的作用在于基于实践的需要设置人工智能成为民事主体的条件和程序,为人工智能如同法人一般顺利进入“民事主体的大家庭”开辟路径。

五、人工智能民事主体的具体法律规制

由于并非所有人工智能产品均可成为民事主体,因此人工智能成为民事主体必须设置前置程序,通过前置程序过滤条件不充足者,登记注册是这一前置程序的不二选择。所谓登记,是指登记主体或登记主体之筹办人或负责人、代表人,为设立、变更或终止主体资格,依照法律法规中的相关内容及程序,将法定登记事项向登记主管机关提出,经其审查核准,登载于登记簿并公之于众的行为。[①] 民事主体具有法定性,人工智能成为民事主体必须经过法律的确认,登记乃是对于人工智能能否成为民事主体进行的一项确认活动。判定该人工智能产品是否具备成为民事主体的条件,在于其是否具有自由意志、作出理性认识和规律性反应——在自然人设定各项

① 参见朱慈蕴:《我国商事登记立法的改革与完善》,《国家检察官学院学报》2004年第6期。

程序与规则之后，人工智能能否根据独立的判断程序，不依赖于外部帮助而作出独立意思表示；并且能否根据已进行的活动独立进行学习，以应对不断变化的客观情况。对于人工智能机器人，其权利应当始于登记备案时，登记备案是必经的法定程序，登记机关应审查人工智能产品在其从事的活动领域范围内是否能够作出独立的意思表示[①]，其作出的意思表示是否具有科学性、规律性，这是登记最重要的任务所在。由于并非所有人工智能产品均无条件获得民事主体地位，该登记应采取申报审核制度。对于人工智能获得民事主体地位，登记属于强制制度，其强制性包括申报登记义务的强制性，即法律规定从事营业的当事人必须履行法定的申报登记义务，不履行即为违法。[②] 其目的一方面在于保证人工智能成为民事主体之后不违背社会公共利益以及善良风俗；另一方面在于借助这种代表国家的权威机构的公信力，为公众提供一套国家公权力“担保”下的识别机制，使得交易相对人可以根据登记内容知悉交易对象的具体信息，从而保障交易安全，维护市场秩序。[③]

人工智能成为民事主体之后，其是否能够同自然人一样在各个领域从事民事活动，抑或其民事活动有范围限制，是一个亟待解决的问题。即使在联结主义和行为主义模式下，人工智能完全超越人脑，在各个领域成为理性思考和审慎决策的主体，虽然理论上存在可能，但是就目前发展态势来看这是一件非常遥远的事情。由于人工智能仍然以数据作为基础，人类社会方方面面所涉及的数据量浩如烟海，难以收集进入一个人工智能产品之中；加之客观世界乃是一个处于不断变化中的世界，因此使得人工智能完全等同于自然人甚至超越自然人目前来看仍是一件不现实的事情。但是，通过 AlphaGo 系列的围棋人工智能产品来看，人工智能在特定的领域具有类似人脑甚至超越人脑的功能是完全有可能实现的，因此人工智能必定有其从事活动范围的限制，即人工智能的权利能力具有具体的范围。人工智能的实体基础与自然人的实体基础有所不同，人工智能的实体基础是

---

① 参见张清、张蓉：《“人工智能＋法律”发展的两个面向》，《求是学刊》2018 年第 4 期。

② 参见肖海军：《我国商事登记豁免制度的构建》，《法学》2018 年第 4 期。

③ 参见马东、张来安：《论法人登记制度之性质与功能》，《山东法官培训学院学报(山东审判)》2013 年第 6 期。

电子元件即操作系统，是一种社会实体；而自然人的实体基础是生物意义上的人，是一种自然实体。作为自然实体的人具有生理和精神机能，可以享有负担以该机能为前提的权利义务；作为社会实体的电子系统不具有生理和精神机能，因此，也不可能享有和负担以这些生理和精神机能为前提的权利和义务。[①]

在法人制度中，对于法人能够享有的具体权利的范围，各国民法均作了原则性的规定。一种为“授权式”。如《日本民法典》第43条规定：“法人依法令规定，于章程或捐助章程所定目的范围内，享有权利，负担义务。”另一种为“限制式”，包括“列举限制”和“除外限制”两种。前者如《意大利民法典》第17条第1款规定：“未经政府主管机关许可，法人不得购置不动产，不得接受赠予、遗产或取得遗赠。”后者如《瑞士民法典》第53条规定：“法人享有除以自然人的本质为要件的，如性别、年龄或亲属关系以外的一切权利义务。”[②]人工智能产品在设计、生产之初均具有目的性用途，该目的性用途即是其适于开展民事活动的范围，人工智能产品的权利能力应处于该范围。人工智能产品具体权利范围既然易于确定，宜采授权式立法方式，在进行登记注册之时确定人工智能产品的权利能力范围，以进行公示维护交易安全。

人工智能作为民事主体，在登记注册范围内享有权利能力，从事民事活动，对于所为的民事行为亦须承担民事责任。民事责任作为自由意志行使结果的负担，本是民事主体内容的一部分。民事责任即义务人在其不履行义务时所应承担的法律后果，由于民事责任是可诉请强制执行的，因此民事责任在形式上一定是一种给付义务。[③] 人工智能作为民事主体行使自由意志，享有行使权利、负担义务的资格与能力，亦以能够负担民事责任为必要。梁慧星指出，近代民法之民事责任，本质所能从事的民事活动领域基本为经济活动领域，其可能承担的责任亦以财产责任为主。人工智能产品只要具备作为民事主体所拥有的责任财产，即可自行承担民事责任。人工智能在登记注册成为民事主体时，以拥有特定数量的独立的责任财产

---

① 参见严雪峰：《论法人的权利能力及其限制》，《河北法学》2004年第4期。

② 转引自尹田：《论法人的权利能力》，《法制与社会发展》2003年第1期。

③ 参见周奥杰：《民法典编纂视野下民事责任概念的界定》，《河南社会科学》2017年第4期。

为必要,作为承担民事责任之必须。责任财产作为登记注册内容,同时具有公示效力,提示与作为民事主体的人工智能从事民事活动的相对人注意人工智能所能承担的民事责任范围,以使相对人在进行交易活动时作出审慎选择,尽到注意义务。但是,人工智能所承担的民事责任不仅是一种有限责任,亦是一种直接责任。[①] 如果最终负有责任的主体得到确认,其所应承担的责任应与其给予机器人的指令级别以及机器人的自主性程度相称。

六、结　语

法律制度客观上有滞后性特点,但在科技推动社会高速发展并深刻影响人类生活的趋势几乎不可逆转的时代,立法者、法学研究者主观上可以也应当使其具有一定程度的前瞻性。[②] 民事主体是一个开放性的范畴,民事主体制度也是一个发展的制度,从罗马法的“家父”到近代的“法人”,展现了民事主体制度发展的脉络和方向。虽然当前人工智能尚未成为民事主体,但是人工智能的类人化发展表明,人工智能成为民事主体是人类社会发展的必然结果,就如同法人摆脱生物性与伦理性进入民事主体范畴一样。民法的发展应当做到未雨绸缪,为人工智能成为民事主体设定条件和程序,只要具备这些条件、完成这些程序,人工智能即可取得相应的地位。

---

① 参见司晓、曹建峰:《论人工智能的民事责任:以自动驾驶汽车和智能机器人为切入点》,《法律科学》2017 年第 5 期。

② 参见张长丹:《法律人格理论下人工智能对民事主体理论的影响研究》,《科技与法律》2018 年第 2 期。